青年学者文丛

智能化技术赋能
政务服务改革创新

易兰丽　魏　娜　赵雪娇　著

北京邮电大学出版社
www.buptpress.com

内 容 简 介

本书从政策、理论和实践层面研究分析了政务服务改革的政策要求、理论前沿和创新实践，审视了当前线上线下政务服务平台建设的现状、取得的成效和面临的困境，定量刻画了政务服务中心的运行模式，实证检验了不同模式对服务效能提升的影响，剖析了智能化技术和政务服务改革之间的作用机理，构建了智能化技术赋能政务服务改革的理论框架，理清了智能化技术和改革的交互作用，分析了人工智能技术、区块链技术和大数据技术在政务服务领域的典型应用场景，以及数字化时代政府数据开放推动政务服务创新的作用机制与具体案例。

基于上述研究成果，本书最终提出了智能化技术赋能政务服务改革的创新策略，以期为有意从事政务服务研究的老师和学生，以及政务服务改革的实践部门提供参考。

图书在版编目（CIP）数据

智能化技术赋能政务服务改革创新 / 易兰丽，魏娜，赵雪娇著. -- 北京：北京邮电大学出版社，2022.12
ISBN 978-7-5635-6739-3

Ⅰ. ①智… Ⅱ. ①易… ②魏… ③赵… Ⅲ. ①电子政务－研究－中国 Ⅳ. ①D63-39

中国版本图书馆 CIP 数据核字（2022）第 151940 号

策划编辑：刘纳新　姚　顺	责任编辑：满志文	责任校对：张会良	封面设计：七星博纳

出版发行：北京邮电大学出版社
社　　址：北京市海淀区西土城路 10 号
邮政编码：100876
发 行 部：电话：010-62282185　传真：010-62283578
E-mail：publish@bupt.edu.cn
经　　销：各地新华书店
印　　刷：唐山玺诚印务有限公司
开　　本：720 mm×1 000 mm　1/16
印　　张：12.5
字　　数：241 千字
版　　次：2022 年 12 月第 1 版
印　　次：2022 年 12 月第 1 次印刷

ISBN 978-7-5635-6739-3　　　　　　　　　　　　　　　定　价：48.00 元

· 如有印装质量问题，请与北京邮电大学出版社发行部联系 ·

前　言

政务服务是"放管服"改革的重要组成部分，与企业、群众的生产生活密切相关，最能提升人民群众的获得感和幸福感。以智能化技术赋能政务服务改革，提升服务效率和质量，是推进国家治理体系和治理能力现代化的客观需要。本书试图从政策、理论和实践层面展示政务服务改革的政策要求、理论前沿和创新实践，从改革主体、用户需求和智能化技术相结合的视角探究智能化技术赋能政务服务改革的机理和路径。

在政策部分，本书系统梳理了"放管服"改革以来国家层面出台的推动"互联网＋政务服务"平台建设，促进政务数据共享，推动线上线下融合发展的一系列政策文件，从优化再造政务服务流程、融合升级平台渠道、夯实政务服务基础支撑、健全政务服务运行保障机制等方面总结提炼政策要点，描绘出我国政务服务改革关注的重点和价值取向。在此基础上，从服务范围、服务方式和服务体验三个方面研判政务服务创新发展趋势。

在理论部分，政务服务的改革创新为政府治理理论的创新提供了土壤，随着政务服务跨部门、跨区域协同需求的凸显，以及数据作为一种新型生产要素在数据治理中发挥的作用越来越大，与之相对应的协同治理理论、整体治理理论和数据治理理论等相关理论日趋完善。此外，围绕政务服务发展及运行机制、政务服务运行效率影响因素的研究也不断涌现，形成理论研究与政务服务改革要求相呼应的态势。本书基于已有研究基础，重点开展了三个方面的理论研究：一是从逻辑层面、行为学和过程角度解构政务服务内涵，从理念、政府职能范围、服务结果和影响分析政务服务的特征；二是对政务服务中心运行模式进行分类和定量刻画，通过实证分析检验了运行模式对行政效率的影响；三是从党和国家领导人讲话精神、国家政策目标导向、地方创新实践中分析智能化技术赋能政务服务的改革要点，提出了以改革目标为导向，围绕服务资源、服务流程、服务渠道、服务感知，以制度创新为指引，以信息化平台为载体，以技术的创新应用推动改革目标落地的智能化技术赋能改革的理论框架，以政务服务"申请—办理—办结—反馈—优化"为主线，分析了互联网、人工智能、区块链、大数据等智能化技术与政务服务改革的交互作用。

在实践部分，本书通过实地访谈、政策文献调研、网上体验式调研等多种方式收集到国内外政务服务创新的生动案例,同时,基于全国政务服务体系普查数据和第三方评估数据对政务服务线上线下平台的建设情况进行了统计分析。国内案例分析表明,领导重视和机构改革是推动构建跨部门协调机制的重要途径,数据融合与信用监管相结合实现政务服务秒批秒报,行政审批服务更加重视服务的温度和质量,多元渠道与多方合作实现审批服务触角延伸,统一的评价体系建设推动服务满意度持续提升。国外案例分析表明,以数字政府建设为契机升级审批服务效能已成为通用做法,制度建设和机构设置创新为改革保驾护航,强化公民参与和公司合作形成改革合力,通过无纸化线上审批提高审批效率,在服务绩效评估中兼顾过程绩效和结果绩效。国内外创新案例为政务服务改革经验在全国范围内的推广提供了行动参考。

　　在理论研究和案例分析的基础上,本书围绕人工智能赋能政务服务智能推送,从推送需求分析框架构建、应用模式和实现路径等方面展开研究;围绕区块链赋能政务服务信息共享协同,对 D 市的政务信息共享需求进行统计分析,研究设计了区块链在政务服务信息共享协同中的应用场景;围绕大数据赋能市场监管服务创新,提出了大数据市场监管的总体框架、应用场景和保障机制。

　　政务服务的创新一直在路上,随着体制机制改革的不断深入和新技术的不断发展,智能化技术赋能过程中随时可能出现新情况、新需求、新问题,坚持以人民为中心,探寻问题本源,吸收国内外优秀创新成果的同时敢于先行先试,相信政务服务改革在智能化技术加持下将会涌现出更多让企业群众满意的创新实践。

　　本书的主要研究工作在中央高校基本科研业务费专项资金资助项目"智能化技术赋能政务服务改革的机理和创新路径研究(2020RC27)"的资助下完成,特此致谢。感谢博士后期间合作导师孟庆国教授为作者开展政务服务研究提供了平台和方向上的指引,感谢清华大学数字政府课题组张楠、张少彤、田红红、王友奎、王理达、周亮等老师的调研支持和修改建议,感谢南开大学博士研究生黄梅银,中国农业大学博士研究生黄河水、厦门大学硕士研究生甘巧婷在书稿修改中所做的细致工作。感谢北京邮电大学出版社编辑团队为本书的辛勤付出。

　　本书的编写过程难免存在疏漏和不足之处,敬请专家和同行批评指正。

作　者
2022 年 8 月于北京

目　　录

第1章　绪论 ································· 1
1.1　政务服务的内涵特征 ······················· 1
1.1.1　政务服务的内涵解构 ······················ 1
1.1.2　政务服务的主要特征 ······················ 3
1.1.3　政务服务的提供渠道 ······················ 3
1.2　国家层面对政务服务改革的政策要求 ············· 5
1.2.1　深化"放管服"改革，优化政务服务 ············· 5
1.2.2　融合升级平台渠道，强化统筹推进 ············· 15
1.2.3　夯实服务基础支撑，提升配置效能 ············· 17
1.2.4　健全服务运行保障，筑牢坚实后盾 ············· 20
1.3　智能化技术应用背景下政务服务创新发展趋势 ········ 21
1.3.1　服务范围向省域内通办和"跨省通办"发展 ········ 21
1.3.2　服务方式向全程网办和线上线下融合发展 ········ 23
1.3.3　服务体验向更加人性化和智能化方向发展 ········ 24

第2章　智能化技术赋能政务服务改革创新的理论基础 ······ 27
2.1　政府治理创新的理论研究 ···················· 27
2.1.1　协同治理理论 ·························· 27
2.1.2　整体性治理理论 ························ 28
2.1.3　数据治理理论 ·························· 30
2.2　政务服务发展及运行机制研究 ·················· 33
2.3　政务服务效率的影响因素研究 ·················· 34

第3章　我国政务服务线上线下平台的建设现状 ·········· 36
3.1　以政务服务中心为代表的线下平台建设 ············· 36
3.1.1　政务服务中心发展历程 ···················· 36
3.1.2　政务服务中心机构与功能设置 ················ 39
3.1.3　政务服务中心事项进驻办理 ················· 41

3.1.4 政务服务中心信息化建设 ………………………………………… 48
3.2 以"互联网＋政务服务"平台为代表的线上平台建设 …………… 53
　3.2.1 "互联网＋政务服务"建设的实践历程 ……………………… 53
　3.2.2 "互联网＋政务服务"建设的政策演变 ……………………… 56
　3.2.3 "互联网＋政务服务"建设成效 ……………………………… 57
3.3 我国政务服务改革创新实践案例 …………………………………… 58
　3.3.1 领导重视和机构改革建立跨部门协调机制 ………………… 58
　3.3.2 数据融合与信用监管相结合推动秒批秒报 ………………… 60
　3.3.3 行政审批服务更加注重服务的温度和质量 ………………… 61
　3.3.4 多元渠道与多方合作延伸审批服务的触角 ………………… 62
　3.3.5 开展统一的评价体系建设提升服务满意度 ………………… 63
3.4 国外政务服务改革创新实践 ………………………………………… 65
　3.4.1 以数字政府建设为契机升级审批服务效能 ………………… 65
　3.4.2 制度设计和机构设置创新为改革保驾护航 ………………… 66
　3.4.3 强化公民参与和公私合作以形成改革合力 ………………… 68
　3.4.4 推动无纸化线上并联审批以提高审批效率 ………………… 68
　3.4.5 服务绩效评估的关键指标兼顾过程和结果 ………………… 69
3.5 国内外创新实践启示 ………………………………………………… 69

第4章 政务服务中心运行模式对服务效能的影响研究 …………… 71

4.1 政务服务运行的内外部因素分析 …………………………………… 71
　4.1.1 政策环境分析 ………………………………………………… 71
　4.1.2 公众需求分析 ………………………………………………… 73
　4.1.3 技术应用分析 ………………………………………………… 74
　4.1.4 内部动力分析 ………………………………………………… 74
4.2 政务服务中心运行模式分类与对比分析 …………………………… 75
　4.2.1 政务服务中心的典型运行模式 ……………………………… 76
　4.2.2 运行模式的对比分析 ………………………………………… 79
4.3 政务服务中心行政效率分析方法 …………………………………… 81
4.4 数据来源与变量设计 ………………………………………………… 82
　4.4.1 数据来源 ……………………………………………………… 82
　4.4.2 变量设计 ……………………………………………………… 82
4.5 实证分析结果 ………………………………………………………… 86
　4.5.1 描述性统计分析 ……………………………………………… 86
　4.5.2 行政效率测算 ………………………………………………… 88

4.5.3　运行模式对行政效率的影响 ·· 92

第5章　智能化技术赋能政务服务改革的机理与应用场景 ·················· 98
5.1　智能化技术赋能政务服务改革的机理 ·· 98
　　5.1.1　智能化技术赋能政务服务改革的要点分析 ······························ 98
　　5.1.2　智能化技术赋能政务服务改革的理论框架 ···························· 100
　　5.1.3　智能化技术与政务服务改革的交互作用 ································ 103
5.2　人工智能与政务服务智能推送 ·· 105
　　5.2.1　智能推送服务研究动态 ·· 106
　　5.2.2　政务服务智能推送的需求分析框架 ······································ 108
　　5.2.3　政务服务智能推送的应用模式 ·· 111
　　5.2.4　政务服务智能推送的实现路径 ·· 113
5.3　区块链与政务服务信息资源共享协同 ·· 115
　　5.3.1　政府信息共享研究动态 ·· 115
　　5.3.2　区块链赋能政务服务变革的理论探索 ·································· 116
　　5.3.3　基于D市的政务信息共享需求统计分析 ······························ 118
　　5.3.4　区块链在政务服务信息共享协同中的应用 ···························· 126
5.4　大数据与市场监管服务创新 ·· 128
　　5.4.1　市场监管理念发展动态 ·· 128
　　5.4.2　大数据市场监管的总体框架 ·· 130
　　5.4.3　大数据市场监管应用场景 ··· 132
　　5.4.4　大数据应用保障机制 ·· 135

第6章　政府数据开放与政务服务创新 ·· 139
6.1　政府数据开放发展趋势 ··· 139
　　6.1.1　政府数据开放的定义 ·· 139
　　6.1.2　政府数据开放发展历程 ·· 140
　　6.1.3　数据开放的国际合作 ·· 141
　　6.1.4　政府数据开放衡量指标 ·· 142
6.2　我国政府数据开放的政策演变 ·· 143
　　6.2.1　中央政府政策 ·· 143
　　6.2.2　地方政府政策 ·· 147
6.3　我国政府数据开放平台建设现状 ·· 150
　　6.3.1　我国地方政府数据平台建设情况 ·· 150
　　6.3.2　案例分析：上海市公共数据开放平台 ··································· 151

6.4 政府数据开放创新案例分析 ... 154
6.4.1 政府数据开放有助于提高政务服务效率 ... 154
6.4.2 政府数据开放有助于提高政府公信力 ... 155
6.4.3 政府数据开放有助于增强公众参与 ... 156

6.5 未来我国数据开放的改革路径 ... 157
6.5.1 我国政府数据开放发展方向 ... 157
6.5.2 政府数据开放推动政务服务创新 ... 158

第7章 智能化技术赋能政务服务改革的创新策略 ... 160

7.1 开展顶层设计,理顺政务服务建设体制机制 ... 160
7.1.1 强化政务服务统筹管理 ... 160
7.1.2 制定国家政务服务标准规范 ... 160
7.1.3 全面推进落实"两集中、两到位" ... 161
7.1.4 及时总结相对集中行政许可权试点经验 ... 161

7.2 强化集成融合,建立整体型政务服务综合超市 ... 162
7.2.1 逐步推进政务服务资源全面整合 ... 162
7.2.2 着力突破政府信息共享交换壁垒 ... 162
7.2.3 加快推动线上线下服务一体化 ... 163
7.2.4 试点开放融合智能的服务供给 ... 163

7.3 完善制度规则,建立推动智能化技术应用的制度体系 ... 163
7.3.1 创新探索鼓励智能化技术应用的制度规则 ... 163
7.3.2 加强政务服务人员教育培训与考核问责 ... 164
7.3.3 健全线下服务线上平台保障宣传机制 ... 164

参考文献 ... 166

图表目录

图 3-1	1997—2016年每年新增政务服务中心统计情况	37
图 3-2	1997—2016年政务服务中心覆盖率统计情况	38
图 3-3	各级政务服务中心覆盖率统计情况(截至2017年4月)	38
图 3-4	政务服务中心窗口服务模式情况	40
图 3-5	混合窗口服务模式下的政务服务中心综合窗口数量情况	41
图 3-6	政务服务中心审批部门数进驻情况	41
图 3-7	各地政务服务中心审批部门进驻比例情况	42
图 3-8	政务服务中心事项进驻不全原因统计	43
图 3-9	全国政务服务中心事项进驻分布情况	43
图 3-10	各级政务服务中心进驻事项分布情况	44
图 3-11	进驻事项按行政权力类别统计情况	44
图 3-12	进驻事项按办理时限统计情况	45
图 3-13	承诺件事项分类统计情况	45
图 3-14	政务服务中心联审联办事项分布情况	46
图 3-15	政务服务中心2016年申请量、办件量分布情况	46
图 3-16	各级政务服务中心办件量按服务群体分类统计情况	47
图 3-17	各级政务服务中心自然人法人事项占比统计情况	47
图 3-18	综合审批管理平台网络运行环境统计	48
图 3-19	综合审批管理平台功能覆盖情况	49
图 3-20	政务服务中心视频监控的监控层级统计	49
图 3-21	政务服务中心电子监察的监察层级统计	50
图 3-22	政务服务中心窗口电子设备覆盖率情况	50
图 3-23	政务服务中心自助终端功能覆盖情况	51
图 3-24	综合审批管理平台与部门数据共享情况	51
图 3-25	办理量前五位的信息共享事项办事材料减少情况	52
图 4-1	政务服务中心传统的物理集中模式	76
图 4-2	政务服务中心审批业务集合模式	77

图 4-3	政务服务中心审批职能归并模式	78
图 4-4	政务服务中心统一受理协作模式	79
图 4-5	整处(科)室进驻部门数与行政效率的趋势拟合	87
图 4-6	"一门式"改革与行政效率的散点图	89
图 4-7	各区域行政效率测算结果分布情况	91
图 4-8	整处(科)室进驻部门数与行政效率的散点拟合图	94
图 5-1	智能化技术赋能政务服务改革的理论框架	102
图 5-2	智能化技术与政务服务改革的交互作用	104
图 5-3	政务服务智能推送需求的三维分析框架	109
图 5-4	政务服务智能推送的实现机理	111
图 5-5	企业项目投资审批服务资源图谱	113
图 5-6	共享 6 次及以上的办事材料网络图	121
图 5-7	考虑办件量的办事材料网络图	122
图 5-8	未考虑办件量的部门信息流量情况	123
图 5-9	考虑办件量的部门信息流量情况	124
图 5-10	未考虑办件量的部门信息共享图	124
图 5-11	考虑办件量的部门信息共享图	125
图 5-12	基于区块链的政务服务信息资源共享协同思路	127
图 5-13	大数据市场监管总体框架	131
表 1-1	党的十八大以来国务院取消和下放行政审批事项等相关文件及内容	6
表 1-2	国家层面制定的政务服务相关标准(2015—2021 年)	11
表 3-1	各级政府最早设立政务服务中心的情况	37
表 3-2	各级政务服务中心办理频率较高的事项名称	47
表 3-3	政务服务中心标准化建设领域覆盖情况	52
表 3-4	互联网＋政务服务与传统电子政务的对比分析	53
表 3-5	"互联网＋政务服务"平台在中国省级政府的扩散历程	55
表 3-6	国家层面全面推行"互联网＋政务服务"的政策历程	56
表 3-7	各国政府推进数字政府建设的战略性文件	65
表 3-8	新加坡数字化服务项目	66
表 4-1	运行模式优劣势对比结果	80
表 4-2	描述统计量及相关系数矩阵	83
表 4-3	变量及其测量方法	85

表 4-4	变量的描述性统计分析结果	86
表 4-5	各地政务服务中心行政审批效率值	90
表 4-6	依据纯技术效率和规模收益划分的 4 类政务服务中心	92
表 4-7	政务服务中心运行模式对行政效率影响情况回归分析结果	93
表 5-1	智能化技术赋能政务服务改革要点梳理	99
表 5-2	残疾人群体对应的政务服务资源(以北京市为例)	110
表 5-3	度数中心度排名前 15 的办事材料	119
表 5-4	业务部门中间中心度排名前 15 的业务部门	120
表 5-5	事项之间具备相同材料关系的派系结构	125
表 5-6	传统市场监管和大数据监管的比较	129
表 6-1	我国中央政府数据开放相关政策梳理(以发布时间为序)	145
表 6-2	专门针对数据开放的政策汇总表	148

第 1 章 绪 论

政务服务发展水平作为衡量服务型政府建设的重要指标,一直广受社会各界的关注,尤其是政务服务门难进、脸难看、办事难、办事慢、办事繁等突出问题经媒体报道后迅速发酵,进一步加速了政务服务改革的进程。在国家宏观政策的指引和智能化技术的加持下,政务服务改革迈入了地方自发探索与中央统筹推进相结合的新阶段。本章阐释了政务服务的内涵特征,系统梳理了国家层面对政务服务改革的政策要求,从服务范围、服务方式、服务体验三个方面分析了智能化技术应用推动下的政务服务创新发展趋势。

1.1 政务服务的内涵特征

1.1.1 政务服务内涵解构

政务服务作为政府服务的核心环节与内容,既是政府的基础职能,也是公共权力运行的起点,更是政府使命价值的回归(艾琳等,2015)。自 20 世纪 90 年代以来,我国高度重视政务服务建设,不断健全完善政务服务体系,在实践中历经了集中受理、集约办理、集成服务的三大形式转变。近年来,在"放管服"改革背景下,特别是"互联网+政务服务"的大力推进下,我国各级政府部门持续优化和创新政务服务,各项工作取得明显成效。

政务服务提供方式持续创新,政务服务质量不断提升,但是政务服务在发展过程中还有很多值得关注的问题,需要进一步全面深化改革来予以解决。特别地,要在理论上深入刻画、理解和解释政务服务,才能为政务服务实践提供不可或缺的理论支撑。政务服务的概念与内涵并非不言自明,如何理解政务服务也有不同观点。目前,学术界和政府部门对政务服务的范围界定并不完全一致。

从逻辑层面审视,政务服务属于公共服务的范畴。奥斯本认为,公共服务要关注公共价值创造(Osborne SP,2019),公共服务生态系统包括社会情境、前提条件、合作设计、提供（合供）、合作创造等公共价值要素。其中，公共服务提供包括三个维度，分别是公共服务对象、公共服务过程、公共服务要素。相对应地，政务服务逻辑的核心是价值和价值创造。对应地，政务服务提供也由三个维度的内容构成。第一是政务服务的对象，包含个体、社会、服务系统。第二是政务服务的过程，包含设计、提供、体验、建构等。第三是政务服务的要素，包含体验、影响、人生经历、能力创造、社会价值等。

西蒙指出，公共管理的定位在于设计科学，即从设计的角度来优化公共管理（赫伯特·S·西蒙，1987）。政务服务的整个过程都受到设计的影响。在政务服务中，政务大厅的位置、办事窗口的布局、办事指南的编排、办事流程的安排、办事人员的调配，都是关于设计的学问。"最多跑一次"政务服务改革，提倡政务服务要从各自为政转向政务服务中心或行政审批局"一枚印章管审批"，从线下面对面到线上不见面，从大规模无差别到定制化精细化，都无不反映出政务服务的设计思维。

从行为学角度审视，政务服务是服务供给侧和需求侧的行为选择。近年来，行为公共管理学的迅速崛起，人们更加关注探究人类行为规律，进而基于研究证据来设计、优化政策、管理和服务（马亮，2019）。各级政府及其所属部门，为公民、法人和其他组织依法办理行政许可、公共服务等行政管理事项时（孔繁斌等，2013），要优先决定以谁的需求为主，如何识别需求。而这只有对提供服务的公职人员和接受服务的群众、企业进行行为科学研究，在发现他们的行为特征后才能设计合理有效的政务服务，最终以实现服务供需的高效匹配和动态均衡。各地政务服务主管部门立足企业群众实际需求开展的"一件事"主题集成服务，正是对政务服务用户行为的有效响应。

从过程角度看，政务服务是在公民本位理念的指导下，以高效优质的公共产品和公共服务为目标，通过合理规范的协调运转，不断优化政府服务职能，实现公共利益的过程（皮宗平等，2015）。这一过程的本质是减少繁文缛节、降低行政负担，提升民众获得感和幸福感的过程。其中，行政负担是公众、企业同政府部门打交道时所承担的诸如学习成本、遵守成本、心理成本。政务服务过程必然要涉及行政负担，比如恼人的程序、烦琐的要求、糟糕的体验，而政务服务改革就是借助行政权限的下放和数字技术的帮助而实现负担减量。

概括而言，政务服务是一项系统性极高的复杂工程，是各级政府及其所属部门或法律、法规授权的具有公共事务职能的组织为创造服务价值，通过一系列设计操作，依公民、法人或其他组织的申请，实施行政许可、行政确认等具有依申请实施特征的行政权力和公共服务事项的行为，其核心是服务匹配及价值最大化。

1.1.2 政务服务主要特征

从理念上看,政务服务有强烈的价值观导向,以人为本,始终以最广大人民群众的根本利益为出发点是政务服务的价值追求。基于此,政务服务客观上要求各级政府必须树立"民本位、社会本位、权利本位"的思想,即人民是国家的主人,政府的权力来自于人民的让渡,政府为人民服务是天职,人民利益至上,政府要全心全意为人民服务,以实现公共利益最大化。

从政府职能范围看,政务服务对应的政府职能是有限的。2013年11月,党的十八届三中全会通过的《中共中央关于全面深化改革若干重大问题的决定》,首次提出"使市场在资源配置中起决定性作用和更好发挥政府作用"。这就要求,政务服务主要做市场不能做、不愿做或做不好的事情,以提供维护性的公共服务和社会性的公共服务为重点。其中,维护性的公共服务主要包括维护市场经济秩序、保护财产权利和公民权利、保卫国家安全和社会安全,这是服务型政府的基石;社会性的公共服务主要是完善社会福利体系和健全社会保障制度,包括教育、医疗、卫生、环境保护、公共事业和社会保障制度,这是服务型政府的主要体现。

从政务服务的结果和影响看,一方面是降低或消除行政负担,提高行政效率,降低行政成本;另一方面是推动公共价值的创造或合作创造。政务服务的优化和创新将提升企业群众的获得感、安全感、满意度和幸福感。同时,由于政务服务自身的民主特性,政府工作人员必须为自己的行为和所提供的服务负责,对于其失职行为,公民有权提出质询和责任追究。

1.1.3 政务服务提供渠道

渠道是政务服务到达公众的途径和方式,当前,政务服务根据提供的渠道,存在线下渠道和线上渠道两种类型。其中,线下的政务服务渠道以政务服务中心为主,单个部门的服务大厅为补充;线上的政务服务以一体化互联网政务服务平台为主,以政务服务热线、政务移动端(简称"政务APP")、微信服务号、微信小程序、支付宝城市服务平台等为补充。本书中所指的政务服务中心特指地方政府设立的,直接面向社会公众集中公开办理和反馈两个及以上本级政府部门政务服务事项的场所,如北京市政务服务中心、杭州市便民服务中心等。单个部门设立的服务大厅如出入境服务大厅、社保大厅、税务大厅等均不属于本书政务服务中心的范畴。从目前来看,各地政务服务中心命名尚未规范,存在着"政务服务中心""行政服务中心""行政审批中心""政务大厅""便民服务中心"等多种名称,为便于表述,本书统一采用"政务服务中心"的提法。

2013年新一轮政府体制改革开始后,行政审批局、省级行政服务中心建设日益受到重视,地方建成了一批政务服务中心。政务服务中心强调"在场",尝试通过服务窗口和事项的布局、人员调整以及具体审批管理制度和流程调整从而达到提高效率和水平的目标。一般而言,线下政务服务的建设内容主要包含三大模块,分别是服务大厅的空间布局与功能定位、组织结构的变革和调整、审批业务流程再造。随着简政放权和审批改革的深化,服务大厅的布局呈现由"一站式"向"一窗""多点""多功能"演变的趋势。审批业务流程再造是当前线下政务服务建设的核心内容,针对审批权限再分配和权力监管相关的管理、具体审批过程的要件和流程两大领域,各级政府探索采用"两集中两到位"、容缺受理、模拟审批、区域联评、联审联办、联合踏勘等多种创新方式。

伴随大数据、云计算、物联网为代表的新一代信息技术的快速发展,政府治理和电子政务呈现智慧化发展趋势,网上政务大厅和移动政务大厅建设加快,"数、云、端、网"支撑下的政务服务建设走向深化,线上政务服务成为政务服务发展的重要方向。与线下政务服务不同,线上政务服务的核心是"上网",旨在通过逻辑集中的网络政务大厅建设,打破传统政务办理的时空限制,提高政务服务的效率和质量。从具体内容看,线上政务服务的建设也包括三方面,即接入渠道、内容、技术支撑平台。在"互联网+政务服务"发展早期,线上政务服务主要以计算机终端为接入渠道,相对应地,线上政务服务的建设重点是建设政府门户网站和网络政务大厅。伴随信息通信技术的进一步发展和移动终端的日益普及,各级政府与时俱进地开发微信服务号、政务微博服务矩阵、政务APP等接入口。在内容方面,主要涵盖机构信息、领导情况、办事事项、管理制度、新闻发布等。各地政府在此基础上,于实践中探索出各具特色的内容模式,比如广东、浙江、贵州等省市的服务清单纵向一体化建设,福建省的"一号式"服务,佛山市的"一门式"服务。就技术支撑平台而言,政务服务领域涉及的相关最新管理实践多与云计算技术密切相关。各级政府通过政务云,使得原有的以物理分散方式存储的政务数据得以相对集中地存储在云平台之中,方便地解决信息系统之间的因互操作性而带来的共享问题(吕元智,2010)。

在政务服务的建设中,线上与线下两种服务渠道的侧重点、受众都存在差异性。线上政务服务旨在实现"在线化",但是由于其明显的技术特色使其在运用中面临"数字鸿沟"等现实障碍。线下政务服务可以缓解"数字鸿沟"带来的矛盾,但又同年轻一代的生活习惯不相符合。因此,我国当前积极建设线上和线下融为一体的政务服务体系。截至2020年年底,我国已经基本建成了覆盖省、市、县三级,线下以政务服务中心为主体,线上以互联网政务服务平台为核心,政务服务热线、政务移动客户端、微信服务号、小程序、支付宝城市服务、政务短视频、政务头条号等多种形式为补充的政务服务体系,在推动"放管服"改革各项任务落地中发挥了重要作用。

1.2 国家层面对政务服务改革的政策要求

伴随着数字信息技术的迭代发展与应用普及,数字时代正在加速到来,在此背景下,推进政务服务体系和服务能力改革和优化已经成为国家治理体系和治理能力现代化的题中之义。在数字化进程中,政务服务作为数字社会形态下国家治理体系和能力现代化的直接展现,已经深深嵌入到政府-市场-社会的治理互动之中,不仅关系到我国政务服务水平的发展前景,还会影响公众对政府的满意度与认知,因而优化政务服务尤显关键。

近年来,党中央、国务院高度重视政务服务改革与优化,出台了一系列政策规范来推进政务服务的高效化、便民化,不断解决企业和群众反映强烈的办事难、办事慢、办事繁等问题。这些政策规范不仅是我国政务服务改革的重要"印记",同时,通过审视内嵌于这些政策规范中的改革要求与方向,也可以描绘出我国政务服务改革关注的重点和价值取向。通过系统梳理和分析国家层面关于政务服务改革的相关政策文件可以发现,对政务服务改革的政策要求主要体现在以下方面。

1.2.1 深化"放管服"改革,优化政务服务

互联网、大数据、云计算等信息技术的快速发展与应用,不仅改变了人们的生活方式,也打破了"信息壁垒",改变了传统的政务服务方式。按照党中央、国务院的决策部署,各地区、各部门加快推动政务服务的优化再造,进一步简政放权、放管结合,实行政务服务标准化建设,优化政务服务流程,创新政务服务模式,公开政务服务信息,推进政务信息整合共享,助力形成一体化的"大服务"。

(1) 持续深化简政放权

党的十九大报告提出,"转变政府职能,深化简政放权,创新监管方式,增强政府公信力和执行力,建设人民满意的服务型政务"。持续深化简政放权应当与强力推进政务服务改革的要求相契合,使改革以服务广大人民群众为宗旨,切实做到放管结合、优化服务。虽然在"互联网+政务服务"的推动下,简政放权取得了一定的效果,但仍存在一些不足。一方面,信息共享尚不充分,当前政府间的数据互通仍十分有限,企业也还较难进入在线公共服务领域。另一方面,审批环节仍存在冗余和关卡,在线全流程办理的服务事项极为有限。针对上述问题,我国政府积极发布相关政策,确保抓紧抓好下放行政许可事项的贯彻落实工作,不断细化改革配套措施,确保放得开、接得住、管得好,为持续深化简政放权、推动政务服务的质效双提升"保驾护航"。党的十八大以来国务院取消和下放行政审批事项等相关政策文件梳理结果如表1-1所示。

表1-1 党的十八大以来国务院取消和下放行政审批事项等相关文件及内容

序号	文件名称	发布时间	取消和下放的行政许可事项目录
1	《国务院关于取消和下放一批行政审批项目等事项的决定》(国发〔2013〕19号)	2013年5月17日	共计104项： 取消和下放管理层级的行政审批项目91项，包括企业投资扩建民用机场项目核准、企业投资日产300吨及以上聚酯项目核准、企业投资冷轧项目核准等；取消的评比、达标、表彰项目10项，包括部级电子工程设计奖评选、全国居民家庭经济状况核对示范单位命名、全国财政协作研究课题评比、全国农村优秀人才评选等；取消的行政事业性收费项目3项，包括电子工程概预算人员培训费、烟草制品及原辅材料检验、保密证表包装材料费
2	《国务院关于取消和下放50项行政审批项目等事项的决定》(国发〔2013〕27号)	2013年7月22日	共计50项： 取消和下放的29项包括外国医疗团体来华短期行医审批、著作权集体管理组织章程修改审批、期刊变更登记地审批、影视互济专项资金使用审批、电力业务许可证核发等；部分取消和下放的21项包括除利用新材料、新工艺技术和新杀菌原理生产消毒剂和消毒器械之外的消毒剂和消毒器械的审批、化学品毒性鉴定机构资质认定、除利用新材料、新工艺和新化学物质生产的涉及饮用水卫生安全产品的审批等
3	《国务院关于取消和下放一批行政审批项目的决定》(国发〔2013〕44号)	2013年12月10日	共计82项： 地方粮库划转中央直属粮食储备库(站)审批、煤炭生产许可证核发、设立煤炭经营企业审批、国际金融组织贷款和外国政府贷款项目国际招标国内中标机电设备进口零部件免征关税审核、省级人民政府自行审批、调整的高等职业学校使用超出规定命名范围的学校名称审批、民办学校聘任校长核准等
4	《国务院关于取消和下放一批行政审批项目的决定》(国发〔2014〕5号)	2014年2月15日	共计82项： 利用互联网实施远程高等学历教育的教育网校审批、国家重点学科审批、电信业务资费标准审批、核材料国内运输免检通行许可、司法部所属院校设置和调整专业目录外的专业审批、财政部负责的会计从业资格认定、建设项目施工和地质勘查需要临时使用国有土地或者农民集体所有土地审批等

续表

序号	文件名称	发布时间	取消和下放的行政许可事项目录
5	《国务院关于取消和调整一批行政审批项目等事项的决定》(国发〔2014〕27号)	2014年8月12日	共计95项：取消和下放管理层级的行政审批项目53项包括高等学校博士学科点专项科研基金审批、设立互联网域名注册服务机构审批、港澳台律师事务所驻内地或大陆代表机构设立许可等；取消的职业资格许可和认定事项11项包括房地产经纪人、注册税务师、质量专业技术人员、土地登记代理人等；改为后置审批的工商登记前置审批事项31项包括自费出国留学中介服务机构资格认定、煤炭开采审批、废弃电器电子产品处理许可、国际海上运输业务及海运辅助业务经营审批、兽药生产许可证核发等
6	《国务院关于取消和调整一批行政审批项目等事项的决定》(国发〔2014〕50号)	2014年11月24日	共计226项：取消和下放管理层级的行政审批项目58项包括商业银行承办记账式国债柜台交易审批、贷款卡发放核准、境外上市外资股项下境外募集资金调回结汇审批等；取消的职业资格许可和认定事项67项包括土地估价师资格、公路水运工程试验检测人员资格、水土保持监测人员上岗资格、拍卖行业从业人员资格等；取消的技能人员职业资格许可和认定事项41项包括长途电话交换机务员、割草机操作工、健康教育指导师资格、安全评价人员资格、木材搬运工等；取消的评比达标表彰项目9项包括创建"文明样板航道"、文化发展统计分析报告优秀稿件评比、全国投入产出调查先进集体和先进个人等；决定调整或明确为后置审批的工商登记前置审批事项82项包括价格评估机构资质认定、保安培训许可证核发、会计师事务所及其分支机构设立审批等

续表

序号	文件名称	发布时间	取消和下放的行政许可事项目录
7	《国务院关于取消和调整一批行政审批项目等事项的决定》(国发〔2015〕11号)	2015年3月13日	共计452项： 取消和下放管理层级的行政审批项目94项包括物业管理师注册执业资格认定、期货交易场所变更住所或者营业场所审批、保险公司股权转让及改变组织形式审批等；取消的职业资格许可和认定事项67项包括矿山建设工程质量监督工程师、冶金监理工程师、建筑保温工程项目经理等；取消的技能人员职业资格许可和认定事项39项包括航空摄影冲洗员、木地板导购员、木地板工程监理师等；取消的评比达标表彰项目10项包括保监会系统五一劳动奖状、保监会系统五一劳动奖章、民航优秀工程设计奖、全国民航文明单位等；改为后置审批的工商登记前置审批事项21项包括外商投资经营电信业务审批、电信业务经营许可、公章刻制业特种行业许可证核发等；决定保留的工商登记前置审批事项34项包括民用爆炸物品生产许可、外商投资企业设立及变更审批、设立出版单位审批等
8	《国务院关于取消非行政许可审批事项的决定》(国发〔2015〕27号)	2015年5月14日	共计150项： 取消的非行政许可审批事项66项包括企业发行外债的额度审批、合同能源管理项目财政奖励资金审批、省级自学考试机构开考高等教育自学考试本科专业审批等；调整为政府内部审批的事项84项包括政府出资的投资项目审批、高等学校面向全国招生和跨省招生生源计划审批、国家秘密技术定密和出口审查、政府性基金立项审批等
9	《国务院关于第一批取消62项中央指定地方实施行政审批事项的决定》(国发〔2015〕57号)	2015年10月14日	共计62项： 不需中央政府投资、限额(规模)以下或不涉及国家有特殊规定的高技术产业发展项目审批、境内国际科技会展审批、对上报工业和信息化部的车辆生产企业及产品公告变更初审、社会福利基金资助项目审批、基本医疗保险定点零售药店资格审查、对吸纳下岗失业人员达到规定条件的服务型、商贸企业对下岗失业人员从事个体经营减免税的审批、企业享受综合利用资源所得税优惠的核准、国有企业经营者工资审核等

续表

序号	文件名称	发布时间	取消和下放的行政许可事项目录
10	《国务院关于第二批取消152项中央指定地方实施行政审批事项的决定》(国发〔2016〕9号)	2016年2月19日	共计152项：外商投资广告企业项目审批、户外广告登记、固定形式印刷品广告登记、高等教育自学考试专科专业审批、烟草广告审批、专利代理机构设立审批初审、对纳税人申报方式的核准、统计人员从业资格认定、馆藏文物拍摄许可、安全技术防范产品生产登记批准书核发、职业卫生技术服务机构甲级资质初审、对上报国家发展改革委的地方企业发行企业债券预审等
11	《国务院关于取消一批行政许可事项的决定》(国发〔2017〕46号)	2017年9月29日	共计40项：工程咨询单位资格认定、常驻机构及非居民长期旅客公私用物品进出境核准、获准入境定居旅客安家物品审批、电工进网作业许可证核发、申请列入国家级土地调查单位名录审核、地质勘查资质审批、高等学校教授评审权审批、海洋工程拆除或改作他用的审批等
12	《国务院关于取消一批行政许可等事项的决定》(国发〔2018〕28号)	2018年8月3日	共计11项：企业集团核准登记、台港澳人员在内地就业许可、机动车维修经营许可、外商投资道路运输业立项审批、农业机械维修技术合格证核发、船舶进出渔港签证、国家重点保护水生野生动物及其产品进出口初审等
13	《国务院关于取消和下放一批行政许可事项的决定》(国发〔2019〕6号)	2019年3月6日	共计25项：石油天然气(含煤层气)对外合作项目总体开发方案审批、国内干线传输网(含广播电视网)建设项目核准、出海船舶户口簿核发、对台劳务人员登轮作业证核发、假肢或矫形器(辅助器具)生产装配企业资格认定等
14	《国务院关于取消和下放一批行政许可事项的决定》(国发〔2020〕13号)	2020年9月21日	共计29项：外商投资经营电信业务审定意见书核发、铬化合物生产建设项目审批、典当行业特种行业许可证核发、通航建筑物设计文件和施工方案审批、新农药登记试验查审、乡村兽医登记许可、职业卫生技术服务机构丙级资质认可等

（2）统一政务服务标准

政务服务标准化建设是政务服务能力建设的重要内容。实现政务服务标准化建设能够规范政务服务行为，减少自由裁量权，提高政务服务的透明度，提升政务服务效率。此外，政务服务标准统一也是实现政务服务同城通办、异地通办的前提和基础。

地方政府是政务服务标准化建设的先行者，经过多年的创新探索取得了显著成就。国家市场监督管理总局国家标准技术审评中心主办的"地方标准信息服务平台"数据显示，早在2008年，湖南省就制定了《政府政务服务中心管理和服务规范》和《政府政务服务中心服务质量监督与考核评定》，通过地方标准来规范政务服务建设。截至2021年12月底，全国28个省（市、区）已经制定了政务服务相关的地方标准，覆盖政务服务中心、互联网政务服务平台、政务服务热线、移动政务服务应用、微信公众平台等多种政务服务渠道。地方制定的政务服务标准在推动提升当地政务服务水平方面发挥了重要作用，但也存在一定弊端，具体表现在三个方面：第一，政务服务标准太"高"，成功模式不可复制。第二，政务服务模式特殊化，特色明显，难以成为全国通用标准，无法满足全国推广的标准化要求。第三，地域差异性大，经验（标准）普适性不足，难以在全国范围内推广应用。随着政务服务进入"互联网＋"时代，政务服务标准不统一成为推进全国一体化"互联网＋政务服务"的重大阻力。

基于此，在推进政务服务标准化建设中，中央政府十分强调顶层制度设计。2015年3月，国务院制定和颁布了《深化标准化工作改革方案》，提出今后一个时期深化标准化工作改革的总体要求和一系列重要举措，为推进政务服务标准化提供理念、原则和方法指引。2016年9月，国务院推出《关于加快推进"互联网＋政务服务"工作的指导意见》，该意见指出，各省（市、区）人民政府、国务院各部门要依据法定职能全面梳理行政机关、公共企事业单位直接面向社会公众提供的具体办事服务事项，编制政务服务事项目录，2017年年底前通过本级政府门户网站集中公开发布，并实时更新、动态管理。实行政务服务事项编码管理，规范事项名称、条件、材料、流程和时限等，逐步做到"同一事项、同一标准、同一编码"，为实现信息共享和业务协同，提供无差异、均等化政务服务奠定基础。2022年3月，国务院印发《关于加快推进政务服务标准化规范化便利化的指导意见》，这是首次从国家层面出台政务服务标准化建设的专项文件。该文件设置了2020年年底和2025年年底的阶段性目标，同时明确了推进政务服务事项标准化、实施清单标准化、健全政务服务标准体系、规范审批服务、规范政务服务场所办事服务、规范网上办事服务、规范政务服务线上线下融合发展、推进政务服务事项集成化办理、推广"免证办"服务、推动更多政务服务事项"就近办"、推动更多政务服务事项"网上办、掌上办"、推行告知承诺制和容缺受理服务模式、提升智慧化精准化个性化服务水平、提供更多便利服务等一系列任务举措,对于推进全国政务服务标准化建设具有重要的指导意义。

国家标准全文公开系统的查询结果显示,2015年至2021年期间,国家层面聚焦政务服务中心运行规范、政务服务信息中心信息公开、政务服务平台建设、政务服务评价、线上线下融合等出台了18项标准,如表1-2所示。

表1-2 国家层面制定的政务服务相关标准(2015—2021年)

序号	标准名称	标准号	发布日期	实施日期	状态
1	《政务服务中心网上服务规范》	GB/T 32168—2015	2015年10月12日	2016年5月1日	现行
2	《政务服务中心运行规范》	GB/T 32169—2015	2015年10月12日	2016年5月1日	现行
3	《政务服务中心标准化工作指南》	GB/T 32170—2015	2015年10月12日	2016年5月1日	现行
4	《政务服务中心信息公开数据规范》	GB/T 32617—2016	2016年4月25日	2016年11月1日	现行
5	《政务服务中心信息公开业务规范》	GB/T 32618—2016	2016年4月25日	2016年11月1日	现行
6	《政务服务中心信息公开编码规范》	GB/T 32619—2016	2016年4月25日	2016年11月1日	现行
7	《政务服务中心服务现场管理规范》	GB/T 36112—2018	2018年3月5日	2018年7月1日	现行
8	《政务服务中心服务投诉处置规范》	GB/T 36113—2018	2018年3月5日	2018年7月1日	现行
9	《政务服务中心进驻事项服务指南编制规范》	GB/T 36114—2018	2018年3月5日	2018年7月1日	现行
10	《政务服务平台接入规范》	GB/T 39044—2020	2020年7月21日	2020年10月1日	现行
11	《政务服务平台基础数据规范》	GB/T 39046—2020	2020年7月21日	2020年10月1日	现行
12	《政务服务平台基本功能规范》	GB/T 39047—2020	2020年7月21日	2020年10月1日	现行
13	《全国一体化政务服务平台 政务服务事项基本目录及实施清单》	GB/T 39554—2020	2020年11月19日	2020年11月19日	现行

续表

序号	标准名称	标准号	发布日期	实施日期	状态
14	《政务服务"一次一评""一事一评"工作规范》	GB/T 39734—2020	2020年12月14日	2021年1月1日	现行
15	《政务服务评价工作指南》	GB/T 39735—2020	2020年12月14日	2021年1月1日	现行
16	《政务服务中介机构信用等级划分与评价规范》	GB/T 39683—2020	2020年12月14日	2020年4月1日	现行
17	《政务服务满意度评价规范》	GB/T 40762—2021	2021年10月11日	2022年2月1日	现行
18	《全国一体化政务服务平台线上线下融合工作指南》	GB/T 40756—2021	2021年11月26日	2022年3月1日	现行

(3) 简化政务服务流程

20世纪90年代以来,各地政务服务体系建设迅速发展,在简化办事程序、规范政府行为、推动政务公开、提高政府绩效等方面取得了显著成效。但是,面对全面深化改革的新形势、政府治理现代化的新要求和人民群众对政务服务质量的新期待,优化政务服务流程,构建最简、最优、高效的政务服务体系已经刻不容缓。

各地政务服务竞相创新,发力再造政务服务流程。比如,浙江省提出"最多跑一次"改革,江苏省推行"不见面审批",上海市发布《全面推进"一网通办"加快建设智慧政府工作方案》,湖南省打造"一件事一次办"工作名片,湖北省武汉市实施"马上办网上一次办",天津市滨海新区实现"一枚印章管审批",广东省佛山市实施"一门式一网式"。然而,上述改革只是局部区域和部分领域的探索实践,仍有不少地区、部门、领域存在大量困扰企业、群众的"办证多、办事繁、办事难"等现象,与构建方便快捷、优质高效的政务服务体系目标相比,尚有较大的差距。

民之所望,改革所向。2016年,国务院发布《国务院关于加快推进"互联网+政务服务"工作的指导意见》,指出要优化简化服务事项网上申请、受理、审查、决定、送达等政务服务流程,缩短办理时限,降低企业和群众办事成本。2018年5月,中共中央办公厅、国务院办公厅印发《关于深入推进审批服务便民化的指导意见》,提出要进一步推广地方典型经验、带动面上改革上新台阶。2018年6月,国务院办公厅发布《进一步深化"互联网+政务服务"推进政务服务"一网、一门、一次"改革实施方案》,明确了到2019年年底,重点领域和高频事项基本实现"一网、一门、一次"的工作目标,提出要以整合促便捷,加快建设国家、省、市三级互联的政务服务平台体系,推动政务服务"一次登录、全网通办",要以创新促精简,梳理必须到现场办理事项的"最多跑一次"目录,大力推进减材料、减环节,推动政务服务入口全面向基层延伸。

(4) 创新政务服务模式

随着互联网和大数据技术的迅猛发展,国家积极鼓励政务服务模式创新,搭建一体化互联网政务服务平台,推动政务服务发展集成化、精准化、便利化、协同化。第一,依托"互联网+政务服务",借助政务大数据平台,完善和优化政务信息资源目录,统筹建立人口、法人、空间地理、电子证照、社会信用等基础信息库和业务信息库,动态汇聚各部门的政务服务数据。第二,支持利用大数据重塑政务服务工作机理与生态,推动政务服务由粗放式供给转向精准化供给。随着以大数据为支撑的基础设施建设的不断完善,数据共享平台的搭建与整合,政府部门通过对用户数据与业务数据的搜集、分析、整合、萃取,变被动服务为主动服务,在化解群众"找谁办""去哪办""怎么办"疑惑的同时,更好地满足群众个性化、定制化以及多样化的公共服务需求。第三,国家积极推动政务服务跨部门跨地域协调、线上线下融合、资源开放共享,关注提升政务服务的整体化体验和人性化关怀。比如,2020年国务院办公厅发布了《加快推进政务服务"跨省通办"的指导意见》,指出要依托全国一体化政务服务平台和各级政务机构,着力打通业务链条和数据共享堵点,推动更多政务服务事项"跨省通办"。总体而言,通过创新政务服务模式,严格要求各级政府降低服务门槛、清晰服务清单、简化服务环节,做好个性化精准化推送服务,真正解决困扰基层群众已久的"门难进""脸难看""事难办"的老大难问题。

(5) 公开政务服务信息

政务服务信息公开是政务服务改革的重要内容,国务院于2015年、2017年先后印发《促进大数据发展行动纲要》《政务信息系统整合共享实施方案》,要求"加快公共数据开放网站建设"。在中央政府的政策引导下,各地加速发力推动政府数据开放平台建设。根据《2021年度中国地方政府数据开放报告》统计,截至2021年10月,我国已有193个省级和城市的地方政府上线了数据开放平台,其中省级平台20个(含省和自治区,不包括直辖市和港澳台),城市平台173个(含直辖市、副省级与地级行政区)。

在中央政策的指导和互联网技术的加持下,各地区各部门政务服务信息的公开更加透明。但多个第三方机构网上政务服务评估结果显示,各城市在线服务仍普遍出现内容不规范、服务不便捷、数据不共享、线上线下联通不畅等深层次问题。2015年以来,国务院办公厅政府信息与政务公开办公室坚持问题导向,强监管、筑根基,开展普查,建立常态化抽查监管机制,督促解决群众反映强烈的"信息不公开、回应不及时、办事不便捷、服务不实用"等"四不"问题。与此同时,坚持做好顶层设计,先后出台了《政府网站发展指引》《推进政务新媒体健康有序发展的意见》《政府网站集约化试点工作方案》《政府网站与政务新媒体检查指标》等系列文件,为公开政务服务信息、建设廉洁透明的服务型政府提供了有力的政策支撑。2016年9月,国务院发布《国务院关于加快推进"互联网+政务服务"工作的指导意见》,对政务服务信息公开做了更明确的规定。意见指出,各地区各部门要在政府门户网站和实体政务大厅,集中全面公开与政务服务事项相关的法律法规、政策文件、通知公告、办事指南、审查细则、常见问题、监督举报方式和网上可办理程度,以及行政审批涉及的中介服务事项清单、机构名录等信息,并实行动态调整,确保线上线下信息内容准确一致。2019年4月,修订后的《中华人民共和国政府信息公开条例》正式发布,明确规定,各级人民政府应当加强政府信息资源的规范化、标准化、信息化管理,加强互联网政府信息公开平台建设,推进政府信息公开平台与政务服务平台融合,提高政府信息公开在线办理水平。

(6)共享政务服务信息

数十年来,我国政务服务信息化建设伴随着各部门重点信息应用系统的需求而不断持续发展,信息孤岛成为信息化建设的老大难问题。2002年,中共中央办公厅中办发17号《国家信息化领导小组关于我国电子政务建设指导意见》明确指出,我国电子政务建设存在网络建设各自为政、业务系统水平低,信息资源互联互通不畅,共享程度低等问题,要求促进业务系统互联互通和信息资源共享,加快整合业务系统。这是国家层面首次发文提出要加快系统整合,促进信息共享。整合共享成为破解信息壁垒的一种有效手段,是优化再造政府服务的理想策略。2006年,《国家电子政务总体框架》针对信息共享机制欠缺和应用系统潜能未能充分发挥等问题,提出到2010年重点应用系统实现互联互通,政务信息资源公开和共享机制初步建立等目标。近年来,国家越来越重视政务信息整合共享,2012年,《"十二五"国家政务信息化工程建设规划》把强化信息共享、业务协同和互联互通作为指导思想的主要内容,希望通过整合部门工程项目功能,统筹部署十五个相关部门项目关联组合而形成的信息化一体工程。2016年,习近平总书记在中央政治局第36次集体学习时强调,"以数据集中和共享为途径,建设全国一体化的国家大数据中心,推进技术融合、业务融合、数据融合,实现跨层级、跨地域、跨系统、跨部门、跨业务的协同管理和服务"。2016年9月,国务院印发《政务信息资源共享管理暂行办法》,提出政务信息资源共享应遵循"以共享为原则,不共享为例外""需求导向,无偿使用""统一标准,统筹建设""建立机制,保障安全"的原则。2017年,国家发展改革委等制定《加快推进落实〈政务信息系统整合共享实施方案〉工作方案》,进一步提速整合共享工作,将阶段性四个目标的任务提前到2017年年底前完成,按照"先联通,后提高"的原则分解为两个阶段十一项任务,确保按时完成"自查、编目、清理、整合、介入、共享、协同"等工作。

1.2.2 融合升级平台渠道,强化统筹推进

(1) 加快构建规范的一体化政务服务平台

党的十八大以来,各地区各部门认真贯彻党中央、国务院决策部署,围绕转变政府职能、深化简政放权、创新监管方式、优化政务服务,加快建设地方和部门政务服务平台。互联网政务服务平台已成为提升政务服务水平的重要支撑,对深化"放管服"改革、优化营商环境、便利企业和群众办事创业发挥了重要作用。但同时,政务服务平台建设管理分散、办事系统繁杂、事项标准不一、数据共享不畅、业务协同不足等问题较为普遍,政务服务整体效能不强,办事难、办事慢、办事繁的问题还不同程度地存在,国家高度重视进一步强化顶层设计、整体联动、规范管理,加快建设全国一体化的在线政务服务平台。2018年,国务院发布《国务院关于加快推进全国一体化在线政务服务平台建设的指导意见》,分阶段、有步骤地构建了全国一体化在线政务服务平台建设的总体架构。意见指出,2018年年底前,国家政务服务平台主体功能基本建设完成,通过试点示范实现部分省(自治区、直辖市)和国务院部门政务服务平台与国家政务服务平台对接。2019年年底前,国家政务服务平台上线运行,全国一体化在线政务服务平台框架初步形成。2022年年底前,以国家政务服务平台为总枢纽的全国一体化在线政务服务平台更加完善,政务服务事项全部纳入平台办理,全面实现"一网通办"。

同时,国家在加快构建权威、便捷的一体化互联网政务服务平台的过程中,高度重视建立健全政务服务平台的电子监察系统。依托政务内网建立全过程留痕的电子监察系统,开通服务对象外网跟踪查询功能,确保所有政务服务事项审批行为规范、协调、透明、高效,审批结果信息即时可查可用。利用"制度+科技"固化政务服务流程,做到办事过程全公开,实现全部事项全流程动态监察。2019年12月,国务院办公厅印发《关于建立政务服务"好差评"制度提高政务服务水平的意见》,提出要在2020年年底前,全面建成政务服务"好差评"制度体系,建成全国一体化在线政务服务平台"好差评"管理体系,各级政务服务机构(含大厅、中心、站点、窗口等)、各类政务服务平台(含业务系统、热线电话平台、移动服务端、自助服务端等)全部开展"好差评",线上线下全面融合,实现政务服务事项全覆盖、评价对象全覆盖、服务渠道全覆盖。

(2) 融合实体政务大厅和网上政务服务平台

当前,我国大力推行"互联网+政务服务",打造政务服务"一张网",把实体政务大厅、网上政务平台、移动客户端、自助终端、服务热线结合起来,实现线上线下一体化,让政府服务更加聪明,让居民和企业少跑腿、好办事、不添堵。然而,推进互联网+政务服务和建设全国统一的政务服务平台不可能一蹴而就,姑且不论各

地参差不齐的信息化基础设施和民众互联网使用能力,单就发达地区和行政改革试点地区网上政务服务推进实践来看也不容乐观。"互联网+政务服务"展现在线上,功夫在线下,不是信息技术达不到,而是政务运行实践和改革进程滞后,如果政务服务事项聚集在实体政务大厅都无法连通共享协同,搬到网上也不可能实现,或者还可能固化了本该取消和优化的事项或环节。线下是线上服务的重要支撑,要适应"互联网+政务服务"发展需要,必须要发挥实体大厅这个改革试验基地功能,沿着集中、集成、集约和简化、优化、革新的策略持续推进,进一步提升实体政务大厅服务办件能力和审批监管效果,加快与网上服务平台融合,形成线上线下功能互补、相辅相成的政务服务新模式,既充分发挥互联网平台虚拟交互、电子化、数据化的优势,也发挥实体大厅面对面交互、点对点问答、现场直接服务的优势,最终实现"两个平台一个系统、一个标准办事,多个渠道受理、多个渠道反馈"。

以实体政务大厅为有力抓手,支撑"互联网+政务服务"快速发展。2016年,国家发展改革委、财政部等联合发布《推进"互联网+政务服务"开展信息惠民试点实施方案》,明确提出前端升级政务服务大厅功能,整合构建政务服务综合窗口和统一的政务服务信息系统,后端建设完善统一的分层管理的数据共享交换平台体系,推进网上网下一体化管理。同年,在《"互联网+政务服务"技术体系建设指南》中,为避免线上线下政务服务平台"两张皮"现象,围绕业务基础,进一步科学化地设计平台总体架构模式、业务流程、信息共享等技术规范。2019年,在《优化营商环境条例》中,我国对平台融合提出更高要求,明确指出"各地区、各部门应当推动政务服务大厅与政务服务平台全面对接融合。市场主体有权自主选择政务服务办理渠道,行政机关不得限定办理渠道。"

(3)推动基层服务网点与网上服务平台对接

坚持以人民为中心的发展思想,深入推进政务服务改革,必须进一步完善乡镇(街道)、村居(社区)便民服务中心的规范化建设,加快推进"互联网+政务服务"向基层延伸,实现基层服务网点与网上服务平台的无缝对接,不断扩大政务服务惠及范围,真正打通政务服务的"最后一公里",形成覆盖城乡的政务服务体系,提高基层群众的获得感和满意度,共享"互联网+政务服务"发展成果。2016年,国务院办公厅发布《"互联网+政务服务"技术体系建设指南》。该指南指出,要按照"五个统一"(统一功能定位、统一机构设置、统一名称标识、统一基础设施、统一运行模式)和"三个标准化"(事项名称、流程、材料标准化,事项办理、服务过程标准化,服务管理机制建设标准化)要求,推进乡镇(街道)、村居(社区)便民服务中心规范化建设,推动户籍办理、个体工商登记、社保、农技推广、宅基地申请、计划生育管理、流动人员管理、社会救助、法律调解、社会综治等与基层群众联系密切的事项在基层便民服务中心直接办理。同时,要推广网上联动办理和网上代办,整合各级部门延伸到基层的信息系统,建设覆盖所有乡镇、村居的便民服务中心的统一政务服务平台,探索发挥农村电商服务站点的作用,鼓励农村电商服务点为基层群众提供网上代办行政审批、社保、缴费、医院预约挂号等服务。2018年,国务院发布《进一步深化"互联网＋政务服务"推进政务服务"一网、一门、一次"改革实施方案》,指出要推进"最多跑一次"向基层延伸,按照推进审批服务便民化"马上办、网上办、就近办、一次办"的要求,加强乡镇(街道)便民服务中心、村庄(社区)服务站点建设,推动基于互联网、自助终端、移动终端的政务服务入口全面向基层延伸,打造基层"一站式"综合便民服务平台,进一步提高基层响应群众诉求和为民服务的能力,推动实现"最多跑一次"省市县乡村全覆盖。

值得注意的是,在农村等基层地区,大量村民尤其是年长者对于互联网技术并不熟悉,依然习惯于通过传统方式解决问题。因此,国家在推动"互联网＋政务服务"向基层延伸的过程中,高度重视在当前及未来一段时期要采用"双轨布局"的方式,强调便民服务网点与网上服务平台的并重发展,以符合基层政务服务供给的实际情况。2020年11月,国务院办公厅印发《关于切实解决老年人运用智能技术困难实施方案》,围绕突发事件应急响应状态下对老年人的服务保障、日常交通出行、就医、消费、文体活动、办事服务、智能化产品和服务应用等领域设置了20项重点任务,推动解决老年人在运用智能技术方面遇到的困难,让老年人更好共享信息化发展成果。

1.2.3 夯实服务基础支撑,提升配置效能

(1) 完善政务服务基础设施建设

20世纪80年代,我国就开始探索办公自动化,90年代"三金"工程拉开了在线政务服务平台建设的序幕,尤其是国家深入推进"互联网＋政务服务"改革,在线政务服务平台建设全面发力,各地区各部门纷纷建设了在线政务服务平台。党中央和国务院高度重视政务服务基础设施建设,加强统一部署,推动建设高速畅通、覆盖城乡、质优价廉、服务便捷的网络基础设施,提升骨干网络容量和网间互通能力,大幅降低上网资费水平,加速推动建成一批光网城市,第四代移动通信(4G)网络全面覆盖城市和乡村,充分依托现有网络资源,推动政务云集约化建设,为网上政务服务提供支撑和保障。2015年,国务院发布《积极推进"互联网＋"行动的指导意见》,提出互联网正成为提供公共服务的重要手段,要进一步夯实提升网络设施等基础支撑,加快实施"宽带中国"战略,组织实施国家新一代信息基础设施建设工程,推进宽带网络光纤化改造,加快发展固定宽带网络、新一代移动通信网和下一代互联网,支持农村及偏远地区宽带建设和运行维护,使互联网下沉为各行业、各领域、各区域都能使用,人、机、物泛在互联的基础设施。增强北斗卫

星全球服务能力,构建天地一体化互联网络,加快下一代互联网商用部署,加强互联网协议第 6 版地址管理、标识管理与解析,构建未来网络创新试验平台。2017 年,国务院办公厅发布《政务信息系统整合共享实施方案》,提出要加强基础设施共建,提升国家统一电子政务网络支撑能力。具体要求包括,加快推进国家电子政务内网政府系统建设任务落实(国务院办公厅牵头,各地区、各部门负责),完善国家电子政务外网,继续推进国家电子政务外网二期建设,拓展网络覆盖范围。2018 年 6 月底前,基本具备跨层级、跨地域、跨系统、跨部门、跨业务的支撑服务能力(国务院办公厅、国家电子政务外网管理中心负责)。除极少数特殊情况外,目前政府各类业务都要向国家电子政务内网或外网整合。

除了加强网络基础设施建设,国家也十分重视确保政务服务热线的电话等设施配备。2020 年,国务院办公厅发布《关于进一步优化地方政务服务便民热线的指导意见》,提出政务服务便民热点仍是直接面向企业和群众,反映问题建议、推动解决政务服务问题的重要渠道。为确保热线归并平稳过渡,各地区要统筹各类政务服务便民热线的人员座席、设施设备、工作流程、业务指标、知识库,安排好场地、系统。截至 2021 年 12 月底,32 个省级行政区(含新疆生产建设兵团)中,已经有 28 个地方开通了省级统一的政务服务热线,占比 87.5%。尚未在省级一体化政务服务平台网站公开政务服务热线的,也均出台了归并优化政务服务热线的实施方案。

(2) 加强网络和信息安全的保护

当前,以大数据、云计算和智能算法为代表的人工智能技术不断成熟,智能技术和互联网的融合从多个维度改变在线政务处理模式。在开放的智能在线政务处理系统中,高度关联的数据构成极具价值的政务信息链。和过往的互联网政务服务平台数据比较起来,这些依靠内在逻辑整合的数据内涵更丰富,信息量更大并有着更强的敏感性。而且在智能环境下,由于整个网络空间的节点联通度提升,政务数据直接或间接泄漏的门槛变得更低,局部数据安全往往能波及整个政务平台数据安全,一旦被窃取,造成的影响和危害将是巨大的。然而,当前政务服务系统的安全保障技术还不能完全符合智能技术应用下的安全需求,致使已有的安全屏障经常为智能技术绕开,智能政务系统信息泄漏事件时有发生。在智能分析技术日渐成熟的当下,不仅在线政务数据自身安全保障难度加大,而且给予智能分析技术衍生出的新安全问题更是难以应对,比如基于泄漏的海量普通政务数据预测导致的未来经济社会安全、国家安全等问题。

国家高度重视加强网络和信息安全保护,积极推进各级政府网站信息安全建设,健全智能技术下政务服务的安全保障体系。2016 年,国务院办公厅发布《关于转发国家发展改革委等部门推进"互联网+政务服务"开展信息惠民试点实施方案的通知》,指出要落实国家信息安全等级保护制度要求,加强数据安全管理,完善信息共享、业务协同的身份认证和授权管理机制,强化"一号一窗一网"信息化支撑的安全保障体系建设,采取必要的管理和技术手段,切实保护国家信息安全及公民个人隐私。此外,国务院办公厅还印发了《"互联网+政务服务"技术体系建设指南》,指出"安全保障体系要与'互联网+政务服务'应用系统同步建设",遵循国家信息安全等级保护相关规范以及国家保密管理和密码管理的有关要求,对政务服务的物理安全、网络安全、数据安全、系统安全、应用安全等安全保障体系进行重点保护、实施动态调整。此外,该指南还提出要对电子证照、网上支付等重要系统和关键环节进行全流程安全监控,重视数据交换和信息共享存在的安全风险,完善开放接口的安全防护能力,加大对政务平台中各类公共信息、个人隐私等重要数据的安全保障力度。

(3) 建立健全政务服务制度规范

尽管政务服务体系建设进展顺利,成效明显,但从各地实践来看,政务服务工作仍存在制度规范建设滞后的突出问题。一是法律定位不明确,至今没有法律法规对政务中心、行政审批局等作出规定,也未对其职能进行法律授权,政务中心、行政审批局等仍处于"夹缝中求生存"。二是机构名称不统一。从政务中心、政务大厅、行政审批服务中心,到市民中心、便民服务中心等,名称繁杂,形态多样,政务服务中心是一个场所还是一个机构仍存在疑义。三是机构性质不明晰,有的是政府派出机构,有的是政府直属机构,有的是事业单位,有的是临时机构由政府办或其他部门代管,领导配备及人员混编情况严重。四是职能范围不一致。有的侧重改善投资环境,有的侧重提高行政效能,有的侧重约束行政权力,有的侧重方便群众办事,窗口办结功能有限,便民服务相对不足(段龙飞,2007)。

政务服务改革的深化迫切要求加大立法力度,加快构建适应我国政务服务发展的法律保障体系,健全制度标准规范。2016年,国务院印发《关于加快推进"互联网+政务服务"工作的指导意见》,要求加快清理修订不适应"互联网+政务服务"的法律法规和有关规定,制定完善相关管理制度和服务规范,明确电子证照、电子公文、电子签章等的法律效力。着力解决"服务流程合法依规、群众办事困难重重"等问题。2018年,国务院办公厅印发《进一步深化"互联网+政务服务"推进政务服务"一网、一门、一次"改革实施方案的通知》,要求各部门要抓紧梳理"互联网+政务服务"急需的以及与开展"一网通办"不相适应的法律法规和规章制度,加快推动立改废。推动制定完善信息保护的法律制度,切实保护政务信息资源使用过程中的个人隐私和商业秘密。研究制订政务服务事项电子文件归档规范,推动开展相关试点,逐步消除电子化归档的法规制度障碍。2019年,李克强总理签署国务院令,公布《国务院关于在线政务服务的若干规定》(以下简称《规定》),从依法行政、建设法治政府的高度,首次以行政法规形式明确了在线政务服务事项。《规定》通过明确电子印章、电子签名、电子证照、电子档案在政务领域的法律效力,有效解决了各地区各部门在提升和拓展政务服务实践中的关键问题。2020年5月,十九届四中全会通过《中共中央 国务院关于新时代加快完善社会主义市场经济体制的意见》,指出创新行政管理和服务方式,深入开展"互联网＋政务服务",加快推进全国一体化政务服务平台建设。建立健全运用互联网、大数据、人工智能等技术手段等进行行政管理的制度规则。2020年11月,国务院办公厅印发《关于全面推行证明事项和涉企经营许可事项告知承诺制的指导意见》(以下简称《意见》),指出针对直接面向企业和群众、依申请办理的行政事项,我国全面推行证明事项和涉企经营许可事项告知承诺制。《意见》以制度创新深化"证照分离"改革,谱写"减证便民"新篇章,从制度层面进一步解决企业和群众办证多、办事难等问题。

1.2.4　健全服务运行保障,筑牢坚实后盾

(1) 推进政务服务的动态监控与管理

政务服务生态系统庞杂,主体与主体、主体与环境间的交互日益频繁和深入。为保证政务服务生态稳定运行,国办发办公厅发布《国务院办公厅关于印发进一步深化"互联网＋政务服务"推进政务服务"一网、一门、一次"改革实施方案的通知》,文件要求推进事中事后监管信息与政务服务深度融合。传统报表式、报告式监督考核方式,由于存在滞后性、有限性、偏误性等问题,无法为快速决策和应急管理提供有效支撑。

政务数据中台通过业务数据化、数据业务化,实现有效的动态监管,提升事中事后监管标准化、规范化、精细化、精准化、智能化水平。一方面,力求时效,基于业务流程模型和监管服务能力,实时预警、纠偏。数据中台基于其数据资源和能力,实现政务服务数字孪生,重点围绕国务院办公厅印发的《"互联网＋政务服务"技术体系建设指南》的相关规定,针对时效异常、流程异常、内容异常、裁量(收费)异常及廉政风险点等进行采集监测、比较分析、溯源排查、预测预警、拟订方案,形成实时检查报告,以可视化方式多维度绘制,呈现政务服务生态系统总体运行状况,从而为事前预警、事中监管、事后处置和改善提供自动化支撑。另一方面,力求全面,利用监察报告、评价信息等深入分析和挖掘潜在的问题与风险,寻找解决方案。2019年,《国务院办公厅关于建立政务服务"好差评"制度提高政务服务水平的意见》指出,要加强对评价数据的跟踪分析和综合挖掘,及时归纳发现政务服务的堵点难点,分析研判企业群众的诉求和期盼,找准服务企业群众的切入点和着力点,推进服务供给的精细化。

(2) 加强政务服务队伍的专业化建设

政府是政务服务资源最重要和最权威的供给主体,政府人员、政务队伍的素

质和能力直接关系政务服务的水平与效果。随着大数据、区块链等智能化技术的快速发展并融入政务服务中,政务服务人员的专业能力必须跟上技术应用的步伐才能满足政务服务创新发展的需求。因此,要加强专业人才培养,加大培训力度,建设一支既具备互联网思维与技能,又精通政务服务的专业化队伍。目前,国家高度重视政务服务人员专业化建设工作。2018年,国务院发布《加快推进全国一体化在线政务平台建设的指导意见》,指出要建立常态化培训机制,加强培训交流。要围绕业务应用、技术体系、运营管理、安全保障、标准规范等定期组织开展培训,以简报、培训、研讨等多种形式开展交流,总结成熟经验,加强推广应用。2019年,国务院办公厅发布《全面推进基层政务公开标准化规范化工作的指导意见》(以下简称《意见》),也为提高基层政务服务工作人员的能力和水平提供指导。《意见》提出,把政务公开特别是政府信息公开条例纳入基层领导干部和公务员教育培训内容,切实增强依法依规公开意识。2020年,《国务院办公厅关于进一步优化地方政务服务便民热线的指导意见》指出,为坚持便民高效和专业支撑相结合,提高热线接通率和专业服务水平,要加强热线队伍建设。各地区要加强对一线人员的业务培训,提升热线服务质量和水平,各级部门要加大对热线工作的支撑力度,明确部门内部热线办理工作职责和人员,做好热线归并后的工作衔接和业务延续。

1.3 智能化技术应用背景下政务服务创新发展趋势

1.3.1 服务范围向省域内通办和"跨省通办"发展

随着一体化互联网政务服务平台建设的深入推进,跨部门、跨区域的审批服务已经具备了一定的平台基础。根据中央党校(国家行政学院)电子政务研究中心2021年5月发布的《2021年省级政府和重点城市一体化政务服务能力调查评估报告》,全国31个省(区、市)中有30个地区已经构建了覆盖省、市、县、乡、村五级的网上政务服务体系。省级一体化平台的集约化建设推动整体服务能力持续提升。在省域范围内可实现"网上办""就近办""同城办"的政务服务事项日益增多,推动了线上服务的融合,提高了服务场所的利用率和服务效率,也大幅增强了企业群众的获得感和幸福感。

随着我国经济社会的快速发展,劳动力在全国范围内的流动加速,跨省流动人口规模迅速扩大。第七次全国人口普查数据显示,我国跨省流动人口规模已达到1.2亿人,异地办事来回跑、流程复杂、成本高等问题更加凸显,"跨省通办"已经成了新刚需。跨省人口流动存在显著的地域特征,人口流入的区域通常集中在经济发达、劳动力需求旺盛的省份。基于此,"跨省通办"的地方实践探索最早开始于沿海地区。2018年9月,浙江和江苏两省的政务服务申办通过服务渠道共用、服务数据共享、服务流程供融和信用体系共建等创新做法,率先打破省级行政区划约束,为全国政务服务改革提供了鲜活样本。具体而言,浙江省嘉兴市南湖区和江苏省苏州市吴江区的政务大厅一是建立了跨区域24小时政务服务区,与群众、企业关系密切的多项政务服务融合于自助一体机,实现跨区域24小时"自助办成事";二是电子证照库、政务服务网用户体系、电子签章等关键办事数据的"跨界"共享互认,打破了区域数据壁垒;三是设立互通互办专窗,通过远程设备协助完成收件、现场办理、发放证照文书等环节,相关材料可经邮递传递,实现异地办理事项"只跑一次";四是建立事中事后监管领域的业务协同、信息互通、信用互联监管衔接机制,联合探索建立跨区、跨部门、跨领域的失信联合惩戒机制,推动两地社会信用体系建立完善。之后,"跨省通办"以长三角、珠三角、京津冀等城市群为中心,逐渐扩散开来。

2020年9月,《国务院办公厅关于加快推进政务服务"跨省通办"的指导意见》正式发布,明确了2020年和2021年年底基本实现"跨省通办"的140项全国高频政务服务清单,其中的审批服务事项数量超过40项。指导意见中提出了"跨省通办"三种服务模式:第一种是"全程网办"。除法律法规规定必须到现场办理的事项之外,按照"应上尽上"的原则,将政务服务事项纳入全国一体化政务服务平台,提供申请受理、审查决定、颁证送达等全环节、全流程的网上服务。其中特别强调,对于政府部门核发的证照和批文,能够通过数据共享实现查询和核验的,不再要求申请人到现场核验原件,力争使群众和企业办事"一次都不用跑"。第二种服务模式是"异地代收代办",主要是对法律法规明确规定必须到现场办理的事项,在不改变各省区市原有办理事权的基础上,通过"收受分离"的模式,申请人可以在异地政务服务机构提交申请材料,然后进行形式审查和身份核验后,通过寄递等方式把材料寄到业务属地完成办理,相关结果也可以通过寄递或者网络送达反馈给申请人。第三种模式是"多地联办",对于原来需要当事人到两个不同的地方去现场办理的事项,改变原有的业务规则,前面的"异地代收代办"不改变业务规则,整合多地办理的流程,由一地受理申请,各地的政府部门内部协同,使申请人只需要到一地办理即可完成。

在国家政策的宏观指导下,"跨省通办"进程快速推进。调研显示,截至2021年12月底,32个省级行政区(含新疆生产建设兵团)的一体化互联网政务服务平台均设置了"跨省通办"专区,"跨省通办"网络基本形成。全国一体化政务服务平台"跨省通办"专区的事项总计达到321项,其中个人办事154项,法人办事167项。但与此同时,"跨省通办"过程中也存在一系列问题,主要表现为:部分法律制度规定的属地原则与改革目标相冲突,通办范围多集中在城市群之间或点对点的单个城市间,通办服务中申办类服务少查询类服务多,跨域数据共享支撑不足影响通办效率等。

2021年3月5日,李克强总理在第十三届全国人民代表大会第五次会议上作《政府工作报告》,明确提出要"加强数字政府建设,推动政务数据共享,进一步压减各类证明,扩大'跨省通办'范围,基本实现电子证照互通互认,便利企业跨区域经营,加快解决群众关切事项的异地办理问题"。可见,"跨省通办"服务范围的扩大和服务质量的提升是一个动态发展的过程,需要以企业群众对政务服务的需求为中心,完善制度规则破除通办制约,在全国范围内制定统一的政务服务标准规范,充分发挥数字政府的作用,以新技术应用推动数据跨区域共享,通过有效的激励手段激发各地创新动力,推动"跨省通办"改革效能持续提升。

1.3.2 服务方式向全程网办和线上线下融合发展

我国已基本实现线下政务大厅服务网点的全覆盖。《全国综合性实体政务大厅普查报告》显示,截至2017年4月,全国县级以上地方各级人民政府共设立政务大厅3058个,覆盖率94.3%。其中,省级、地市级、县级和直辖市区县政务大厅的覆盖率分别为59.4%,96.4%,94.2%和100%。根据普查统计数据,将同时具有政务大厅和网上平台的地区两类渠道的办件量进行对比,东部地区实体大厅平均办件量占比与网上大厅相比差距较小,但也高出44.8个百分点,西部地区两类渠道的差距最大,实体大厅办件量占比97%,比网上平台高出94个百分点。可见,截至2016年年底,政务大厅仍然是企业群众办事的主要渠道。

随着一体化互联网政务服务平台建设的不断推进,一号登录、电子证照的共享共用、业务系统的互联互通等为更多政务服务事项的全程网办创造了条件。根据《2021年省级政府和重点城市一体化政务服务能力调查评估报告》,在省级政府行政许可事项中,49.75%的事项实现了网上审批和"零跑动"。此外,在新冠疫情的影响下,受疫情防控的影响,"网上办、不见面"的政务服务理念逐渐在全国范围内推广,并为广大企业群众所接受,在此期间,根据网上办理情况,各地政府有针对性的升级系统功能,优化办理流程,减少办事材料提交,推动政务服务服务效率和服务质量不断提升。

全程网办使政务服务的办理不受时空的限制,满足了企业群众随时随地办理的需要,但同时面临一定的制约,主要体现在以下几个方面:一是具备畅通的互联网接入环境,包括保障网站快速加载的固定网络或移动网络,以及具备上网功能的终端设备(如台式或笔记本计算机、智能手机、平板电脑等);二是申办群体需要掌握一定的互联网使用技能,至少应包括网络连接、网页浏览、注册登录、文字输入、资料上传下载等;三是线上的政务服务咨询响应与线下面对面的咨询相比相对滞后。多地采用在线咨询留言的方式提供政务服务的线上咨询,通过模拟用户调研发现,留言回复时间集中在3~5个工作日,最快的也需要1个工作日。

线上线下融合是政务服务创新发展方向(孟庆国,2017)。政务大厅网络的全覆盖和全国一体化政务服务平台的上线运行,各地政务服务主管机构的相继成立,标志着我国不论是服务渠道还是体制机制建设,均具备了线上线下融合的基础。与此同时,线上线下融合发展也符合我国当前政务服务的实际情况。一方面,全程网办面临的各项制约需要通过线下渠道的互补来消除;另一方面,老年人、残疾人等特殊群体由于自身条件的限制在全程网办中面临"数字鸿沟"、信息无障碍建设难以保障等问题。例如,笔者在对残疾人的访谈调研中了解到,视力残疾人手机验证码操作困难,尤其是滑块拼图类的验证码完全没有办法操作;常用软件的二维码扫码不读屏;多数手机需要单独购买读屏软件且读屏功能不稳定等。听力残疾人则反映,很多视频类网站没有字幕或语音播报转文字后不够醒目,影响其对互联网的正常使用。

2021年11月26日,国家市场监督管理总局、国家标准化管理委员会发布《全国一体化政务服务平台线上线下融合工作指南》,明确了线上线下融合建设的目标与原则,具体包括服务对象效益最大化、服务运行更高效、服务供给更多元、服务获取成本更低四大目标,以及整体性、均等性、简化性三个原则。该标准自2022年3月1日起实施,从业务、数据、应用、技术四个方面构建了线上线下深度融合基础架构和业务模型,为政务服务线上线下融合提供科学指导。

数字社会正向我们走来,构筑美好数字生活新图景是满足人民群众对美好生活向往的需要。《中华人民共和国国民经济和社会发展第十四个五年规划和2035年远景目标纲要》指出,要"加快信息无障碍建设,帮助老年人、残疾人等共享数字生活"。在国家政策的宏观指导和公众需求的推动下,政务服务将朝着全程网办、兼顾线上线下深度融合的方向发展,彰显服务的便捷性、均等化和普惠性。

1.3.3 服务体验向更加人性化和智能化方向发展

"以用户需求为中心"是我国各地政府开展政务服务改革创新的共识。自"互联网+政务服务"的政策推行以来,各地政府就以企业群众需求为导向,优化简化政务服务流程,减少申请材料提交,压缩事项办理时限,推动提升政务服务的人性化和智能化水平。

在服务人性化方面,从用户视角整合服务资源,打破部门边界,提供主题式集成式服务。一方面,从用户理解的一件事出发,将原来分散在多个部门办理的事项进行打包,简化用户办理环节,通过政府部门内部的协同来提高办事效率。例如,湖南省在线政务服务平台提供面向企业的"我要开面包店"一件事一次办服务,针对"未取得营业执照的个体工商户,经营场所面积为20平方米,店铺在街道两旁"的办理情形,涉事清单包括个体工商户注册登记,《小餐饮经营许可证》新办,建设工程消防设计审查,设置大型户外广告及在城市建筑物、设施上悬挂、张贴宣传品审批,涉税事项,公章刻制备案等6个事项,分开办理需要31个工作日,一次办仅需要13个工作日。在整个办事过程中,用户仅需要根据办事指南准备好所需的材料,一次性在线上传提交即可,无须单独去多个部门办理,也避免了出现部分事项存在前后置关系导致用户来回跑的情况。另一方面,在线上政务服务平台设置面向特定群体或特定事项的专题专栏,整合提供相关的政策、办事、咨询等一揽子服务。例如,广东省在线政务服务平台设置了"惠民惠农补贴专区",综合提供补贴项目查询、项目申报、公示公告、政策解读等服务,帮助公众及时了解到最新的补贴政策,开展项目申报,查询申报结果,提高了政策的知晓度和执行效率。

在服务智能化方面,互联网、大数据、人工智能等技术的发展和应用正推动政务服务从被动向主动方向转变。随着在线一体化政务服务平台用户规模的不断增长,服务对象的特征属性和行为数据的汇聚为个性化政务服务需求的识别创造了条件,辅以技术手段进行用户画像,并将其与政务服务自身的内在逻辑结合,政府端可以自动识别需求并在合适的时机将服务信息推送给特定用户,用户可以通过手机等移动端随时随地接收服务信息,按要求开展后续的服务申办活动。此外,政务服务办事规则的标准化和政务数据共享的实现,为人工智能孕育政务服务"秒报""秒批"提供了土壤。用户在事项申报的填表阶段,系统通过账户登录、人脸识别等方式确认用户身份后,人工智能技术则会自动调用系统中已经存在的字段信息供用户确认,用户确认并补充完表格中需要填写的其他信息后在系统中提交,系统按照预先制定的规则自动提供无须人工干预的审批服务,并将服务过程中的关键节点信息反馈给用户,从而实现服务的主动化和智能化。智能审批服务最开始由广东省的深圳市开始试点探索,目前已在天津、浙江、福建、上海、山东、湖北、广西、重庆、江西等多地推广应用,智能审批的服务渠道也从线上的政务服务平台向线下的自助终端扩散。

新技术应用在推动政务服务体验升级中发挥了重要作用。2019年10月,党的十九届四中全会通过了《中共中央关于坚持和完善中国特色社会主义制度 推进国家治理体系和治理能力现代化若干重大问题的决定》,提出要"建立健全运用互联网、大数据、人工智能等技术手段进行行政管理的制度规则"。完善制度规则能够为先进技术在行政管理领域的深度应用营造良好发展环境。传统行政管理方式下制定的制度规则多以纸质、物理实体性证据材料(如政府部门、银行等开具的纸质证明等)的认定为主,对电子化、数字化的信息缺少法律法规层面的认可。呼吁多年的在线政务服务中所必须使用到的电子签名、电子证照、电子签章等关键技术支撑得不到法律法规认可,在线政务服务难以实现在线申请和审批的功能应用,部分地方的政务服务主管部门在调研中表示,由于缺少法律背书,考虑可能存在的风险,实际工作中不认可电子签章。电子证照作为具有法律效力和行政效力的专业性、凭证类电子文件,日益成为市场主体和公民活动办事的主要电子凭证,是支撑政府服务运行的重要基础数据。承认电子证照与纸质证照具有同等法律效力,有助于政务信息资源的共享与整合,减少企业群众办事重复提交证明材料。2019年9月,《国务院关于在线政务服务的若干规定》(国令第716号)公布施行,明确规定,"政务服务中使用的符合《中华人民共和国电子签名法》规定条件的可靠的电子签名,与手写签名或者盖章具有同等法律效力","电子印章与实物印章具有同等法律效力,加盖电子印章的电子材料合法有效","电子证照与纸质证照具有同等法律效力""除法律、行政法规另有规定外,电子证照和加盖电子印章的电子材料可以作为办理政务服务事项的依据"。电子签名、电子印章、电子证照的法律效力的明确,破除了制约在线政务服务发展瓶颈的制度制约,推动我国在线服务的快速发展。2022年2月,《国务院办公厅关于加快推进电子证照扩大应用领域和全国互通互认的意见》进一步提出要扩大电子证照应用领域,推动电子证照全国互通互认,全面提升电子证照应用支撑能力。

随着大数据、人工智能、区块链与政务服务融合的深入,部分地方政府开始自主探索建立完善上述技术应用的制度规则。例如,2020年4月,北京市人民代表大会常务委员会发布《北京市优化营商环境条例》,明确规定,"区块链技术应用中产生的电子数据可以作为办理政务服务事项的依据和归档材料""利用区块链技术推行增值税电子专用发票及其他电子票据",为区块链在政务服务领域中的应用推广提供了法律依据。2021年11月,上海市人民代表大会常务委员会发布《上海市数据条例》,从数据权益保障、公共数据、数据要素市场、数据资源开发和应用、浦东新区数据改革、长三角区域数据合作、数据安全、法律责任等方面做出了详尽要求,为更好促进数据应用,释放数据价值提供了良好的制度环境。智能化技术在政务服务领域的推广应用是一个漫长的渐进式过程,地方政府通过不断试错,总结出可复制推广的经验模式,国家层面应在吸收地方成功经验的基础上,考虑地区差异,加快建立健全具有普适性的制度规则予以支持,必要的时候上升至立法层面,以此扩大新技术的应用范围,提升应用效果。

第 2 章　智能化技术赋能政务服务改革创新的理论基础

政务服务改革是政府治理创新的重要任务之一,与政府组织机构运行、行政管理制度建设等密切相关。从这个意义上来说,政府治理理论对政务改革具有重要的指导意义。本章介绍了政府治理创新理论中经典的协同治理、整体性治理、和数据治理理论,对理论的起源发展、应用领域、核心观点等进行了梳理。此外,本章还聚焦政务服务自身改革关注的运行机制、服务效率等问题,分析了已有文献研究动态,为后续章节的研究提供理论参考。

2.1　政府治理创新的理论研究

2.1.1　协同治理理论

协同治理(Collaborative Governance)作为一个现代社会治理的命题,是社会治理模式自反性认同中的一个基本趋向。国内外学者对于协同治理的研究主要体现在以下几个维度:一是协同治理的理论阐释。包括相关的概念界定以及协同的必要性和原因探讨。Bryson and Crosby(2006)指出,协同治理就是政府、企业、非营利组织、慈善组织、社区以及公众之间的伙伴关系。也有学者指出,协同治理不是一个协调一致的空间,而是一个不同机制混合而成的整体(Bingham,2010)。不同组织之间进行协同治理的关键原因在于只有通过协同才可能获得他们之所求所想(Roberts,Nancy C,2001);二是协同治理与政府治道变革。无论是作为一种治理手段亦或是一种新的治理范式,协同治理理论与政府的治道变革紧密联系。Agranoff,Robert 和 Michael McGuire(1998)认为,协同治理越来越多的被视为应对社会治理中复杂的公共挑战的一种必要的、理想路径。协同治理为解决当前诸多的社会问题提供了强大的理论支撑和实践资源,因此,协同治理无疑将成为中国治理变革的一种战略选择(杨清华,2011)。三是协同治理的应用领域探讨。对于协同治理的应用研究主要聚焦在区域合作（张成福，李昊城，2012；李响等，2013；崔晶等，2015）及生态环境（谢宝剑，2014；汪伟全，2014；Neil Gunningham，2009）等治理难题上，基本遵循提出问题——运用协同治理解决对应问题的分析思路。

从本质而言，协同治理理论所研究的命题是治理过程中的多中心或多主体参与。其研究的一个焦点在于，在具体的协同治理过程中，这些多主体之间的相互关系如何？是否能塑造一个良性的主体关系格局以应对协同过程中的各种复杂性和不确定性。在协同主体的研究方面，学者对协同治理主体的研究强调主体的多元格局，并对多元主体之间的相互关系进行了探讨。在相关的研究中，可以发现关于政府、企业、公民社会协同治理的主体格局较为常见。杨华锋指出，协同治理的行动者，依据组织的正式程度与强度来划分，包括：个体（公民个人）、群体（组织化的群体）社会组织和政府组织（杨华锋，2011）。在这些多维层面的关系中，政府处于绝对的主体地位，在很多情况下，政府是推动、组织协同治理的关键。故而，一些学者将此种格局下的协同治理直接视为政府协同治理（张振波，2015）。当然，也有学者更为关注社会的作用，提出了社会协同治理的观点。例如郁建兴和任泽涛（2012）认为基于政府治理水平和社会发育程度的考量，社会协同是当前中国社会建设中政府与社会间关系的现实选择。此外，协同治理不仅限于不同主体之间的协同，还涉及同一主体内部之间的协同。例如，政府与政府之间的协同（同级政府之间、不同层级政府之间），即政府通过对各部门的功能整合以及政府与政府间的协同合作，来达到政府系统内部的协同合作。

协同治理理论在数字治理领域的应用源自于传统的官僚模式向电子政务模式转型过程中衍生的信息孤岛等问题。在单一职能机构设置下，各层级、各部门在筹建本级、本部门的政府信息系统建设中，存在着独立建设、数据接口不统一、标准不统一等问题，信息孤岛、数据孤岛现象比较突出，严重制约和影响了用户的在线服务事项办理（Zhang、Guo，2014）。随着互联网＋政务服务的不断推进，针对不断创新的服务场景和用户新需求，信息系统与业务模式协同发展也不断引起学者重视（Kuk、Janssen，2011；Zhang等，2020）。引入协同治理理论，推动建立前台综合受理、平台业务整合协同、后台数据资源共享的运行机制，实现政府内部的跨部门系统协同，做到数据开放、信息共享和知识管理，方便基层和群众，提高行政审批效能将会是未来的必然方向（张定安，2014；王学栋、张定安，2019）。

2.1.2 整体性治理理论

20世纪90年代后，随着新公共管理运动的深入开展，"碎片化"困境日益凸显（孙迎春，2014；包国宪，张蕊，2018），针对解决碎片化带来的问题，整体性治理

(Holistic Governance)应运而生(Perri 6,1998)。整体性治理的实践探索最早可以追溯到1997年的英国,时任英国首相布莱尔提出了"整体政府"计划(jointed-up government),强调将地方政府与中央政府联结,消除部门壁垒。国外学者佩里·希克斯(Perri)是将整体性治理上升至理论建构层面的代表,其提出要通过优化制度和信息化技术,整合协调政府部门、私人部门和非政府组织,推动实现共同的公共目标(Perri 6,2002)。在寻求治理转型的过程中,许多研究将变革的方向聚焦在"合作、协商、建立伙伴关系、确定共同目标"等路径上(Carey R,2016;谢宝剑、陈瑞莲,2014;张世秋等,2015;陶品竹,2014;赵新峰,2014),在这其中,整体性治理就是比较有影响的一种路径,对我国和西方很多国家政府改革的理论与实践产生了重要影响(Perri 6,2002;史云贵、周荃,2014)。整体性治理是基于对新公共管理模式下的功能碎片化和服务裂解性进行反思和修正的基础上逐渐形成的一种全新的治理模式,主张以满足公民需求为治理导向,以信息技术为治理工具,将协调、整合和责任作为治理策略,促进各种治理主体的协调一致,以实现整体性政府组织运作模式(韩兆柱、张丹丹,2017)。从理论层面看,其内涵主要包括以下几个方面:一是树立以人民为核心的治理导向,二是构建以信息技术为核心的治理手段,三是倡导以整合、协同和责任为架构的治理机制,四是达到为公民提供无缝隙的整体性政府公共服务的治理目的(翟云,2019)。

从实质上看,整体性治理以回应"碎片化"问题为出发点,以满足公众需求为行动逻辑。因此,整体性治理更为强调的是服务的整合,而不是简单的部门整合。换言之,整体性治理更为侧重的是通过政府部门的整合来实现公共物品和公共服务的整合性供给。因此,在实践中,如果仅仅强调通过部门之间的重组来应对"碎片化"会导致大部门内部更为混乱,责任边界的模糊也会使得整体性治理的效能大打折扣。另外,整体性治理是治理理论的重要分支,而治理理论首要强调的是治理多元治理主体间的合作,政府只是众多治理主体之一(史云贵、周荃,2014)。这就意味着,整体性治理除了要重视政府内部的协调与合作之外,还需重视政府主体与市场主体、第三方组织、各类利益集团、社会公众的协同合作。如果仅仅关注政府内部的整体性,把政府作为超越其他主体的治理主体,甚至是唯一主体,那么整体性治理则会出现对治理理论的偏离。

我国学者将整体性治理理论应用于解决城市群的府际关系协调、政务服务创新、突发公共卫生事件应对、多主体综合监管、机构改革等一系列实际问题,注重立足不同领域的特征构建适应我国国情的分析模型。在城市群的府际关系协调方面,韩兆柱和任亮(2020)从整体性治理的视角对京津冀跨界河流污染治理府际合作进行研究,提出要通过整合治理组织结构,完善治理总体框架,加强治理信息平台建设,建立治理长效机制等方式来建立三地的合作治理模式。在政务服务创新方面,有学者以整体性治理的目标理念、组织机制和工具手段为框架,对浙江省

"最多跑一次改革"取得的成效和面临的挑战进行分析,并提出了以公民需求导向重塑公共行政价值,以协作信任机制构建整合型治理架构,以数据共享应用再造政务服务流程的对策建议(陈丽君、童雪明,2018)。郝海波(2022)则依据整体性治理理论,从制度、技术和架构三个维度分析了"跨省通办"的实现路径。在突发公共卫生事件应对方面,秦浩(2021)提出要坚持全局性思考、合作性整合、整体性运作,并从应急预防、应急响应和应急保障三个方面提出了整体治理的对策构想。在跨部门综合监管方面,聚焦网络安全食品监管,韦彬和林丽玲(2020)提出了重构政策执行网络、搭建参与网络、回应公众诉求、重塑权责体系以及依托信息技术实现智慧化监管的整体性治理路径。在机构改革方面,陈丽君和童雪明(2022)提出了适应中国地方政府实情的"科层制为体—整体性治理为用"模型,以H市经营类事业单位改革为例,验证了科层制和整体性治理之间的体用关系。

在整体性治理理论的基础上,我国地方政府还在实践中创新提出了"整体智治"的发展理念。2020年3月,浙江省政府在统筹推进疫情防控和经济社会发展的非常时期,提出要打造"整体智治、唯实惟先"的现代政府(袁家军,2020),并将其作为数字政府建设的目标,写入2021年6月发布的《浙江省数字政府建设"十四五"规划》。"整体"即"整体政府",强调政府服务方式的"一体化","智治"即基于数字化的智慧治理,强调发挥数据的作用,更好运用云计算、大数据、物联网、人工智能等数字技术,加快形成即时感知、科学决策、主动服务、高效运行、智能监管的新型治理形态(余勤,2020)。部分学者对"整体智治"的实现路径进行了详细阐释。曾凡军等(2021)从理念、结构、机制、制度、技术五个层面提出了"整体智治"的实现路径。钱天国(2022)基于数字赋能与全链集成创新的视角,提出要通过构建全域数字治理体系和平台治理体制,深化综合集成改革,健全数据共享机制,鼓励地方先行先试等深入推进全链集成创新,提升整体治理效能。

2.1.3 数据治理理论

大数据技术的发展推动了数据采集、存储和分析处理能力的大幅提升。数据被视为一种新型的资源,在推动提升治理能力和治理水平方面发挥的作用日益显著,以数据驱动为核心的治理研究和实践探索逐渐兴起。数据治理(data governance)的概念来源于组织理论和信息技术治理理论,强调使信息技术治理与组织战略、运营业务目标保持一致的重要性(Khatr等,2010)。部分学者和研究机构将数据治理视为组织的业务功能。Khatri等(2010)将数据治理定义为制定决策权和责任框架,鼓励在使用数据时的理想行为。国际数据管理协会(DAMA International,2009)将数据治理定义为对数据管理的权力、控制,其目的在于增加数据价值,降低数据活动的成本和风险。数据治理可概括为数据架构、数据建模和设计、数据存储和操作、数据安全、数据集成和互操作性、文档内容、参考数据和主要数据、数据仓库和商业智能、元数据和数据质量等内容(DAMA International,2004)。

但部分学者认为数据治理不仅是框架规范,还要包括数据实践活动。Abraham 等(2019)通过分析国际发表的 145 份数据治理主题的公开出版物,指出数据治理制定了一个跨职能框架,将数据作为战略型资产开展管理活动;组织对所有的数据执行决策和担当责任,将数据政策、标准和程序正规化。数据治理是一项社会技术职能,涉及组织数据资产的规划、设计、创造、获取、维护、利用、归档、保障、检索、控制全过程活动(Floridi,2018)。Lillie 等(2019)区分了数据治理和数据管理,提出数据治理是必须做出何种决策以及由谁做决策,而数据管理则是进行具体的决策,也就是在日常工作中执行数据治理政策。Brous 等(2016)通过梳理相关研究,提出了公共组织数据治理的四项原则,即组织化、协调一致、合规监控和执行、共同理解。

国外学界主要分析了诸如数据质量、数据安全、数据开放、数据生命周期等特定决策领域的数据活动,分析数据治理活动效果,探究数据治理的作用和价值(Abraham 等,2019)。在政务服务方面,数据是有效、及时决策活动的必需品,数据治理能力是政府部门数据决策的重要组成部分。Lember 等(2019)通过分析数据技术对政府活动的影响,指出数据治理有助于协助政府做出决策,确保管理活动合规,提高政务服务效率和有效性;高效的数据治理能支持政府风险管理和法规遵从,提高公众对政务服务满意度。在政府组织结构方面,数据治理活动促进了政府组织部门的协同合作,支持政府各机构的业务集成;欠缺数据治理能力组织的风险成本会增加,错误的管理决策活动会阻碍业务变革和增长(Otto,2011)。在政府与公众关系方面,Mu 等(2022)提出,数据开放创新战略是改善公共服务、创造公共价值和公共决策的重要助力,数据治理活动加强了政府部门和公众之间的沟通互动,优化了政府与利益相关者的互动模式;鼓励公众获取并利用政府数据,改变了利益相关者利用数据的方式。

自 2016 年以来,"互联网+政务服务"成为我国"放管服"改革的重要抓手,省级一体化政务服务平台和政府网站集约化平台的建设,推动了政务数据的大规模汇聚,为政府实施数据治理创造了条件。2022 年 6 月,《国务院关于加强数字政府建设的指导意见》正式发布,明确提出要"加快推进全国一体化政务大数据体系建设,加强数据治理,依法依规促进数据高效共享和有序开发利用,充分释放数据要素价值,确保各类数据和个人信息安全"。国家战略发展要求和地方政府创新实践提供的大量鲜活素材,推动我国行政管理和政务服务领域涌现出一批数据治理的研究成果。总体来看,国内学者重点关注数据治理模型框架构建和数据治理规则策略研究。

在数据治理模型框架构建方面,政府数据治理可视为对全社会数据资源的权威性分配活动,从"数据流动"的视角,政府治理的结构层次从内至外依次为算法与技术系统中的数据流动,机构和行政系统应用逻辑中的数据流动,基于网络的应用系统之间的数据流动,以及线上空间和线下空间之间的数据流动(黄璜,2018)。跨部门政府数据共享是政府数据治理的重要议题,左美云和王配配(2020)从跨部门政府数据共享的视角提出了政府数据治理的CGCS框架(China Government Cross-Sectoral Data Governance Framework),系统阐释了政府治理主体、战略目标、规范与标准、关注范围、过程、方法与技术等的具体内容和逻辑关系,并以北京市养老数据治理为例,对CGCS框架进行了应用分析。政府数据治理是工具理性和价值理性的有机结合体,从价值链的视角,政府数据治理包含了数据采集、开发和利用等基本活动,以及财政支持、人力资源管理、技术开发、制度保障等辅助活动,两类活动相互支撑和共同作用以实现公共价值(郭斌、蔡静雯,2020)。

在数据治理策略研究方面,如何确认数据权属,如何保障数据治理中的数据质量和数据安全等的制度设计是关键。在基层政府数据治理中,数据采集的真实性影响治理的有效性,技术治理需要与基层治理结构的变革做好适配,并推动形成开放式跨界政府数据治理协作机制(黄晓星、丁少芬,2022)。人工智能、区块链等新技术在政府数据治理中具有应用优势,但也面临新的挑战。其中,区块链的去中心化将带来管理权威挑战,去信任化带来安全监管挑战,技术创新带来法律秩序挑战,需要明确应用共识,创新监管机制,健全制度体系以应对挑战(戚学祥,2018);人工智能的深度应用使得传统政府面临数据治理方式、数据资产管理、数据质量管控、数据开放共享以及数据安全与隐私保护等方面的挑战,应重点建立权责明晰的政府数据治理组织架构,构建体系完备的政府数据治理政策法规,完善开放共享的基础政府数据资源体系,健全科学合理的政府数据安全保障机制,打造运行有效的政府数据综合治理平台(何振、彭海艳,2021)。超越政府中心主义为公共数据治理兼顾隐私保护与数字化发展提供了新思路,公共数据治理中的市民授权机制有助于拓宽数据采集和共享的范畴,更好保障市民隐私,以及发动数据主体修正数据的积极性以提高数据质量(高翔,2022)。政府首席信息官制度是提升公共部门数据价值目标下的组织体系创新,在大数据管理局模式的基础上构建符合我国国情的政府首席信息官制度,是推动提升我国政府数据治理能力和水平的重要举措,其推进策略包括明确职能定位与权责配置,制定完备的知识培训体系与人才评价机制,健全政府数据治理体系(蒋敏娟,2022)。

2.2 政务服务发展及运行机制研究

国外"一站式"政务服务机构的设立是新公共管理运动以来各国创新实践探索的成果,以澳大利亚的Centrelink、美国的government service centers、加拿大的Service Canada等为代表。虽然命名不同,但其目的都是致力于为本国公民提供综合性、整体性的服务。例如,澳大利亚政府自1998年以来对78个不同的社会服务项目进行重组,已有数百万居民因此受益(Kamarck E,2018)。"一站式"政府服务机构通过实体政务服务中心、信息亭(Kiosk)、呼叫中心、政府网站等各种渠道提供服务(Pieterson W,2018)。

国外关于政务服务的研究重点关注顾客导向的服务需求和用户满意度(Hajnal G、Kovács É,2013)。公共管理部门将服务对象视为顾客,推动了服务质量评估或服务满意度调查的发展(Osborne D,1993;Brown T,2007;Kelly J M,2005;SeungKyu Rhee,JuneYoung Rha,2009)。此外,国外各级政府的公共管理人员出于对选民负责的压力,将公共服务的满意度纳入绩效衡量的范畴(Swindell D、Kelly J M,2000)。部分学者对本国"一站式"服务机构进行研究,如Bent S等提出居民希望政府的服务尽可能的可及、便利和无缝衔接,并以案例的形式介绍了加拿大各地区"一窗式"改革创新及实践中面临的问题,研究进一步指出改革成功的因素有及时性、参与性、部长支持、领导力、利益相关者的持续反馈、团队交流的改变等(Bent S,1999)。Bhatti Y等(2011)的研究检验了丹麦行政人员的专业性对"综合性市民服务中心"(citizen service centers,CSC)服务扩散的正向影响,即办事人员越专业,居民越倾向于前往CSC办事。Kernaghan K(2015)的研究指出,政治(法律)、结构、运行(管理)和文化四类因素都会对"一站式"服务产生影响,可以通过新的服务提供模式、伙伴关系的完善、有效的治理框架以及专项资金等方式提升服务水平(Kernaghan K,2015)。Mansor N等(2010)对马来西亚政府服务台(service counter)的调查结果显示,建筑布局、员工绩效和服务质量等都会影响服务的满意度(Mansor N,Che H C M R,2010)。

政务服务中心作为面对面的线下服务渠道,目前仍然是公众最常用的服务渠道。国内早期对政务服务中心的研究主要集中在其职能定位和发展策略(吴爱明、孙垂江,2004;姜晓萍、唐冉熊,2004;赵定涛、卢só刚,2004)以及地方实践经验的总结提炼(张建,2005;王东洲,2007)。之后有不少研究尝试从不同视角分析政务服务中心建设情况及其背后的运行机制(郑恒峰,2008;沈荣华、何瑞文,2013;许源源,2007),如谭海波和赵雪娇(2017)等将政务服务中心视为地方政府在面对市场、政治、科层等多重制度逻辑下的一种"回应式"的政府组织创新性变迁,沈荣华和王荣庆(2012)的研究指出,改革的关键在于厘清审批窗口与原行政部门之间的审批权力结构与互动关系,审批的窗口数量越明确,政府审批职能越准确。也有部分学者关注政务服务中心的绩效和影响因素,如李靖(2008)华以浙江省政务服务中心为例,研究指出流程再造策略、企业家素质、窗口状况、信息化程度、部门合作、政务服务中心管理、网络互联等是流程再造的主要影响因素。王胜君和丁云龙(2010)将政务服务中心的成本分为物理成本和运营成本两部分,物理成本主要为地方政府的基础设施投入,运营成本则主要是政务服务中心的日常支出。陈时兴(2006)的研究指出,政务服务中心的运行成本主要包括一次性的固定投入、人员费用和维系运行的低值易耗品。

随着政务服务中心在全国范围内的蓬勃发展,公众满意度成为衡量政务服务中心的重要标准,不少学者开始关注满意度背后的影响因素。魏诗强(2017)对上海市徐汇区政务服务中心的问卷调查显示,办事流程质量和硬件设施质量的高低在很大程度上影响用户满意度。郭宏宇(2008)的研究构建了政务服务中心服务接受者满意度影响因素模型,主要的因素包括接受者期望、感知质量、接受者特征、信息熟悉、接受者满意度、接受者信任等(郭宏宇,2008)。刘飒(2015)的研究指出,公众期望对政务服务中心满意度的影响最大,其次是政务服务中心形象,感知质量的影响相对较小。

2.3 政务服务效率的影响因素研究

不同的组织形态需要有相应的制度框架来约束和管理。古立克(Gulick)认为,单一的领导权威对组织工作的监督是必要的,有必要将更大的权力集中于行政部门和行政首长。"在变革时期,政府必须强化行政管理部门,也就是说,要强化协调、计划、人事、财务控制和研究等机构,这些机构形成了所有领域的核心与灵魂"(罗伯特·B.登哈特,2010)。西蒙和马奇((March &Simon)的研究进一步强调了组织环境对组织结构的重要影响(March J.G、Simon,H.A,1958)。基于此,组织结构变革的分析,需要对整合机制以及影响整合机制的因素进行分析(李文钊、蔡长昆,2014)。

行政审批权的集中方式是推动政务服务中心组织形态变化的重要因素。要探讨行政审批权集中改革对行政效率的影响,就需要对组织结构进行深入分析。在复杂组织研究中,封闭系统主要强调完成目标的效率,通过控制机制来减少环境中的不确定性,以泰勒的科学管理、古立克和厄威克的行政管理、以及韦伯的官僚制为代表。与封闭系统研究法相对的是开放系统研究法,其认为人们无法完全了解可能影响组织的所有变量,也无法预见和控制这些变量的影响(Thompson J

D,1967)。在伍德沃德(Woodward,1958)、菲利普·塞尔兹尼克(Selznick P,1949)等学者的研究基础上,汤普森对开放系统和封闭系统的研究进行整合,提出复杂组织作为一个自然体系,是相互依赖的部分组成的整体,同时整体又依赖于更大的环境(陈淑伟,2007),其研究指出,每一个组织都包括一些不同的次级组织:技术层次、管理层次和制度层次。其中,技术层次的次级组织关注组织实际任务的有效执行,管理层次的次级组织关注协调组织中的技术群体与服务对象之间的关系,制度层次的次级组织关注作为一个制度结构实体的组织与其广阔的社会系统之间的关系(Thompson J D,1967)。

汤普森的组织层次分析有助于协调封闭系统和开放系统、确定性和不确定性、决定性因素和非决定性因素之间关系,因而广泛应用于各种组织的分析中(Hansen M T,1999;O'Dell C,Grayson C J,1998)。行政审批权改革带来了技术层次、管理层次和制度层次的变革。在技术方面,政务服务标准化的建设为信息化审批平台的建立和电子化设备的配备奠定了基础,同时促进行政审批的流程优化,规范审批人员的自由裁量权;在管理层次,省级政府是否建立专门的政务服务管理机构以及主管领导的职务、政务服务中心对资源的整合程度都体现了管理的统筹协调能力;在制度层面,省级政府出台的管理规定或管理办法和政务服务中心管理制度对政务服务中心的建设分别起到了顶层设计和具体细化落实的作用。考夫曼(Herbert Kaufman)在其专著《森林警备队》中提出,由于组织高层制定的大多较为宽松的政策与底层人员的具体行动之间存在着巨大差距,公开的政策与实际行动之间潜存着巨大的自由裁量空间,那些超出组织控制之外的因素也会影响组织规范(Kaufman H,1960)。纳入社会环境变量更有利于组织对环境不确定性的应对。本书后续章节的研究将试图检验在控制经济社会环境、管理方式、信息化技术水平、通用制度规则等变量的情况下,行政审批权改革方式对行政效率是否存在显著影响以及影响程度如何。

第 3 章　我国政务服务线上线下平台的建设现状

我国的政务服务平台总体上可以分为两类,一类是以政务服务中心为代表的线下平台;另一类是以"互联网＋政务服务"平台为代表的线上平台。两类平台均是政务服务改革和智能化技术创新应用的试验田。在线下平台建设方面,本章回顾了我国政务服务中心的发展历程,以 2017 年全国综合性实体政务大厅普查数据为主,系统分析了政务服务中心在机构和功能设置、事项进驻办理、信息化建设等方面的发展情况。在线上平台建设方面,从理论视角分析了"互联网＋政务服务"与传统电子政务的区别,对"互联网＋政务服务"建设的实践历程、政策演变和建设成效进行了深入研究。此外,本章基于实地调研和政策文献资料,总结归纳了国内外政务服务改革创新实践及其带来的启示。

3.1　以政务服务中心为代表的线下平台建设

3.1.1　政务服务中心发展历程

我国政务服务中心最早的雏形,可追溯到改革开放之初。1995 年,深圳市首次把 18 个政府部门集中起来成立了一个专业性联合审批服务中心,专门为外商投资项目服务。1997 年 2 月,广东省江门市设立行政事务服务总汇,开创性的提供"一站式"综合政务服务。1998 年 7 月,浙江省金华市创新"服务投资、方便市民、并联审批、全程代理、强化监督"的理念,率先采用"一站式"审批模式。1999 年 9 月陕西省成立第一个省级政务服务中心。各级政府最早设立政务服务中心的情况如表 3-1 所示。

第3章 我国政务服务线上线下平台的建设现状

表 3-1 各级政府最早设立政务服务中心的情况

层级	最早设立时间	政务服务中心名称
省级	1999年9月	陕西省政务服务中心
地级市	1997年2月	广东省江门市人民政府行政服务中心①
县级	1998年8月	浙江省宁波市海曙区行政审批服务中心②
直辖市区县	1998年7月	上海市浦东新区行政服务中心③

自1997年以来,各地持续推进政务服务建设,2002年和2007年出现建设高峰,这两年新增的政务服务中心数分别达到369个和243个,远超于其他年份。2016年之后,政务服务中心数量仍保持增长态势,如图3-1所示。

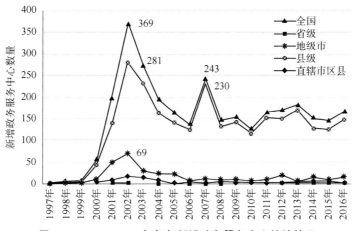

图 3-1 1997—2016年每年新增政务服务中心统计情况

如图3-2所示,从政务服务中心的覆盖率来看,2009年覆盖率首次突破60%,到2014年突破80%,2016年跃上90%的台阶,覆盖率达到94.1%。

如图3-3所示,截至2017年4月,全国县级以上地方各级政府共设立政务服务中心3058个,覆盖率为94.3%。其中,省级政务服务中心19个(含新疆生产建设兵团),地级市政务服务中心323个,县级政务服务中心2623个,直辖市区县政务服务中心93个。此外,乡镇(街道)共设立便民服务中心38513个,覆盖率为96.8%。江西、广西、四川、贵州、云南、甘肃、宁夏7个省(区)已实现省、市、县三级政务服务中心全覆盖。

---

① 前身为江门市行政事务服务总汇,成立于1997年2月,2001年12月更名为江门市人民政府行政服务总汇,2008年11月更名为江门市人民政府行政服务中心。

② 前身为海曙区经济(社区)服务中心,成立于1998年8月。

③ 上海市浦东新区有六个大厅,此为其中之一。

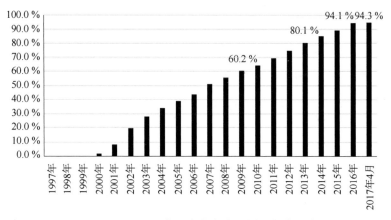

图 3-2　1997—2016 年政务服务中心覆盖率统计情况

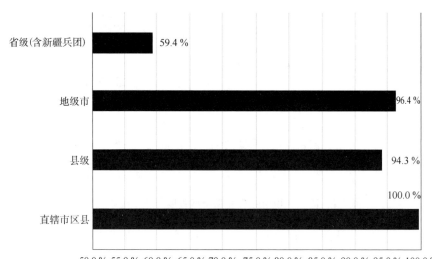

图 3-3　各级政务服务中心覆盖率统计情况（截至 2017 年 4 月）

从政务服务中心的建设历程不难看出，不论是第一个政务服务中心的诞生，还是后期覆盖率的持续攀升，区县和地市的积极性、主动性远高于省级。这在一定程度上表明，政务服务中心的发展更多的依赖地方政府自下而上的创新探索。基于此，根据政务服务中心的建设情况，可以将其发展分为试点探索、全面建设和创新发展三个阶段，各阶段的具体情况如下。

试点探索阶段（1995—2000 年）：政务服务中心最早源于地方政府改善营商环境的需要，东部沿海地区走在探索队伍的前列。1995 年，深圳市集中了 18 个政府部门成立联合审批服务中心，专门服务外商投资项目。1997 年，广东省江门市正式启用江门市行政事务总汇,这标志着政务服务中心建设正式拉开帷幕。在试点探索阶段,政务服务中心以物理集中办事部门为主要特征,为部门间的协同会商创造了便利条件,但由于各部门出于利益考虑,进驻政务服务中心的事项授权并不充分,导致早期的政务服务中心更多的是发挥"收发室"的作用。

全面建设阶段(2001—2010年):该阶段政务服务中心数量迅猛增长,单2002年一年时间,县级以上地方政府新设立的综合性政务服务中心数量就超过了700个。到2009年,超过60%的县级以上地方政府都设立了政务服务中心,覆盖省、市、县三级的政务服务体系初步形成。2004年,《中华人民共和国行政许可法》正式实施,明确了地方人民政府组织有关部门联合办理、集中办理行政许可的合法性,加快推动政务服务中心由早期的部门物理集中向事项集中转变,实现大量审批事项进驻政务服务中心。

创新发展阶段(2011年至今):2011年,政务服务中心迈入创新发展阶段。同年,中共中央办公厅、国务院办公厅印发了《关于深化政务公开加强政务服务的意见》,明确提出要健全政务服务平台,促进政务服务的均等化、规范化、高效化,提供让群众满意的高质量政务服务。2012年,新一届政府成立,大力推行"放管服"改革,推进政府职能转变,并制定了一系列政策文件。各地区、各部门在政策文件精神的指导下,转变政务服务中心发展思维,以企业群众服务需求为中心,注重服务效率和服务质量提升,不断开展理念创新、制度创新和技术应用创新,涌现了一批卓有成效的创新成果。

3.1.2 政务服务中心机构与功能设置

在机构设置方面,截至2016年年底,全国53.3%的政务服务中心管理机构为事业单位(含参公管理),40.1%的政务服务中心管理机构为行政机关,6.6%为其他。其中,政务服务的管理机构经编外批复的占比为96.6%,未报编办批复的政务服务中心占比为3.4%。在政务服务中心的主管单位中,61.1%为本级政府,27.1%为政府办公厅(室),11.8%为其他部门。此外,全国共210个地方设立了行政审批局,其中地级市37个,县级173个。另有135个地方的行政审批局加挂了政务服务中心牌子。

在功能设置方面,各地政务服务中心根据企业群众办事需求设置了窗口服务、咨询服务区、投诉受理区、等候区、自助服务区等功能区,功能设置基本符合国家标准《政务服务中心运行规范》(GB/T 32169.1——2015)。其中,设置窗口服务区的政务服务中心占比94.1%,设置咨询服务区的占比88.2%,设置投诉受理区的占比74.1%,设置等候区的占比87.2%,设置自助服务区的占比62.7%。此外,部分政务服务中心按照服务事项和服务群体对窗口服务区进行细分,设置了青年(大学生)创业就业服务"绿色通道"、优惠政策服务窗口等,或将关联窗口集中布局(如医保、社保、就业等窗口划入同一区域),对企业群众办事进行分流。

从窗口设置情况来看,全国政务服务中心共设立办事窗口 16.1 万个,平均每个政务服务中心的窗口数为 53 个。其中,提供两个及以上部门办事服务的综合窗口 8324 个,占比 5.2%,提供单个部门办事服务的窗口 15.2 万个,占比 94.8%。

根据窗口类型不同,全国政务服务中心窗口服务模式可分为三类:一是综合窗口服务模式,即政务服务中心所有窗口均为综合窗口;二是部门窗口服务模式,即政务服务中心未设置综合窗口,所有窗口均为部门窗口;三是混合窗口服务模式,即政务服务中心窗口由部门窗口和综合窗口构成。总体来看,采用混合窗口服务模式的政务服务中心最多,综合窗口服务模式的政务服务中心最少,具体占比情况如图 3-4 所示。

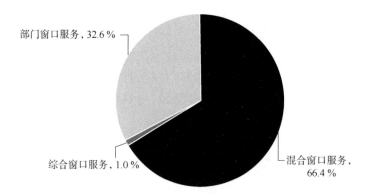

图 3-4 政务服务中心窗口服务模式情况

如图 3-5 所示,在混合窗口服务模式下,90.4% 的政务服务中心综合窗口数小于 10 个,6.9% 的政务服务中心综合窗口数在 10~20 之间,仅 0.2% 的政务服务中心设置了 50 个以上综合窗口;75.8% 的政务服务中心综合窗口占总窗口的比例少于 10%,18.5% 的政务服务中心综合窗口占比在 10%~30% 之间,仅 5.7% 的政务服务中心综合窗口占比高于 30%。

此外,多地政务服务中心还提供预约服务、热线服务、证照寄送等服务,以减少企业群众跑腿次数。其中,全国 73.4% 的政务服务中心提供预约服务。提供预约服务的政务服务中心,实现网上平台预约的占 37.8%,手机等移动客户端预约的占 19.4%,电话预约的占 85%。15.4% 个政务服务中心进驻了统一的政务服务热线,30.2% 的政务服务中心提供证照寄送服务。

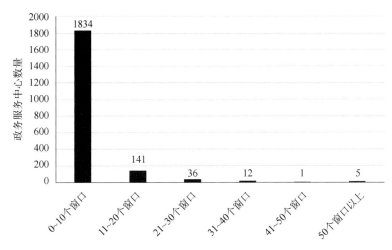

图3-5 混合窗口服务模式下的政务服务中心综合窗口数量情况

3.1.3 政务服务中心事项进驻办理

全国政务服务中心共进驻具有行政审批职能的部门（以下简称"审批部门"）7.2万个，平均每个政务服务中心进驻审批部门24个，72.3%的政务服务中心进驻的审批部门数在30个以下，具体分布情况如图3-6所示。

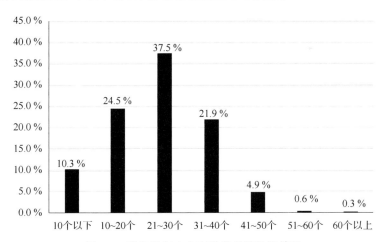

图3-6 政务服务中心审批部门数进驻情况

全国政务服务中心审批部门的平均进驻比例为78.5%。其中，6个省（市、区）政务服务中心的审批部门进驻比例超过90%，13个省（市）在70%~80%之间，5个省（市、区）在60%~70%之间，3个省（市）在50%以下。各地审批部门进驻政务服务中心的比例情况如图3-7所示。

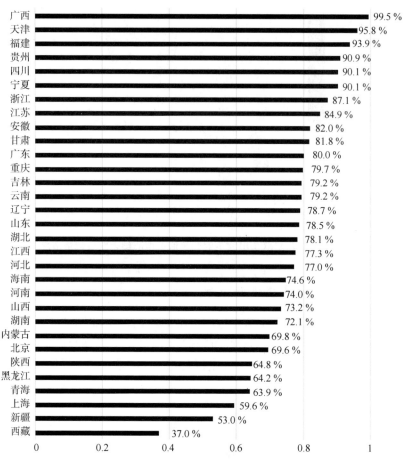

图 3-7　各地政务服务中心审批部门进驻比例情况

全国政务服务中心进驻的审批部门中,整处(科)室进驻的部门数为2.9万个,占比39.6%。其中,天津市整处(科)室进驻部门占比最高,达到77.8%,浙江、吉林、山西、山东4个省进驻比例在50%～60%之间,宁夏、甘肃、西藏、青海4个省的进驻比例低于20%。统计结果显示,部门未全面进驻的原因主要包括"国务院部委要求""场地面积限制""业务事项涉密"等,各类原因占比情况如图3-8所示。

截至2016年12月底,全国政务服务中心共进驻事项83.4万项,平均进驻273项。51个政务服务中心的进驻事项超过1000项,占比1.7%,282个政务服务中心进驻事项不足50项,占比9.2%,总体进驻情况如图3-9所示。

从分布情况来看,省级政务服务中心进驻事项较多,50%的政务服务中心事项数在500项以上,地级市和直辖市区县政务服务中心进驻事项集中在

200～500项之间,县级政务服务中心进驻事项集中在100～500项之间,具体情况如图3-10所示。

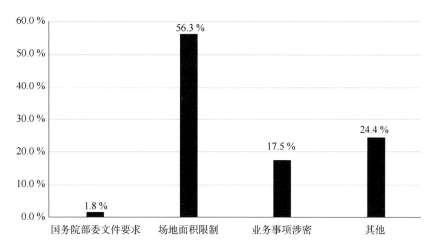

图3-8 政务服务中心事项进驻不全原因统计

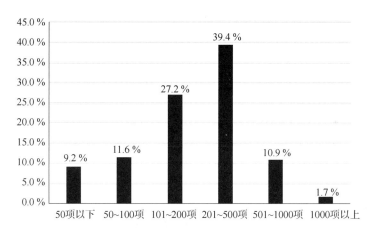

图3-9 全国政务服务中心事项进驻分布情况

从政务服务中心的平均进驻事项数来看,省级政务服务中心平均进驻事项最多,县级政务服务中心最少。省级政务服务中心平均进驻678项[①],地级市政务服务中心374项,直辖市区县政务服务中心276项,县级政务服务中心265项;从每平方米进驻的事项数来看,省级和县级政务服务中心每百平方米进驻事项较多。全国政务服务中心每百平方米进驻事项6项,省级4.3项,地级市3.1项,直辖市区县4.4项,县级政务服务中心7.6项;从分区域事项平均进驻水平来看,东部地

---

① 陕西省省级大厅2016年装修改造暂停服务,未纳入计算范围。

区事项进驻最多,东北地区最少。东部地区政务服务中心平均进驻367项,东北地区181项,中部地区214项,西部地区262项。

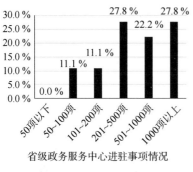
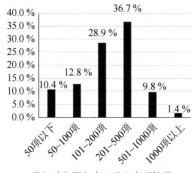

图 3-10　各级政务服务中心进驻事项分布情况

按照行政权力类别划分,进驻政务服务中心的事项可分为行政许可、行政给付、行政确认、行政征收和其他服务事项四类。其中,行政许可事项占比达到57.9%,行政给付占比1.4%,如图3-11所示。

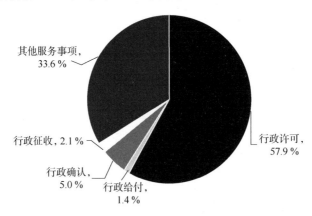

图 3-11　进驻事项按行政权力类别统计情况

按照事项办理时限划分,进驻政务服务中心的事项可分为即办件事项和承诺件事项。全国政务服务中心共进驻即办件事项170237项,平均每个政务服务中心进驻62项,进驻承诺件事项541316项,平均进驻196项。两类事项占比情况如图3-12所示。

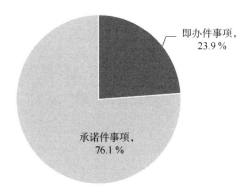

图3-12 进驻事项按办理时限统计情况

进一步按照承诺时限的不同将事项划分为1个工作日内、5个工作日、20个工作日以及20个工作日以上办结的事项,各类事项的占比情况如图3-13所示。

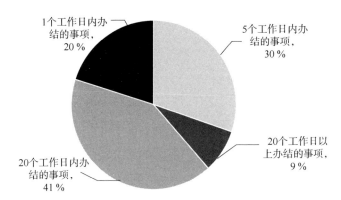

图3-13 承诺件事项分类统计情况

全国47.8%的政务服务中心进驻两个及以上部门联审联办的事项,43.2%的政务服务中心设立了协调入驻部门联审联办事项的专门机构或窗口。政务服务中心共提供联审联办事项27545项,平均每个政务服务中心提供9项。69.5%的政务服务中心提供的联审联办事项不超过3项,具体分布情况如图3-14所示。

普查数据显示,2016年政务服务中心总办件量6.02亿件,相当于每个政务服务中心办理19.7万件,日均办理784件(国务院办公厅政府信息与政务公开办公

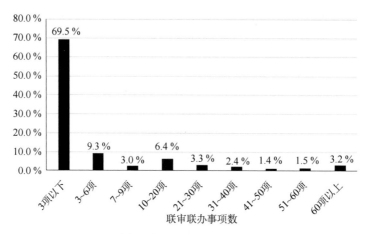

图 3-14 政务服务中心联审联办事项分布情况

室,2017年)。2016年办件量的分布情况如图3-15所示,办件量超过100万件的政务服务中心共有121个,集中分布在江苏、山东、四川、浙江四个省份。

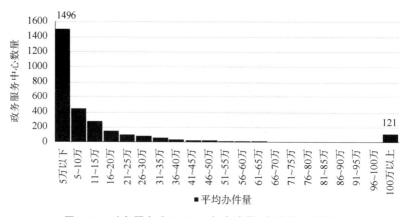

图 3-15 政务服务中心 2016 年申请量、办件量分布情况

如图3-16所示,按照服务群体分类统计,副省级城市政务服务中心平均办理的自然人和法人事项最多。副省级城市办理的自然人事项180万件,法人事项89.4万件,办理量前五位的事项主要包括公积金业务(贷款、提取)、职业资格证核发、房屋产权登记、社会保险缴费等。

如图3-17所示,地级市和县级政务服务中心主要面向自然人提供服务。地级市政务服务中心面向自然人的办事事项占比为78.3%,省级政务服务中心面向自然人的办事事项占比为50%。

在全国政务服务中心办理量前五位的事项中,面向法人的办事事项集中在工

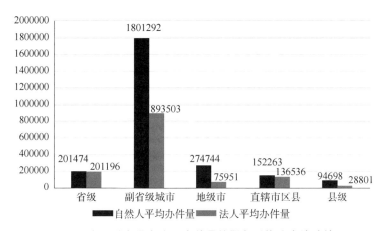

图 3-16 各级政务服务中心办件量按服务群体分类统计情况

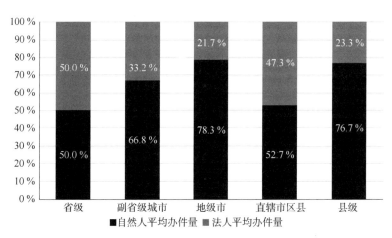

图 3-17 各级政务服务中心自然人法人事项占比统计情况

商管理、税务服务、食品药品监督管理、医疗卫生、商贸服务等领域,面向自然人的办事事项集中在职业资格、教育、社保、交通、出入境、住房、户籍、婚姻等领域。各级政务服务中心办理频率较高的事项如表 3-2 所示。

表 3-2 各级政务服务中心办理频率较高的事项名称

政务服务中心层级	面向法人的事项	面向自然人的事项
省级	• 工商注册登记 • 建设项目用地审批 • 公路超限运输许可 • 图书(期刊)委托印刷备案 • 食盐准运审批	• 特种作业人员操作资格认定 • 二级注册建造师执业资格注册 • 导游证核发 • 教师资格认定 • 住房公积金提取

续表

政务服务中心层级	面向法人的事项	面向自然人的事项
地级市	• 工商注册登记 • 企业名称预先核准 • 税务登记(设立、变更、注销) • 道路运输从业资格证核发 • 纳税申报 • 社会保险登记(缴费) • 发票业务(认证、代开、领取) • 食品经营许可	• 不动产登记 • 特种设备作业人员资格核准 • 出入境证件(港澳通行证、护照)办理 • 公积金业务(提取、贷款) • 会计从业资格证核发 • 护士注册登记 • 机动车驾驶证核发
县级	• 工商注册登记 • 税务登记(设立、变更、注销) • 纳税申报 • 食品药品经营许可 • 林木采伐(运输)许可	• 身份证办理 • 医保业务(城镇医保、新农合) • 婚姻登记 • 出入境证件(港澳通行证、护照)办理 • 户籍办理
直辖市区县	• 工商注册登记 • 税务登记 • 食品经营许可 • 刻制印章审批 • 发票业务(认证、代开、领取) • 公共场所卫生许可	• 出入境证件(港澳通行证、护照)办理 • 医师执业资格 • 机动车检验合格标志核发 • 不动产登记

3.1.4 政务服务中心信息化建设

全国71.9%的政务服务中心建立了综合审批管理平台。平台网络运行环境主要包括内网、专网、政务外网、互联网等。其中,53.5%的平台运行环境为政务外网,1.5%的平台在多种网络环境下运行,具体情况如图3-18。

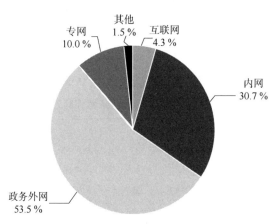

图3-18 综合审批管理平台网络运行环境统计

平台提供的功能覆盖事项管理、预审功能、审批功能、支付缴费、办件督办、办件统计、制证功能、在线咨询、举报投诉、效能监察等。其中支付缴费和制证功能的覆盖率较低,分别为16.8%和25.4%,各类功能的提供情况如图3-19所示。

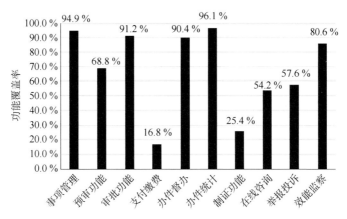

图3-19 综合审批管理平台功能覆盖情况

全国82.5%的政务服务中心开展视频监控。其中,41.3%的视频监控在内网环境下运行,2.9%的在多种网络环境下运行。从监控层级来看,36.8%的政务服务中心实现了跨层级监控,其中实现省市两级政务服务中心监控的占比1.1%,市县两级的占比11.1%,省市县三级的占比14.6%,另有10.1%的将乡镇(街道)或村居纳入监控范围,具体情况如图3-20所示。

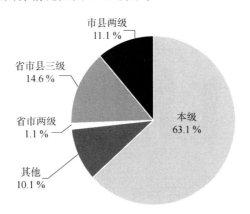

图3-20 政务服务中心视频监控的监控层级统计

全国77.2%的政务服务中心开展电子监察。其中,47.9%的电子监察在政务外网环境下运行,1.1%的在多种网络环境下运行。从监察范围来看,38.4%的政务服务中心实现了跨层级电子监察,其中实现省市两级政务服务中心监察的占比

0.5%,市县两级的占比11.8%,省市县三级的占比15%,另有11.2%的将乡镇(街道)或村居纳入监察范围,具体情况如图3-21所示。

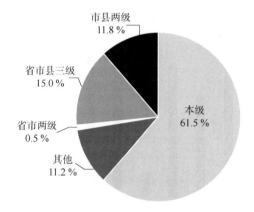

图 3-21 政务服务中心电子监察的监察层级统计

此外,政务服务中心窗口配备了多种电子设备以方便企业群众办事,这些设备包括身份证读卡器、高拍仪、扫描仪、扫描枪、电子签字板、证照打印机等。各类设备的覆盖情况如图 3-22 所示。电子设备使用率较高,经常使用和部分窗口经常使用的占比达到 95.3%,偶尔使用和从不使用的原因主要包括"与部门业务系统无法实现数据共享""市民未实名认证""无法加盖电子签章"等。

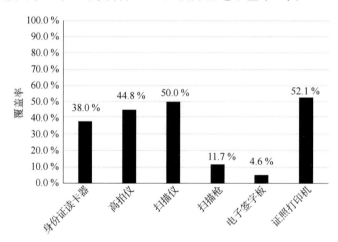

图 3-22 政务服务中心窗口电子设备覆盖率情况

全国 45.9% 的政务服务中心提供自助终端服务。终端数量总计 14037 个,平均每个政务服务中心提供终端 10 个,2016 年累计使用量 5958.2 万人次,平均每个终端使用 4245 人次。终端功能主要包括办事指引、预约、预审、缴费、进度查询、结果打印等,各类功能覆盖情况如图 3-23 所示。

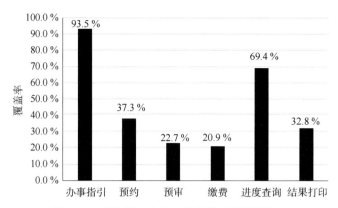

图 3-23　政务服务中心自助终端功能覆盖情况

全国已建设综合审批管理平台的 2205 个政务服务中心中,27.0% 的管理平台与部分职能部门的业务系统实现数据共享。与平台实现数据共享的业务部门总数为 7060 个,平均每个平台共享的部门数为 12 个。数据共享的部门数量分布情况如图 3-24 所示。

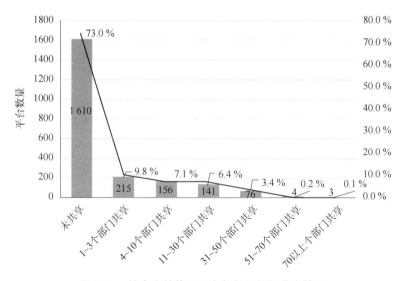

图 3-24　综合审批管理平台与部门数据共享情况

综合审批管理平台与部门业务系统共享通过统一平台、数据交换、接口集成等方式实现。其中,48.6% 的平台与部门业务系统无关联,通过二次录入、静态复制、定期导入等方式实现数据共用,但由于信息录入不及时,导致政务服务中心的电子监察系统无法正常发挥监督作用或引发"监督盲区"。25.7% 的通过统一平台的方式实现数据共享,32.9%的通过数据交换的方式共享,15.7%的通过接口集成的方式共享。

政务服务中心协调通过信息共享方式减少了办事材料的提交。《全国综合性实体大厅普查报告显示》,全国政务大厅总计优化事项17.3万项。其中,每个大厅办理量居前五位的事项累计减少办事材料34409份,平均每个事项减少14份,减少幅度达60.2%。优化流程后办理量前五位的事项办事材料减少情况如图3-25所示。

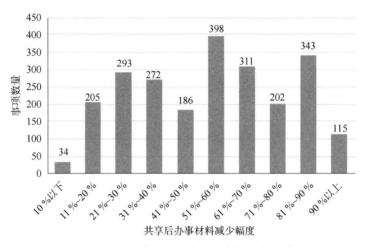

图 3-25　办理量前五位的信息共享事项办事材料减少情况

在政务服务中心标准化建设方面,58.7%的政务服务中心承担了各类政务服务标准化试点工作。其中6.4%的政务服务中心为国家级试点示范单位,16.4%政务服务中心为省级试点。标准化建设覆盖服务事项、业务流程、政务服务中心管理、监督评估、后勤保障等领域,省级政务服务中心标准化建设领域的覆盖面相对较广,具体情况如表3-3所示。

表 3-3　政务服务中心标准化建设领域覆盖情况

制度建设	全国		省级		地级市		区县级	
	数量	占比(%)	数量	占比(%)	数量	占比(%)	数量	占比(%)
服务事项标准化	1673	54.7%	16	84.2%	189	58.5%	1468	54.1%
业务流程标准化	1615	52.8%	15	78.9%	184	57.0%	1416	52.1%
政务服务中心管理标准化	1636	53.5%	15	78.9%	183	56.7%	1438	52.9%
监督评估标准化	1142	37.3%	9	47.4%	131	40.6%	1002	36.9%
后勤保障标准化	951	31.1%	11	57.9%	121	37.5%	819	30.2%

部分地方在政务服务中心标准化建设的基础上推进政务服务法治建设。如四川省于 2013 年在全国率先颁布政务服务地方性法规《四川省政务服务条例》,推进审批项目、办事制度、服务模式、办公场地和设施标准化建设;福州市 2014 年出台全国地级市第一部关于行政服务工作规范化、制度化运行的地方性立法《福州市行政服务条例》,明确了行政服务定义、场所功能、机构职责,将"马上就办""三集中、两到位""一次性告知"等制度以法律规范形式写入条例。

从标准化的应用情况来看,49.6%的标准仅限于大厅内部应用,推广到市级政务服务中心的占比 4.9%,推广到县级政务服务中心的占比 15.2%,推广到乡镇(街道)便民服务站的占比 16.4%,推广到本级专业大厅的占比 13.1%。

3.2 以"互联网+政务服务"平台为代表的线上平台建设

3.2.1 "互联网+政务服务"建设的实践历程①

"互联网+政务服务"是信息技术赋能政府管理的产物,已成为政府职能转变的新动力和推进政府治理现代化的重要抓手(翟云,2017)。不少学者从整体性治理(张佳慧,2017)、嵌入式协同(邓理,王中原,2020)、流程再造(顾平安,2017)、价值共创(司文峰,胡广伟,2018)、网络安全(张会平,郭宁,2017)等视角分析互联网+政务服务的挑战,推进路径和优化策略。尽管分析的角度不尽相同,但互联网+政务服务是电子政务发展的高级阶段已获得广泛共识(刘祺,彭恋,2017;马亮,2019)。与传统电子政务相比,互联网+政务服务在组织结构、改革路径、运行机制、服务模式等方面存在显著差异,如表 3-4 所示。

表 3-4 互联网+政务服务与传统电子政务的对比分析

对比维度	互联网+政务服务	传统电子政务
组织结构	流程型组织 整体性政府	职能型组织 职能分工制
改革路径	以公众需求为导向 公众视角一件事的整体业务流程最优化 跨部门系统整合和数据共享 数据开放与价值共创	以部门供给为导向 部门单个事项业务流程最优化 部门业务系统建设和升级 基础数据库建设

---

① 本节部分研究成果曾在本书作者参与的以下学术论文中发表:易兰丽,范梓腾.层级治理体系下的政策注意力识别偏好与政策采纳——以省级"互联网+政务服务"平台建设为例[J].公共管理学报,2022.19(1):40—51.

续表

对比维度	互联网＋政务服务	传统电子政务
运行机制	跨地区、跨部门业务协同 行政权力全流程网上运行	事项单独或串行办理 办事指南通过政府网站公开
服务模式	省级一体化互联网政务服务平台 互联网接入一网通办 线上线下服务融合	独立、分散的部门业务系统 实体政务大厅专网 重复的数据采集与材料提交

互联网＋政务服务的实践历程有着鲜明的时代烙印，与中国政府的改革进程和信息通信技术的发展紧密关联。21世纪初期，中国政府上网工程全面实施，信息技术在提升政府自身建设能力中的作用日益凸显。2006年，天津市自发探索建立了全国首个一体化的四级审批服务平台，面向社会公众提供在线审批服务[①]。同年12月，国务院办公厅印发《国务院办公厅关于加强政府网站建设和管理工作的意见》（国办发〔2006〕104号），首次在国家层面的政策文件中提及"在线办事服务"，倡导各地政府通过办事指引和页面链接提供"一站式"服务入口，逐步建立网上办事大厅，并着重对行政许可项目的在线办理率提出明确要求。2010年和2012年，四川和广东依托省级政府门户网站陆续整合区域内政府部门的办事服务资源，公开提供办事指南和在线申报服务。显然，依托政府网站提供的在线服务是"互联网＋政务服务"的雏形，其关注点是提高政府行政审批效率，为本地吸引企业投资创造条件。

以行政审批制度为突破口，加快政府职能转变，处理好政府与市场、政府与社会的关系，一直以来是我国持续推进改革深化的核心内容。2013年，党的十八届三中全会通过的《中共中央关于全面深化改革若干重大问题的决定》，首次提出要"使市场在资源配置中起决定性作用和更好发挥政府作用"。据此，国家层面将简政放权和放管结合作为全面深化改革和转变政府职能的第一件大事，致力于用好"看不见的手"和"看得见的手"，把该放的权力放掉，把该管的事务管好。在此期间，地方改革自主权的扩大为其创新实践的孕育提供了土壤，互联网用户规模的快速增长和创新应用为改革提供了新的思路。2014年，中国经济发达的沿海省份浙江首次提出了"互联网＋政务"的理念，在全面梳理各部门政务服务职能，取消和下放1300多项行政审批事项，建立权责清单制度的基础上，优化再造政务流程，建成全省一体化的政务服务网，推动行政权力网上规范运行，提升在线服务用户体验，获得广泛关注，并列入国务院改革试点。互联网＋政务服务的地方探索由此从早期的各部门服务资源的简单归集进一步升级，被赋予撬动政府治理现代化的使命（汪玉凯，2015；陈广胜，2017）。

---

① 源于笔者2018年对天津市行政审批管理办公室主管领导的访谈。

地方政府的创新实验是中央政府决策过程的重要部分(Heilmann S,2008)。2015年,国务院在简政放权、放管结合的基础上,将优化服务纳入改革范畴,形成"放管服"改革全面推进的格局。2016年,李克强总理将"互联网+政务服务"写入政府工作报告,并在国务院常务会议中明确了其"优化营商环境、激发市场活力和创造力"以及"让企业和群众少跑腿、好办事、不添堵"的双重目标。围绕上述目标,2016年4月,国务院办公厅转发了国家发展改革委等多部门联合推进"互联网+政务服务"开展信息惠民试点的实施方案。2016年9月,国务院印发加快推进"互联网+政务服务"工作的指导意见,明确了2017年年底前各省和国务院有关部门建成一体化互联网+政务服务平台的阶段性目标。之后,关于互联网+政务服务平台技术指南、信息系统整合共享、平台检查督导、全国一体化政务服务平台建设等政策文件相继出台,以此形成了中央的指导监督与地方执行创新相呼应的政策体系。

截至2018年12月底,中国31个省级地方均建立了省级一体化互联网+政务服务平台。以2006年第一个平台的建立为起始点,可以计算观察期2006—2018年互联网+政务服务平台的扩散趋势。进一步地,根据前文的互联网+政务服务平台的阶段性特征,将观察期分为2006—2012年,2013—2014年,2015—2016年以及2017—2018年4个历史阶段,各阶段"互联网+政务服务"平台的扩散情况如表3-5所示。不难看出,各省互联网+政务服务平台的建设时间存在明显差异,但2015年国家层面明确互联网+政务服务的改革任务后,平台建设明显提速,在一定程度上既反映出地方政府创新采纳的自主性,也反映出中央政策指令的促进效应。

表3-5 "互联网+政务服务"平台在中国省级政府的扩散历程

观察期	观察期新建设"互联网+政务服务"平台的省份
2006—2012年	天津、四川、广东
2013—2014年	黑龙江、河北、青海、湖北、浙江、福建、广西、海南
2015—2016年	吉林、辽宁、北京、山东、山西、陕西、宁夏、甘肃、安徽、上海、江西、重庆、贵州、云南
2017—2018年	内蒙古、新疆、西藏、河南、江苏、湖南

2018年7月,《国务院关于加快推进全国一体化在线政务服务平台建设的指导意见》正式印发,标志着全国一体化在线政务服务平台建设正式启动。由国务院办公厅牵头成立全国一体化在线政务服务平台建设和管理协调工作小组,负责全国一体化在线政务服务平台顶层设计、规划建设、组织推进、统筹协调、监督指导等工作。根据文件要求,全国一体化在线政务服务平台由国家政务服务平台、国务院有关部门政务服务平台(业务办理系统)和各地区政务服务平台组成。其中,国家政务服务平台是总枢纽,各地区和国务院有关部门政务服务平台是具体

的办事服务平台。截至2019年年底,国家政务服务平台正式上线运行,各地区和国务院有关部门政务服务平台与其完成对接,形成全国一体化在线政务服务平台。

3.2.2 "互联网＋政务服务"建设的政策演变

中央政策体系的不断完善在推动"互联网＋政务服务"建设中发挥了重要作用。2006—2018年间,中央层面出台的"互联网＋政务服务"政策根据侧重点不同,大致可以分为四个阶段,分别是政府网站信息服务阶段、实体大厅线下服务阶段、"放管服"改革动员阶段以及全面推行"互联网＋政务服务"阶段。

政府网站信息服务阶段:2006—2010年是政府网站的蓬勃发展期,中央政策对政府网站提出了"在线办事服务"的要求,可以视为"互联网＋政务服务"的萌芽。

实体大厅线下服务阶段:2011年,中央办公厅、国务院办公厅印发《关于深化政务公开加强政务服务的意见》,明确鼓励政务服务中心发展,筑牢线下服务根基,并逐步向网上办理延伸,该阶段以发展实体政务大厅为重点,但线上线下服务融合的理念已初显端倪。

"放管服改革动员阶段":2013年,国家层面将简政放权和放管结合作为全面深化改革和转变政府职能的第一件大事,围绕精简和规范行政审批、商事登记制度改革、固定资产投资审批、规范行政审批中介机构服务、事中事后监管和信用体系建设等出台了一系列政策文件,为政务服务的优化奠定了基础。

全面推行"互联网＋政务服务"阶段:2015年,国务院常务会议部署"互联网＋政务服务",2016年"互联网＋政务服务"写入政府工作报告,标志着进入全面推行"互联网＋政务服务"的阶段。之后,历经省级一体化平台建设、线上线下融合发展、全国一体化服务平台建设,当前已进入"一网通办"和"跨省通办"的新阶段。

表3-6 国家层面全面推行"互联网＋政务服务"的政策历程

时间线	政策导向	来源
2016年3月	"互联网＋政务服务"正式写入政府工作报告,提出要"让居民和企业少跑腿、好办事、不添堵"以及"简除烦苛,禁察非法,使人民群众有更平等的机会和更大的创业空间"	2016年《政府工作报告》
2016年4月	国务院办公厅转发了国家发展改革委等多部门联合推进"互联网＋政务服务"开展信息惠民试点的实施方案	国办发〔2016〕23号
2016年9月	国务院印发加快推进"互联网＋政务服务"工作的指导意见,明确了2017年年底前各省(区、市)人民政府和国务院有关部门建成一体化网上政务服务平台的阶段性目标	国发〔2016〕55号

续表

时间线	政策导向	来源
2017年1月	国务院办公厅印发"互联网＋政务服务"技术体系建设指南	国办函〔2016〕108号
2017年5月	国务院办公厅印发政务信息系统整合共享实施方案	国办发〔2017〕39号
2017年11月	国务院办公厅通报全国互联网政务服务平台检查情况	国办函〔2017〕115号
2018年5月	中共中央办公厅 国务院办公厅印发关于深入推进审批服务便民化的指导意见,进一步推广地方典型经验、带动面上改革上新台阶	未公开
2018年6月	国务院办公厅印发进一步深化"互联网＋政务服务"推进政务服务"一网、一门、一次"改革实施方案	国办发〔2018〕45号
2018年7月	国务院印发关于加快推进全国一体化在线政务服务平台建设的指导意见	国发〔2018〕27号
2019年4月	国务院关于在线政务服务的若干规定公布施行	国令第716号
2019年12月	国务院办公厅印发关于建立政务服务"好差评"制度提高政务服务水平的意见,全面及时准确了解企业和群众对政务服务的感受和诉求,有针对性地改进政务服务	国办发〔2019〕51号
2020年9月	国务院办公厅印发关于加快推进政务服务"跨省通办"的指导意见,推动有效满足各类市场主体和广大人民群众异地办事需求	国办发〔2020〕35号
2021年1月	国务院办公厅关于进一步优化地方政务服务便民热线的指导意见,优化地方政府便民热线,提高政府为企便民服务水平	国办发〔2020〕53号
2021年9月	国务院办公厅印发全国一体化政务服务平台移动端建设指南,强政务服务平台移动端标准化、规范化建设和互联互通,推动更多政务服务事项网上办、掌上办	国办函〔2021〕105号
2022年3月	国务院印发关于加快推进政务服务标准化规范化便利化的指导意见	国发〔2022〕5号

3.2.3 "互联网＋政务服务"建设成效

自"互联网＋政务服务"的理念提出以来,国内多个研究机构开展了"互联网＋政务服务"建设水平的评估工作,其中影响力较大的是清华大学国家治理研究院、清华大学公共管理学院孟庆国教授课题组牵头开展的互联网＋政务服务调查评估以及中央党校(国家行政学院)电子政务中心开展的一体化政务服务能力调查评估。其中,后者的评估工作受到国务院办公厅电子办公室的委托,自2015年以来每年开展一次,评估思路方法和指标体系保持相对稳定性,故本书对"互联网+政务服务"建设成效的统计数据主要来源于该机构《2021年省级政府和重点城市一体化政务服务能力调查评估报告》中的统计数据。

评估结果显示,"互联网+政务服务"经过多年的发展,推动了我国电子政务发展水平迈上了新的台阶。《2020联合国电子政务调查报告》结果显示,我国的电子政务全球排名与2018年相比上升了18位,其中的在线服务指数排名更是从34位跃升至第9位,我国有5个实践案例入选全球50个电子政务创新案例。总体来看,"互联网+政务服务"的建设成效主要体现在以下几个方面:

一是服务能力的地区差异不断缩小,服务范围和服务层级不断扩展。评估结果显示,一体化政务服务能力指数为"高"的省级政府从2016年的12个增加为2021年的26个,增长幅度高达117%;31个省(市、区)中有30个地方的"互联网+政务服务"平台已经延伸到村一级,实现了省、市、县、乡、村全覆盖;政务服务"跨省通办"取得实质性进展,全流程网上办理作为"跨省通办"的重要方式进驻省级一体化政务服务平台"跨省通办"专区,部分高频事项实现了通办过程中的"无感漫游"。

二是国家政务服务平台的枢纽作用初步显现。评估结果显示,国家政务服务平台已经联通了32个省级地方(含新疆生产建设兵团)、40余个国务院部门,成为全国政务服务的总入口。此外,国家政务服务平台为全国政务服务一张网建设提供了基本的公共支撑,包括统一身份认证、统一证照、统一事项、统一投诉建议、统一好差评、统一用户服务、统一搜索等"七统一",汇聚共享900余种电子证照类型供各地区各部门调用。

三是政务数据共享和"一网通办"在疫情防控中发挥重要作用。依托全国一体化政务服务平台,各省(市、区)实现了防疫健康信息共享和"健康码"互通互认,全国一体化政务服务平台"健康码"的申领量达到9亿人次,累计使用人数超过400亿人次;在疫情防控形势下,多个地方通过"网上办""掌上办"推动不见面审批,有效减少了人员密集,降低了疫情传播的风险。

3.3 我国政务服务改革创新实践案例

3.3.1 领导重视和机构改革建立跨部门协调机制

一把手工程是各地行政审批局改革的普遍做法。浙江、广东、江苏、上海等地都是当地的省(市)长牵头推进政务服务改革。在领导重视的前提下,各地以2018年国务院政府机构改革为契机,积极推动政务服务管理机构的设立和优化。调研数据显示,全国32个省级地方(含新疆生产建设兵团),有24个地方建立了专门的政务服务管理机构,占比75%。其中,北京、河北、内蒙古、吉林、安徽、湖北、广东、云南、新疆等9个地方在全国机构改革后新设或调整建立了专门的政务服务管理机构。

各地的政务服务管理机构大致可以分为以下四类。

第一类是政务服务管理局,以北京市为代表,将北京市人民政府办公厅(北京市政务服务管理办公室)的政务服务、信息和政务公开职责,北京市政府审改办的职责等整合,新组建北京市人民政府直属单位北京市政务服务管理局,主要的工作是深入推进审批服务便民化,建设符合首都特点的政务服务体系,实现政务服务"一口对外"、审批事项"一窗办理"、群众诉求"一号响应"、创新创业"一网通办"。

第二类是政务服务数据管理局,以广东省为代表,广东省政务服务数据管理局,是广东省机构改革新组建的单位,作为广东省人民政府办公厅的部门管理机构,致力于推动政务服务和数据管理工作的集中统一。机构的主要职责包括全省政务服务和政务信息化相关政策和地方性法规、规章草案并组织实施,省级政务信息化项目建设实施集约化管理,"数字政府"平台建设运维资金管理,推进全省行政审批制度改革、审批服务便民化等。由于在信息化建设资金审批和政务云建设中具有主导权,政务服务数据管理局在推动部门数据共享交换、大数据应用等方面具有天然优势。

第三类是政务管理机构,以湖北省为代表,湖北省政务管理办公室是湖北省政府办公厅的部门管理机构,将湖北省机构编制委员会办公室的行政审批制度改革职责,省政府办公厅的政务公开和政务服务及政务信息化管理职责,省经济和信息化委员会的电子政务建设管理职责等整合而成。

第四类是机关效能建设领导小组办公室,以福建省为代表,福建省机关效能建设领导小组办公室内设效能综合处、绩效管理处和效能督察处,以效能建设为抓手,推动行政审批改革效率和质量提升。

领导的重视和政务服务机构改革有机结合,共同推动破解跨部门协调难题。以深圳市为例,笔者在对深圳市南山区政务服务数据局的访谈调研中了解到,该机构的分管领导由两位区级领导担任,分别是区委副书记(政法委书记),另一位是区委常委,以保障行政审批改革中的跨部门统筹协调能力。以秒批事项的推进为例,首先由政务服务数据局工作人员负责梳理和筛选各部门适用于秒批的事项,然后向主管领导汇报后获得领导认可,再由政务服务数据局的局长和对应部门的局长沟通,领导层面通过以后,两个部门具体科室的科长充分研讨后最终明确具体的实施细则。可见,政务服务数据局在审批改革中有效发挥了主观能动性,主管领导的高配也让跨部门的协同更加顺畅。

3.3.2 数据融合与信用监管相结合推动秒批秒报

秒批秒报的无感申办目前已成为广东省审批服务的创新品牌。其中,数据融合和信息监管是关键,新技术应用是手段。深圳市是秒批秒报的先行者,依托数据共享和智能合约,以主动、精准、智能政务服务为工作目标,在全国率先推进政务服务"秒批"(无人干预自动审批)改革。

"秒批"是一种依托自动化审批形成的高效政务服务模式,即申请人提交申请信息,系统按照既定规则,通过数据共享实时比对核验申请信息,自动做出审批决定,并将审批结果及时主动告知申请人的政务服务新模式,实现了行政审批由人工转向智能的开创性突破。2018年6月,深圳在全国率先推出应届毕业生引进和落户"秒批",改革后该事项的办理由至少跑4次变为最多跑一次,由至少提交25份纸质材料变为零提交,由大排长龙一号难求变为全程网办随时可办。2019年9月19日,深圳市企业注册登记"秒批"正式实施,企业设立的办理时限由一天被压缩至几十秒。目前,深圳市已推广"秒批"事项150项,包括高龄津贴申领、网约车/出租车驾驶员证申办、个体工商户登记/注销、自然人股东企业登记等在内的多项高频事项已实现"秒批"。

"秒报"是在数据互信互认互用的基础上,对申请人申办的业务,在填报表单和上传材料过程中,基于刷脸或其他合规方式授权读取个人(企业)电子证照或相关后台数据,由系统调取数据自动填充表单信息、自动推送电子材料,从而实现办事信息少填或不填、申请材料少交或不交的新型服务申请模式。如果在秒报过程中采用身份证调用电子证照,考虑到授权风险点,深圳市探索采用"区块链+电子证照"的方式,通过扫描枪扫描统一身份认证平台和"i深圳"的二维码,身份信息传给系统,系统自动调取数据,区块链平台留存整个过程中办事人的行为数据。目前,深圳市已实现116项"秒报"事项,均为高频民生事项。群众在深圳市统一政务服务APP"i深圳"、广东政务服务网等统一业务办理平台上通过刷脸认证、指纹识别等快速身份认证功能,即可实现自动填报。此外,为进一步释放改革红利,融合"秒批""秒报"改革经验与成果,深圳市正在推出"秒报秒批一体化",即在申报环节实行"无感申办(秒报)",在受理审批环节实行"秒批",提供全流程不见面、零跑动、全自动的政务服务,实现即报即批、即批即得。

笔者在调研过程中了解到,深圳市各区县在推进秒批秒报的过程中,进一步强化了信用监管,按照信用评级对办事人群进行划分,将信用等级和流程相结合,信用评级不达标的人群将无法享受对应的秒批秒报服务。随着秒批秒报事项范围的扩大,深圳市下一步将通过加强信息体系建设,防范秒批秒报可能存在的审批风险。

3.3.3 行政审批服务更加注重服务的温度和质量

当前,行政审批服务改革已进入深水区,经过前期大规模的减事项、减材料、减环节和压缩时限的改革,改革的方向正朝着更加注重服务温度和质量的方向转变。

行政审批服务的温度主要体现在以下几个方面:一是注重服务的细节。例如,深圳市南山区政务大厅提供无声叫号服务,取号后系统会在办理之前自动发送提醒消息到用户手机上,营造一个安静的环境;深圳市罗湖区为新开办企业准备企业礼盒(内含惠企政策、营业执照、企业公章、发票章、财务章等)。二是科学设计服务场所功能。例如,佛山市禅城区政务大厅按照服务需求的不同设置了24小时自助服务区、政策匹配区、申报辅导区等,深圳市南山区政务大厅设置了24小时自助存取柜,企业群众可以存放申报材料或领取审批结果,也可以选择邮政寄送的方式申领材料(费用由政府承担),同时面向企业设立了一对一VIP专区。三是提升服务队伍的软实力。广州市政务服务数据局提供了全面的企业代办服务,建立了一支专业化的代办队伍,2019年4月10日至2020年11月11日共服务企业1277家,通过现场、电话、在线等方式累计服务5160次,代办项目的年度投资总额高达2287亿元。

行政审批服务质量的提升主要体现在以下几个方面。

一是以用户需求为中心提供主题式集成服务,根据互联网政务服务平台用户点击和浏览数据,初步判断企业群众眼中的一件事包含哪些部门的哪些事项,提取这些事项的表单进行统一和标准化,形成可以组件化配置的自动化表单系统,办事人只需要填写一张表,系统会自动分发给相关部门审批办理,北京、广东、浙江、湖南等地都通过互联网政务服务平台设置了主题式集成服务专区。

二是聚焦工程建设项目审批推动多部门联审联办。例如,浙江省舟山市依托新建的工程建设项目审批管理信息系统,创新并联审批多部门协同方式,将能够用征求相关部门意见方式替代的审批事项,调整为政府内部协作事项,在审批管理系统建立了建设条件联审、设计方案联审、民用建筑节能审查联审、区域评价联审子系统,实现了多部门基于同一套申报材料的联合审查办理,改革特色体现为审批进度"站点化"、申报材料"菜单化"、审批监管"掌上化"、设置电子签章及结果模板、证书打印"自主化";江苏省苏州市常熟市全面推行模拟审批,对未供地但土地取得主体相对确定的工业投资项目、服务业项目(房地项目除外)和政府投资项目,经模拟审批工作办公室认定后,各审批职能部门视同该主体已经取得土地,按实际审批要求对报送资料进行实质性审查和公示,符合条件的出具模拟审批文件,待取得土地使用权证并达到法定审批条件后,再由部门出具正式审批文件;广州市推动实现社会投资简易低风险工程"一站式"网上申报,"一次性"上门验收,"一份结果"在线获取。

三是试点推进跨区域通办方便企业群众异地办。例如,广州市制定了可在省内11个城市以及湖北省武汉市可办理的事项清单,覆盖宣传部、公积金管理中心、住房和城乡建设局、生态环境局、规划和自然资源局、卫生健康委员会、司法局、市场监督管理局、商务局、教育局、交通运输局、公安局、人力资源和社会保障局等13个部门的78个事项,其中行政许可事项59项,行政确认2项,公共服务事项6项,其他行政权力11项;依托长三角异地门诊直接结算信息平台,以异地门急诊结算起步,长三角地区探索示范区参保人群在示范区内医疗机构异地就医结算免备案的技术实现。青浦、吴江、嘉善二区一县参保人员(或常住人口)在示范区内定点医疗机构合理就诊无须备案。在此基础上,积极与国家局沟通,探索依托国家局异地就医信息平台实现示范区内住院免备案的可能性。

3.3.4 多元渠道与多方合作延伸审批服务的触角

全国多地已建立了以线下实体大厅和线上政务服务平台为核心,以政务服务热线、政务APP、微信公众号、微信小程序、自助终端为补充的多元渠道,同时加强与银行网点合作,推动行政审批服务"就近办、多点办、一次办",提升便民利企服务水平。

深圳市网上办事平台于2014年上线,至2017年上半年,基本实现了与全市各区各部门全面连通,除使用垂直系统外的所有政务服务事项业务办理实现系统全连通、数据全流动,100%政务服务事项实现在网上办事平台统一进驻、一网通办,99.92%政务服务事项实现最多跑一次,94.05%政务服务事项实现零次跑动,90%以上政务服务事项使用全市统一申办受理平台受理业务,84.75%实际业务实现全流程网上办理不见面审批(网办深度三级事项)。此外,深圳市还在2019年1月建成以政务服务为骨架、以公共服务和便民服务为补充的"一站式"掌上政务服务平台"i深圳"。截至2020年5月17日,"i深圳"已接入1个中央直属单位、39个市级单位、10个区政府的7683项服务以及29类电子证照和电子证明,累计下载数超过1700万,累计注册用户数超过900万。"i深圳"充分发挥APP不限体量及对硬件底层的调用优势,对纳入权责清单的政府服务事项,按照"应进必进"的要求全面接入,完成95%以上个人事项和70%以上法人事项的接入。

深圳市罗湖区在区级层面建立了深圳首个集政务服务、商事登记、出入境、户政、婚姻登记、水电气、社保医保、银行为一体的行政服务大厅,共设置受理窗口101个,可受理20个区直部门和8个驻区单位961个事项。同时,充分借助银行网点辐射范围广及自助终端铺设数量多的优势,打造"智慧政务+金融服务"政企合作模式,为群众提供更多办事网点。此外,罗湖区还积极推进"政务+金融"模式,依托"中农工建"四大行 17 个网点,在金融终端机增设政务服务办事模块,合作银行网点工作人员经过专业培训学习,已掌握个人和企业政务服务的业务基础。通过开放大型银行资源,罗湖区推动政务服务场所由政务大厅向"无处不在"转变,目前已实现 26 个部门 340 项政务服务事项可在四大行 17 个网点办理,覆盖住建、人力资源、民政、教育等多个领域的高频事项。

3.3.5 开展统一的评价体系建设提升服务满意度

浙江省率先在全国上线综合型的"互联网+督查"平台——浙里督,设置"重点督查""绩效管理""政创空间""民生地图"等四个板块,与国务院"互联网+督查"平台紧密对接,并上线 PC 端、移动端以及微信和支付宝小程序。

"重点督查"板块以"政府做什么,帮着督一把"为导语,开设政府年度督查重点和工作动态的展示区,发布政府工作报告重点责任分解和政务督查相关信息,大力推进督查公开。尤其是设立"督查线索征集"专栏,作为督查线索采集入口,依托平台开通面向公众的投诉渠道,就相关专题主动向社会征集意见和建议,将有关信息汇总甄别后,形成归类清晰、指向明确的督查线索。设立"惠企政策好差评""担当榜""曝光台",发布惠企政策落地见效的调查结果,展示督查中发现的先进典型和突出问题,通过"互联网+"放大传导效应。

"绩效管理"以"政府怎样考评,来看排行榜"为导语,发布省政府部门绩效考核评价办法和年度考核结果,以及近年来国务院和省政府督查激励相关情况,尤其是晒出 40 个省级部门绩效画像,用可视化图表形式,逐一展示各部门行政业绩、行政质量、行政效率、政府公信力和满意度等考评等级,强化"比、学、赶、超"提升行政效能的动力机制。

"政创空间"板块开设政府改革创新经验的展示区,推介各地各部门可复制、可推广的最佳实践。其中,"部门政创空间"主要展示省级部门改革创新项目评审情况,以及各部门所申报的改革创新案例;"市县政创空间"主要展示各地被国务院、省政府督查激励或表扬的真抓实干成效明显的经验做法。按照分级管理原则,市县政府可统筹发布本地改革创新案例。通过图文并茂形式推介各地各部门具有先行和示范意义的实践探索,营造以改革论英雄的良性机制和氛围。

"民生地图"板块以"你身边的惠民项目,干得怎么样"为导语,开设省政府民生实事的展示区,运用"互联网+"探索民生实事由"大家提、共同定、合力督、一起评"的闭环管理机制。通过设立"意见征集""网络投票""完成情况""公众评价"专栏,展示面向公众征集意见建议、开展网络投票等相关信息,将公共服务设施点位信息在浙江政务地图上直观呈现,及时反映建设概况,接受公众评价和投诉。

深圳市通过建设建立政务服务"好差评"机制和开展全市政务服务第三方满意度调查的方式提升服务质量和效率。

在好差评机制建设方面,深圳市依托广东省统一网上政务服务平台,围绕服务评价、实时上报、差评核实、整改反馈等环节,构建"好差评"闭环工作流程。2019年10月10日,《深圳市政务服务"好差评"实施办法(试行)》(下称《实施办法》)印发实施。一是畅通市民评价入口,确保评价信息真实。"好差评"制度设置线上线下多渠道评价入口,保障评价入口可得性。线上包括广东政务服务网、粤省事小程序、"i深圳"APP,线下包括办事窗口、自助终端与12345热线。二是细分评价标准,保障评价信息的明确性。在总体评价的基础上,根据不同渠道场景,增加业务评价、服务评价等评价维度,同时提供标签、文字等方式引导评价人给出相应证据以便后续回访核实,以期做到最大程度降低评价人的学习成本、最大程度获取最全的评价信息,为后期的整改反馈与督查考核提供最为底层的数据支撑。三是采用大数据管理理念,支撑评价信息的公开性。评价数据实时汇入,市民监督、政府整改。对于实时产生的评价数据,实时汇入到"好差评"系统当中,并通过广东政务服务网(深圳站)、"i深圳"等平台进行实时分析与展示,既保障了市民监督的权力,也给予了政府部门整改的动力。四是加强督办考核约束,推动评价信息向服务质量提升转变。借助于现有的12345热线转办机制,实时派发"差评"工单,由相关政务服务机构限期反馈,及时回应评价人需求,做好政务服务最后一站。"好差评"结果纳入政务服务机构和各区政府(含新区管委会)政府绩效考核和窗口工作人员(或12345接线员)个人绩效考核。目前,政务服务"好差评"渠道覆盖率已达100%,好评率为99%以上。

在开展第三方满意度调查方面,自2018年起,深圳市委托第三方针对不同主题开展季度政务服务满意度评估工作。2018年四季度调查覆盖96个实体行政服务大厅,2019年四季度调查覆盖387个实体行政服务大厅,同时覆盖政务服务网和"i深圳"APP等线上服务渠道。深圳市通过实地考察、座谈交流、拦截访谈、亲身体验、问卷调查等方式,充分了解窗口工作人员、政务服务管理机构和申请人的意见建议,实现以评促建、以评促改的目的。调查工作分为定性研究、指标体系设计、实地调查评估、整改复查、定量问卷调查五大阶段;从硬件设施和软件服务、从内部视角到外部视角,调查剖析政务服务前、中、后的办事体验全过程,客观评估市民群众对政务服务的满意度和期待诉求,多维度、多角度分析呈现政务服务全视角图景。

3.4 国外政务服务改革创新实践

3.4.1 以数字政府建设为契机升级审批服务效能

数字化已成为全球信息化建设的主流,政府信息化建设亦是如此。全球主要国家把握数字政府建设的重要机遇,纷纷出台数字政府建设的战略规划文件。早在 2012 年,美国时任总统奥巴马签署发布了《数字政府:构建 21 世纪更好服务美国人民的平台》战略文件,2014 年至 2019 年期间,加拿大、英国、爱沙尼亚、日本、韩国、新加坡、以色列、澳大利等国家发布专门的数字政府战略或在国家数字化战略中明确数字政府建设的目标和要求。

表 3-7 各国政府推进数字政府建设的战略性文件

国家	发布时间	政策名称
美国	2012 年	《数字政府:构建 21 世纪更好服务美国人民的平台》
	2019 年	《美国联邦数据战略与 2020 年行动计划》
加拿大	2015 年	《数字加拿大 150 计划(第 2 版)》
英国	2017 年	《数字英国战略》
	2017 年	《政府转型战略》
爱沙尼亚	2014 年	《爱沙尼亚 2020 数字议程》
日本	2017 年	《世界最先进 IT 国家创造宣言(公共和私营部门大数据活用推进基础计划)》
韩国	2019 年	《韩国数字政府革新计划》
新加坡	2018 年	《数字政府蓝图计划》
以色列	2014 年	《数字以色列倡议》
澳大利亚	2018 年	《2025 政府数字转型战略》

英国将数字政府战略作为数字英国战略的重要组成部分,提出要维持英国政府在线服务公民的全球领先地位,积极深入推进政府数字转型,打造平台型政府,为公民和企业提供更好的政府在线服务体验。在公民数字化服务方面,通过正确的文化导向和工作场所建设,大幅提升公务人员的技术能力。在政府数字化产品方面,着力打造政府在线身份认证(GOV. UK Verify)、在线支付(GOV. UK Pay)和在线通知(GOV. UK Notify)三大平台。

新加坡坚持"以公民为中心",在推进数字政府建设的过程中,开发出了诸多便民服务的数字化项目。2017 年新加坡正式发布 My Info 一站式的政务服务网站,该网站实现了部门间的数据共享、匹配与对接,归集了公民在政府网站上的所有信息,公民只需登记一次,资料就会自动同步并可以随时调用。除此之外,还有 Health Hub、SG Secure、Sing Pass、Data.gov.sg、mGov@SC、CPF、NLB 等一系列数字化便民服务项目,各项目的主要功能如表 3-8 所示。

表 3-8 新加坡数字化服务项目

项目名称	主要功能	项目名称	主要功能
One Map	地图定位与搜索	Health Hub	实验室检测结果查询
So Easy	跨部门集成办公	SG Secure	紧急状况下发送求救信息
One inbox	线上邮件接收系统	Sing Pass	公民网络个人账号
One service	社区事务咨询	Data.gov.sg	可公开访问的政府数据库
My Info	一站式政务服务网站	mGov.SG	政务服务的移动端应用
Cube	协作型社交网络平台	CPF	中央公积金数字服务
Let's Play	体育活动场所课程查询	NLB	国立掌上图书馆平台

3.4.2 制度设计和机构设置创新为改革保驾护航

在制度创新方面,各国通过新制定或修订法律法规、标准规范等保障改革的有序推进,这些改革方向既有电子政务平台的升级,也有服务流程优化和标准化,数据开放共享等。

爱沙尼亚在国家信息化项目建设前往往多有信息化政策和法律法规的出台。例如,推进国家电子身份卡 e-ID 项目的《身份证明文件法》《数字签名法》;推进国家数据交换系统(X-Road)和国家信息系统管理系统(RIHA)项目的《公共信息法》;推进在线公共服务项目的《个人数据保护》《数字签名法》《信息社会服务法》等,这些法律的实施为改革的推进扫清了可能存在的障碍。

美国在推动数字政府建设,提升数据开发和数字服务方面也出台了一系列粗细结合的政策文件。2012 年美国数字政府战略实施以来,2016 年,M-17-06《联邦政府公共网站和数字服务的政策》出台,落实数字政府建设层面的任务;同年,A-130《联邦政府信息资源管理通告》进一步细化了数字政府文件细则条款,为政府信息、人员、设备、资金、IT 资源、支持性基础设施和服务的规划、预算、治理、获取和管理制定了通用性政策;2019 年,美国政府预算管理局(OMB)备忘录 M-19-18《联邦数据策略一致性框架》确立了联邦数据战略的原则和框架,明确了对各机构的要求和联系方式,同年的《美国联邦数据战略与 2020 年行动计划》将数据作为战略资源开发(Leveraging Data as a Strategic Asset),描述了美国联邦政府未来十年的数据愿景,并初步确定了各政府机构在2020年需要采取的关键行动;2020年,联邦数据战略工作组围绕数据战略出版了《数据治理行动手册》《数据创新活动手册》《数据服务行动手册》《美国公众参与行动手册》等一系列行动手册,帮助联邦机构开展数据创新活动。

在机构设置方面,多国政府成立了聚焦于数字服务创新的实验室、转型小组、孵化器等新机构,其中"转型小组""数字服务机构"较为普遍,通常是由来自企业界的一流科技人才组成的团队,目标是为政府设计全新的(数字)公共服务方案。

2011年,英国政府在内阁办公室下设立政府数字服务机构(GDS),负责推动政府数字化转型。近年来,GDS在英国政府的管理IT支出、改革IT采购系统、建立数字服务评估标准等方面发挥着核心作用。英国推进数字化建设的领导机构也是处于不断调整的过程,2017年7月,英国文化、传媒和体育部增设数字部门,更名为数字、文化、传媒和体育部,同时该部门还成立了数字经济理事会和数字经济咨询组。

新加坡先是于2016年10月正式成立新加坡政府技术局(GovTech),隶属通讯及新闻部(MCI),作为推动新加坡智能国家计划和公共部门数字转型的领导机构,负责统筹各公共部门,整合推动数字政府建设战略,促进数字化技术向公民日常社会生活渗透,并创新与机构、部门、企业的合作机制,简化网络办事流程。2017年5月,在总理公署(PMO)下设立智能国家和数字政府办公室(SNDGO),同时将新加坡政府技术局的隶属关系从通讯及新闻部转移到总理公署下,由智能国家和数字政府办公室和政府技术局将共同组成总理办公室的智能国家和数字政府小组(SNDGG)。

美国数字服务机构(USDS)和技术转型服务团队(18F)是美国近年来推进政府数字化转型的重要力量。前者是美国白宫在2014年组建的新部门,负责向联邦机构提供咨询服务及技术,改进和简化政府数字基础设施,它在美国医疗保健、移民、退伍军人服务、学生贷款和小企业发展等领域提供重要服务;后者隶属于美国总务管理局(GSA),职责是帮助改变联邦政府IT工作并优化面向公众的数字服务,两大机构在政府数字化转型方面有深入的合作关系。

2015年,澳大利亚成立数字化转型办公室(Digital Transformation Office),2016年升格为数字化转型局(DTA),主要职责是帮助政府实现数字化转型,工作内容包括以数字方式提供政府服务、开发和协调数字服务、关注用户在数字服务方面的需求、对政府IT议程进行统一的指导和监督等。

借鉴美国和英国经验,加拿大成立了加拿大数字服务机构(Canada Digital Service),职责是改善面向公众的服务,特别是推进具有重大影响的服务,工作内容包括根据实践经验和全球最佳实践为联邦政府提供数字服务的解决方案,使用敏捷开发方法和成熟技术为政府数字服务设计与制作原型,帮助公务员在用户研究、设计和数据科学等领域提高技能等。

3.4.3 强化公民参与和公私合作以形成改革合力

加拿大政府提出,通过实施加拿大政务开放行动计划、颁布政务开放指令、建立数据开放研究所等方式积极发挥政府在使用数字技术和开放数据方面的领导作用;日本提出要加强公共和私营部门的数据关联,促进公共和私营部门的数据利用;新加坡政府通过成立"全国对话会"与"民情联络组"以"共产"(co-production)和"共创"(co-creation)的方式充分激发民众参与和激发民众的创造力,积极倾听民众心声,吸纳反馈意见;美国通过征求意见、举办论坛、网站和时事通讯出版物以及社交媒体推特等方式吸收相关利益方对战略的看法,美国的《联邦数据战略和2020年行动计划》共经历了三次意见征集;澳大利亚政府与企业和社会团体保持对话沟通,汇集、完善和构建现有战略的倡议体系,并不断对战略进行调整。

3.4.4 推动无纸化线上并联审批以提高审批效率

爱沙尼亚、新加坡、韩国等国家是无纸化审批的典范,主要受益于政府信息化建设的不断升级,政府流程的优化再造以及数据资源的开发利用。

爱沙尼亚电子居民可以获得政府颁发的数字身份证,并全面访问爱沙尼亚的公共和私人的数字化服务。这是一种跨国数字身份,各国居民可以在爱沙尼亚建立企业,在网上注册一家公司只需要18分钟,并拥有在全球开展业务所需的所有工具。当前,爱沙尼亚99%的公共服务可以在线提供,在大多数情况下,公民已经没有必要亲自前往提供服务的机构。

新加坡依托建筑与房地产网络系统,土地开发商一次就能在线提交包括新加坡资讯通信发展管理局、建屋发展局、土地管理局、建设局、陆路交通管理局、煤气局、国家环境局、公用事业局、防火局、能源局等16个政府部门所需的全部材料。这一系统将16个政府部门连成整体,进行并联审批,所提交的材料在同一时间内可能被不同的部门同时审批。此外,建筑准证所需的845个不同类型的申请表单,减少到200多个,并全部实现无纸化审批,审批时限由之前的106天减少至26天。

韩国90%以上的增值税纳税人通过"Home Tax"系统(家庭税收系统)进行网上申报、缴纳税款,系统自动引导,支持手机办理,材料无须重复提交。纳税人可以在线享受系统提供的纳税申报、风险告知、税收判例、税收法令、涉税查询、权益申诉等一系列服务。

3.4.5 服务绩效评估的关键指标兼顾过程和结果

英国数字服务局针对各政府机构提供的数字服务,制定了通用衡量绩效的指标。电子政务服务质量的评鉴委员会由主任评鉴员、技术评鉴员、用户研究员或绩效分析师、设计师或内容设计师、数字辅助评鉴员组成。评价内容包括每次服务的成本,使用者满意度、完成率和数据服务接受度。其中,每次服务的成本是指公众使用服务时政府针对每次服务支出的平均费用,以研发、维护、广告、营销和固定资产等成本总和,除以在此期间完成的所有服务的数量;各部门通过追踪用户满意度的变化,判断新增或变更功能是否正确;完成率用电子政务的用户中完成在线服务的用户数量占使用在线服务的百分比来衡量,数字服务局建议各部门应该分析整个服务的操作步骤,观察其中容易让使用者中途放弃的环节,然后增修功能,提升完成率;数字服务接受度重点考察政府提供的数字服务有多少公众选择在线操作。

日本在《世界最先进 IT 国家创造宣言(公共和私营部门大数据活用推进基础计划)》中提供了完整详尽的指标体系,从在线行政审批、数据开放、个人数据利用、个人数字身份卡的广泛有效使用、数字鸿沟、改革中央和地方政府的信息系统和业务流程重组、开发数据链接平台、数据利用的研究开发、开发人力资源,传播和提高公众认识、确保中央政府措施与地方政府措施之间的一致性、国际部署等 11 个方面分别设置了过程关键指标(KPI-progress)和结果关键指标(KPI-outcome)。以在线行政审批为例,其涉及的过程指标包括行政审批流程的梳理进度,法律法规规定不能使用在线审批但实际可以实现在线审批的事项数量,不需要提交身份证和户口本复印件的审批事项数,取消的行政审批环节,使用个人电子身份证号和电子表格开展电子采购的案例数等;涉及的结果指标包括每项行政审批的成本降低率,个人法律的改革,降低获取身份证和户口本复印件的成本(每年超过 1 000 亿日元),因取消行政审批环节较少的财政费用,电子投标率等。

3.5 国内外创新实践启示

综上所述,国内外政务服务创新实践的启示主要体现在以下几个方面。

一是机构的重组优化成为改革推进的关键因素。国内外政府在开展行政审批制度改革的过程中都积极推动机构的重组和优化。一方面,通过新设机构的方式破除改革实施前面临的体制机制障碍,例如行政审批局的出现以及多个国家新设立的数字化服务机构都是基于这一考虑;另一方面,在改革推进过程中可能会遇到新的问题,需要在原来的机构上增加新的职能,例如广东省的政务服务数据局,正是通过整合政府部门信息化检核和政务数据的管理功能,为快速推进政务服务创新中的跨部门数据共享交换做好了准备。

二是政务数据和新技术在改革中扮演重要角色。在国内外的创新案例中不难看到数据和新技术的身影。服务流程的优化、业务模式的重构、跨部门协同等的变革,都以数据资源的共享利用为前提,在改革的过程,数据的采集、存储、开发应用、安全保障,以及服务的传递,交互等都需要技术的支持。充分挖掘数据的价值,以新技术应用释放改革动能已经成为普遍共识。

三是推动形成以需求为导向的多主体合作模式。企业、公众、银行、科研机构等在国内外创新案例中都曾作为行政审批改革的合作方出现。合作机制的建立更多是基于对双方需求的满足。例如,深圳市将企业开办的自助终端放在银行网点,由银行的柜台人员提供引导服务,正是因为双方找到了互惠互利的结合点,银行广覆盖的网点和重组的业务人员能够有效弥补政务大厅人手短缺的不足;而新设企业业务可以给银行带来开户、公积金等业务。可见,多主体合作模式成功与否关键在于合作双方能否实现优势互补和互利共赢。

四是以绩效为抓手推动改革举措快速落地生效。实践表明,行政改革的主管部门与行政审批的业务部门往往不同,如何激发改革的动力,绩效评估,尤其是政府部门或上级部门主导的评估是重要的抓手。例如,深圳市将秒批作为绩效评估的重要内容,但要求是首次提出秒批改革的区才能获得加分,于是就出现了罗湖、南山等各区争先更新秒批事项清单的局面,激发了业务部门改革的热情。

第4章 政务服务中心运行模式对服务效能的影响研究

自2015年"放管服"改革提出以来,各地政务服务中心在审批业务集合模式的基础上又创新探索出审批职能归并和统一受理协作两种模式。行政效率是检验运行模式创新成效最直观的体现。在2018年的全国两会上,李克强总理在2017年"五个为"的基础上提出的"六个一",也是从提升行政效率的角度出发,强调企业开办时间再减一半,项目时间再砍一半,政务服务一网通办,企业和群众办事力争只进一扇门、最多跑一次,凡是没有法律法规依据的证明一律取消。那么,能否客观有效地测度行政效率,能否透视政务服务中心运行模式对行政效率的作用效应?这是本章研究关注的主要问题。政务服务中心的出现和壮大非一夕而成,是内外部因素共同作用的结果。本章以政务服务中心发展的内外部因素分析为切入点,研究政务服务各类运行模式产生的原因,在此基础上对各类模式进行定义和对比分析,以作为政务服务运行模式量化分析的基础。

4.1 政务服务运行的内外部因素分析

政务服务中心作为一种大规模的组织形态,已成为我国政府职能转变和服务型政府建设不可或缺的重要力量。作为政府面向企业群众提供政务服务的主要场所,政务服务中心的发展建设势必受到政府政策和企业群众需求变化的影响。与此同时,随着信息技术的不断变化和深入应用,我国逐步迈入数字政府时代,新技术应用也将为政务服务中心注入更多创新活力。基于此,本章从政策、需求和技术三个方面分析政务服务中心外部环境的变化,从内部动力视角分析内部因素。

4.1.1 政策环境分析

政务服务中心的建设可以说与我国行政审批制度的改革相生相伴。虽然政务服务中心在建设初期并未受到太多国家层面宏观政策的指导,但国家政策对其发展壮大的影响不容忽视。前文政务服务中心的发展历程显示,2002年和2007

年是政务服务中心建设的高峰,新增数量达到历史新高。回顾政策变化不难发现,2001年国务院决定成立"国务院行政审批制度改革工作领导小组",同年10月,国务院批准了《关于行政审批制度改革工作的实施意见》,在某种程度上是对地方政务服务中心这一创新主体的认可和支持,也因此推动了后续政务服务中心如火如荼地建设。2004年,《中华人民共和国行政许可法》实施,其明确规定"经国务院批准,省、自治区、直辖市人民政府根据精简、统一、效能的原则,可以决定一个行政机关行使有关行政机关的行政许可权""行政许可需要行政机关内设的多个机构办理的,该行政机关应当确定一个机构统一受理行政许可申请,统一送达行政许可决定。行政许可依法由地方人民政府两个以上部门分别实施的,本级人民政府可以确定一个部门受理行政许可申请并转告有关部门分别提出意见后统一办理,或者组织有关部门联合办理、集中办理",上述法律依据为政务服务中心2007年的第二波建设热潮创造了条件。

随着政务服务中心规模的不断扩大,各地对明确政务服务中心主体地位的呼声也原来越大。2011年8月,中共中央办公厅、国务院办公厅印发《关于深化政务公开加强政务服务的意见》,对政务服务中心进行总体设计,提出要统筹推进政务服务体系建设,充分发挥政务服务中心的作用,将政务服务中心定位为实施政务公开、加强政务服务的重要平台。该文件的具体要求覆盖政务服务中心的事项进驻、规范建设、职能分工、机构设置等方面,即"凡与企业和人民群众密切相关的行政管理事项,包括行政许可、非行政许可审批和公共服务事项均应纳入服务中心办理。因涉密、场地限制等特殊情况不进入服务中心办理的,由本级政府决定。双重管理和垂直管理部门的行政许可、非行政许可审批和公共服务事项,按照便于工作、加强服务的原则,适合依托服务中心的可纳入当地服务中心办理","明确服务中心职能。各省(自治区、直辖市)要在本行政区域内规范省、市、县三级服务中心的名称、场所标识、进驻部门、办理事项和运行模式,推进政务服务规范化建设。服务中心管理机构负责对政府各部门进驻、委托事项办理的组织协调、监督管理和指导服务,对进驻窗口工作人员进行管理培训和日常考核,承担本级政府赋予的其他职责。服务中心管理机构作为行政机构,应使用行政编制,配备少而精的工作人员;已使用事业编制的,应在行政编制总额内调剂出一部分进行替换。在调整、配备服务中心编制中,要结合当地政府机构改革,注重优化整体编制结构,坚持增减平衡。服务中心管理机构规格由本级政府决定,其运行经费和人员办公经费列入本级财政预算。经本级政府同意确需由部门单独设立的办事大厅,应当接受服务中心的指导和监督"。

《关于深化政务公开加强政务服务的意见》是迄今为止政务服务中心建设的专门性指导文件,对政务服务中心的规范发展具有重要的推动作用,也正是因为这份文件的实施,部分政务服务中心解决了人员编制问题,在统筹协调政府部门办事服务中掌握了一定话语权。但因为政策文件本身无法作为法律依据,更多的政务服务中心在后期发展中依然陷入"部门管人、中心管事"的二元管理困境。

上述政策文件都是从审批业务集中办理和协调监管的角度对政务服务中心的建设提出要求和期望,真正鼓励其突破体制大胆改革的政策在2014年之后。早在2008年,四川省成都市武侯区就探索成立了第一个行政审批局,但该项改革并未在其他区域扩散。直到2014年5月,天津市滨海新区成立行政审批局,同年9月李克强总理到滨海新区视察,对"一枚印章管审批"的改革高度评价,行政审批局才引起广泛关注。2015年3月,中央编办和国务院法制办印发《相对集中行政许可权试点工作方案的通知》,天津、河北、山西、江苏、浙江、广东、四川、贵州8省(市)被列入改革试点政务服务中心对行政审批制度改革的深化。2016年6月,中央编办 国务院法制办关于印发《相对集中行政许可权试点工作方案》的通知(中央编办发〔2016〕20号),同意辽宁、安徽、湖北、湖南、广西、宁夏等6省(区)选择部分市、县或开发区纳入相对集中行政许可权改革试点,同意先期开展试点的河北、江苏在巩固深化前期试点成果基础上,积极稳妥扩大试点范围。试点工作的开展推动了行政审批局改革在全国范围内的扩散,在一定程度上也标志着行政审批局改革得到了中央层面的认可。

4.1.2 公众需求分析

公众对政务服务的需求通过一系列媒体报道迅速得到发酵。2014年10月,南方都市报发表的一篇媒体文章,题目是《中国式办证》,讲的是广州市政协委员曹志伟调研后绘制了一幅长达3.8米,集纳103个证件的"人在证图"引起了公众共鸣。"办证难""门难进"与"脸难看"一起并称办事"三大难"。一个中国人一生要办多少个证件呢?据记者统计是400个左右,其中有103个证件是比较常用的。出生前,需要办准生证;出生之后,要办出生证、疫苗接种证、户口本;读书时要办学生证、学位证和各种考级证书;就业还有就业证、社保卡、医保卡、职称证、职业资格证等;退休了,要办退休证、老人证,还得开一份活着的生存证明,才能领退休金;死了以后还要办火化证、死亡证明、骨灰存放证等。其中就业阶段需要办的证最多,大约60个,上学阶段需要办27个。此后,大量媒体对公众办事难、办事慢、办事繁的问题进行报道。以"办证难"或"办事难"为关键字在百度进行搜索,相关结果高达千万级。

2017年6月,李克强在全国深化简政放权放管结合优化服务改革电视电话会议上的讲话上指出,"公共服务存在不少薄弱环节,一些政府部门办事效率不高,甚至推诿扯皮,一些公用事业单位和服务机构服务意识不强,'霸王条款'屡见不鲜,群众和企业仍然深受证照、证明过多之累,办事慢、办事难之苦"。

从实际调研和媒体报道不难看出,公众对政务服务的需求集中表现为三个方面:一是服务的易接入,"进一扇门办所有事",在政务服务中心通过前台咨询就能快速找到事项的办事部门,办理过程无须在政务服务中心和办事部门间来回跑;二是办事流程便捷,政府部门已掌握的数据或历史提交过的材料无须反复提交,串联审批改成并联,不需要在不同窗口来回跑,简单事项可以在网上办理;三是办事过程阳光公正,不存在"吃、拿、卡、要"的现象,投诉处理能够得到快速有效的解决。

4.1.3 技术应用分析

新技术的应用能够加快改革进程。政务服务中心早期的改革更多是采用制度创新的方式,后期的改革则更多的是制度和技术的共同作用。互联网、移动互联网、人工智能等技术与业务融合,能够优化服务流程、重组服务内容、改善服务方式,在提升服务效率的同时增强用户体验。清华大学公共管理学院、清华大学国家治理研究院课题组《2018年中国政府网站绩效评估报告》显示,截至2018年11月底,84%的省级一体化平台实现省市县三级覆盖。7个省(浙江、广东、湖北、四川、贵州、云南、海南)覆盖到省市县乡村五级,为线上线下融合发展奠定了良好基础。天津市开展"一制三化"改革,在实现"审批服务标准化"的基础上,试行"无人审批",推出156个智能化"无人审批"事项,打造20个主题业务办事场景,开设50个"政务服务无人超市"。申请人申报后,计算机软件系统对申请人办事申请进行自动比对和判断,自动出具证件、证照、证书、批文、证明等结果。审批整个过程自动完成,通过技术手段大幅降低了审批自由裁量权。

在政务服务中心的创新发展中,技术应用正发挥着越来重要的作用。以广东为例,广东省人民政府办公厅印发《关于在全省推广一门式一网式政府服务模式改革的实施方案》的通知(粤府办〔2016〕19号)中提出,要"建设上下左右无缝对接、数字贯通的电子交换共享体系",通过全省科学统一、逻辑清晰的政务大数据库,健全政务信息交换、使用、管理机制,通过政务信息资源共享平台,建设电子证照库,以居民身份证号为唯一标识,构建群众办事统一身份认证体系,从而形成便民服务一张网,变"群众奔波"为信息服务,变"群众来回跑"为"部门协同办"。

4.1.4 内部动力分析

政务服务中心从最初沿海城市的试点到全面铺开,遍布全国,外部政策、需求和技术因素有着积极的推动作用,但更多的动力来自地方政府转变政府职能,优化营商环境的内在动力。

在转变政府职能方面,政务服务中心首先是各级政府设立的综合性办事服务场所,也是与企业群众接触最密切的政府机构,代表着政府的形象。党的十九大报告中明确提出,要"转变政府职能,深化简政放权,创新监管方式,增强政府公信力和执行力,建设人民满意的服务型政府"。前文的分析可以看出,从公众办事服务需求来看,满意的服务型政务,应该是高效、便捷、公正的政府。政务服务中心作为独立于各办事部门的第三方机构,具有天然的公正性,其协调和创新能力能够推动服务效率和服务质量的提升。

在优化营商环境方面,审批周期越长,意味着制度性交易成本越高。尤其是对于企业开办、投资项目审批等事项,晚一天营业、晚一天开工,企业都需要承担较大的经济成本。在实际调研中了解到,浙江某区县政府对于重点项目组建了专门的代办队伍,采用全程代办制,政务服务中心相关人员表示,他们的用意是要让企业从烦琐的审批中解放出来,有更多的精力思考如何更好地开展生产经营工作。但由于这种方式仅能覆盖投资额较大的项目,更多的审批服务还需要通过审批流程的优化来提速增效。显然,审批服务的高效性和满意度节省了企业的成本,也坚定了企业在本地发展的信心,营商环境的良好口碑将吸引更多的企业参与投资,同时带来更多的新设企业,而企业主体的增多将带动本地经济的活跃度,从而拉动经济增长。

4.2 政务服务中心运行模式分类与对比分析

外部环境的压力和内部改革的动力共同作用于政务服务中心,推动其运行模式持续创新。如前文所述,不论是政务服务中心的建设初衷,抑或是其进驻的事项占比,审批服务一直是政务服务中心改革关注的焦点,其运行模式的创新也往往围绕审批集权与整合效果展开。

关于行政集权与整合的理论思想最早可追溯到怀特(Leonard D. White)的著作《公共行政研究导论》,其将集权与整合作为公共组织理论和实践的重要发展趋势进行讨论。怀特所指的集权是从地方到州、直到联邦政府的集权,整合则是指不同层级的政府管理权力不断向单一行政部门集中。当前我国各地探索的行政审批权相对集中正是通过设立行政审批局,将原来分散到各个部门的审批职能归并到一个部门,推行"一枚印章管审批",这种审批权力的集中与怀特提出的权力整合更为吻合。

与怀特的理论研究有所不同,W.F.威洛比(Willoughby)对于集权和整合研究更侧重组织结构、控制和效率,其本质是通过整合行政部门内部各个机构及其活动,使性质相似或经常有工作关系往来的团队结合得更加紧密,从而简化行政工作,使政府运转更加经济有效。我国政务服务中心设计的初衷与W.F.威洛比的理论有异曲同工之处,因为政务服务中心的雏形——深圳市1995年成立的联合审批服务中心,其目的就是为了提高外商投资审批效率,将与投资相关的18个部门集中起来在统一的场所对外服务,类似于"收发室",通过业务的物理集中提高审批服务的便捷度。

我国政务服务中心审批权的集中模式以相对集中的审批职能归并模式和审批业务集合模式为典型代表。其中,审批职能归并模式是对审批职能的深刻变革,通过职能的重新划分提升审批效率,在"重审批、轻监管"的传统思想影响下,该模式推动了行政体制改革,带动政府管制方式、治理能力和治理体系的变革,阻力和难度相对较大。近年来,随着数字政府建设的不断推进,在审批业务集合模式的基础上,广东佛山等地探索将审批服务与技术创新结合,提出了统一受理协作模式。

综上所述,政务服务中心运行模式大致可分为四类,分别是传统的物理集中模式、审批业务集合模式、审批职能归并模式以及统一受理协作模式。各类模式的内容在下文进行详细阐释。

4.2.1 政务服务中心的典型运行模式

(1) 传统物理集中模式

传统的物理集中模式出现于政务服务中心建设初期,以深圳等沿海经济发达地区为代表,为特定的服务群体如外商投资企业服务。这种模式简单地将相关审批部门集中到固定的场所,政务服务中心对进驻部门只是进行形式上的管理,并未获得审批授权。

传统的物理集中模式如图 4-1 所示,具有审批职能的各部门派驻人员进驻政务服务中心,在政务服务中心设置对应的部门窗口,企业群众根据办事需要在窗口提交相关材料,窗口接件后再返回原部门进行审批,具体的审批过程并未在政务服务中心开展。

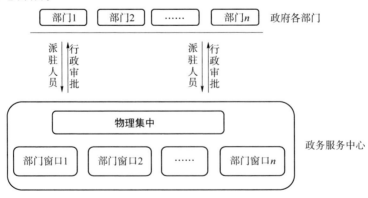

图 4-1 政务服务中心传统的物理集中模式

该模式也被称为"前店后厂"模式和"收发室"模式,这种形式上的"一厅式"业务模式,对于转变政府职能、建立和完善服务型政府具有一定的促进作用,但仍存在诸多缺陷和问题,尤其是没有从根本上解决一站式办理的问题。

(2) 审批业务集合模式

审批业务集中模式是在传统物理集中模式上的改进和发展。其根本目的正是解决政务服务中心授权不充分的问题。2004年,四川省眉山市和江苏省镇江市先后启动了"两集中、两到位"改革,建立规范高效的审批运行机制,提高行政服务效能,推进一个行政机关的审批事项向一个处室集中、行政审批处室向政务服务中心集中,保障进驻部门对机构负责人授权到位,审批事项在政务服务中心办理到位。该模式为行政审批资源的整合提供了新思路。

审批业务集合模式如图4-2所示,政府各部门在进驻政务服务中心之前,首先完成本部门审批权的集中,以确保进驻的部门能够在政务服务中心完成审批。从表面上看,进驻窗口仍然为各部门窗口,但因为政务服务中心获得审批授权,使其告别了传统意义上"收发室"状态,将传统模式的"部门物理集中,审批权物理分散"转变为"部门及审批权统一集合在政务服务中心",政务服务中心也由"虚"转"实",提高了审批效率和监管能力。

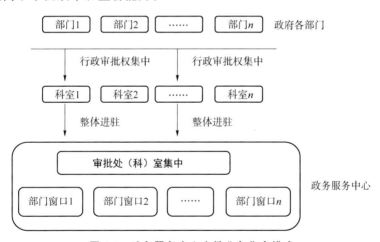

图 4-2 政务服务中心审批业务集合模式

目前,全国大部分省市级政务服务中心采取该模式。这种集中方式相较于行政审批局更为缓和,可看做是部门和政务服务政务服务中心权力博弈的折中,其真正的行政审批权仍牢牢掌握在部门,但由于部门审批科室的集中使得物理距离对用户的阻碍得以消弭,也为跨部门的审批协商创造了条件。在此基础上,广州市荔湾区提出"三集中、三到位"模式,山西省晋城市提出"两集中、四到位"改革,广东省中山市"三集中一分开"改革等,但均是"两集中两到位"模式的延伸。

(3) 审批职能归并模式

审批职能归并模式的探索始于 2008 年。当年 12 月,四川省成都市武侯区在"两集中两到位"改革的基础上成立了全国首个行政审批局,将 20 个部门承担的 60 项审批事项全部划转到行政审批局,推动了行政审批改革进入了以体制突破为标志的阶段。与审批业务集中模式最根本的区别是,审批职能归并模式通过横向归并本级政府的行政审批权,构建了统一的实体审批部门。

审批职能归并模式如图 4-3 所示,其基本做法是将分散在不同部门的审批职能、审批业务和审批事项,甚至还将与政务公开、电子政务、电子监察等政府层面统一行使的综合职能,归并整合到该机构,实现"一枚印章管审批"。在该模式下,原审批部门不再承担审批职能,转而将业务重点放到履行政策制定、监督管理及延伸服务等。

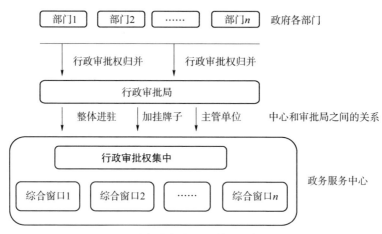

图 4-3 政务服务中心审批职能归并模式

行政审批局变革触发了地方政府内部组织结构、职责分工以及人事编制等方面的显著变革,形成了与中央"简政放权"相异的自主改革路径(许天翔,2018)。行政审批局的建立实现了审批职能集中到一个统一的实体部门,使得原跨部门的信息共享转变为部门内部的信息共享,跨部门的并联审批转变为部门内部的联审联办,行政壁垒得以打破,有助于提供无缝隙和一体化的政务服务。

(4) 统一受理协作模式

统一受理协作模式的探索始于广东省佛山市的"一门式"改革,通过将技术与业务融合的方式实现了政务服务中心服务和管理的创新。该模式如图 4-4 所示,通过建立统一的业务信息受理系统,与部门审批系统进行数据交换,实现"一个口进",对群众办事事项进行细分整合,做到"一窗通办",窗口人员全部由政务服务中心派遣,在前台"一口受理",审批部门只承办窗口人员转交的申请,在后台"分别处理",最后由政务服务中心发布审批结果。

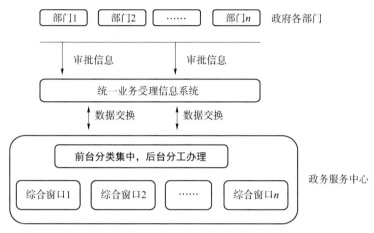

图 4-4 政务服务中心统一受理协作模式

统一受理协作模式最大的特点是不触及管理体制的调整,是以稳健方式推进行政审批改革,通过采用"统一分一统"的"前台分类集中受理、后台分工各自办理"运行流程,实现"一口受理、一窗通办、分工处理"。这种模式改善了群众办事体验,解决了政务服务中心主体性问题。

4.2.2 运行模式的对比分析

审批业务集合、审批职能归并和统一受理协作三种模式是我国政务服务中心运行改革的创新成果。这三种模式产生的环境和改革的目标不同,在客观上决定了适用条件、优劣势以及面临的困境也会不同,对比分析结果如下。

(1) 适用条件分析

审批业务集合:适用于审批权已经向处(科)室集中的部门。由于涉及审批业务,本级政府对具有审批职能的部门具有哪些审批事项需要有清晰的界定,明确各部门审批事项的数量(包括大项和子项)。此外,对于哪些部门应该进驻政务服务中心有统一的标准,确保"应进驻全进驻"。审批业务集合是审批职能归并和统一受理协作的基础,一般而言,未经历过审批授权给政务服务中心的过程,一般而言很难对其职能进行调整或对审批流程进行干预。

审批职能归并:适用于国家已经开展审批集中权试点的区域,且区域内归并职能的部门专业化水平相对较低。国家试点政策一定程度上代表了中央政府对地方的协调、指导、保护和资助,在职能归并过程中往往遇到的阻力较小,在下文的分析中将通过模型进一步验证;部门的专业化水平过高,如国土、规划等,专业人员流动或力量不足可能会带来业务上的风险。

统一受理协作:适用于政务服务标准化和信息化建设应用水平较高,且已经开展"两集中,两到位"的地方。首先,部门应授权进驻政务服务中心,确保对审批全流程的监管;其次,各部门事项标准化水平较高,确保政务服务中心管理部门能够清晰理解各事项的办理要件和审查细则,把好收件环节;最后,需要由统一信息化平台做好业务数据的流转,要求较高的信息化建设和应用水平。

(2)优劣势对比分析

政务服务中心三种运行模式的优劣势对比分析结果如表4-1所示。其中,审批业务集合模式由于发展的时间较长,已获得普遍认可,在推进方面遇到的阻力较小,同时可以发挥政务服务中心的功能优势,开展视频监控和咨询投诉受理等,但由于审批职能仍掌握在部门手里,政务服务中心在流程优化和人员管理方面自主性较弱;审批职能归并模式涉及职能的深刻变革,在业务职能优化再造方面有优势,但由于尚处于试点推进阶段,在省级层面也缺少对接部门,具体实施过程中难度较大;统一受理协作模式是业务和技术融合的产物,重点关注受理和出件两个环节,通过技术手段实现部分监管数据留痕,但对受理人员素质要求较高,同时业务流程改造也存在较大阻力。

表4-1　运行模式优劣势对比结果

模式名称	优势分析	劣势分析
审批业务集合	已获得普遍认可,推进阻力相对较小 审批全过程可视频监控 统一咨询投诉受理,发挥协调作用	进驻部门标准难确定 进驻部门政务服务标准化水平参差不齐 流程再造难以统一推进 跨部门信息壁垒难打通 存在"二元管理"问题
审批职能归并	办事过程中的信息共享壁垒相对较少 协调能力相对较强 综合窗口设置推进快 全流程数据监管成为可能	职能归并阻力较大 需要打破与原部门的信息壁垒 审批监管配合难度大 省级层面缺少对接部门 与部分法律存在冲突
统一受理协作	政务服务标准化程度高 监管数据留痕 推进阻力较小	信息化建设成本高 综合窗口人员培训压力大 流程再造难以深入推进 存在"二元管理"问题

(3)面临的困境分析

审批业务集合模式和统一受理协作模式的共同点在于审批职能仍然在原部门,政务服务中心主要通过管理或技术手段对审批服务进行规范约束,但这种规范和约束能力往往具有不确定性。在实际调研中发现,政务服务中心主管部门机构性质为事业单位或临时机构的,协调能力一般较差,甚至有些地方表示,部分进驻部门将业务水平较差的员工放在政务服务中心,而政务服务中心本身又不掌握这些员工的人事权,导致无形中增加了管理难度,此外,信息共享也是上述两种模式面临的突出挑战。

与上述两种模式相比,审批职能归并的困境重点体现在监管的公正性以及审批部门和原部门的对接两个方面。在监管方面,不少行政审批局作为政务服务中心的管理部门,由部门内部的某个业务处(科)室承担具体监管职能,这就弱化了政务服务中心第三方监管的作用;在与原业务部门的对接方面,审批过程中可能会涉及对历史数据的查询,但由于业务系统未打通影响审批效率,同时,省级部门未建立行政审批局,部门规章制度的变化、相关业务培训往往是下发到原来的部门,造成行政审批局获得的信息相对滞后。

4.3 政务服务中心行政效率分析方法

本书从行政效率测量及其影响机制研究这一逻辑体系提出如下分析思路:首先,测量行政效率包括投入效率和产出效率,计算纯技术效率以剔除生产要素投入带来的规模效应。其次,考虑环境因素对公共组织活动影响的研究,将经济社会环境、管理方式、信息化技术水平、通用制度规则等作为控制变量,探讨政务服务中心不同的运行模式对行政效率的影响。

效率测量的方法主要包括参数法(以 SFA 为代表)和非参数法(以 DEA 为代表),其中 DEA 方法因其避免了主观设定函数和权重的影响,测算结果更为客观(Kaufman H,1960)。Tone 基于修正松弛变量的思路构建了无投入产出角度和无径向改进的非参数 Super-SBM 模型。与以往 DEA 模型相比,该方法有效解决了投入产出变量松弛性、非期望产出、效率值同为 1 的决策单元排序等问题(Tone K,2002)。

政务服务中心的行政效率主要关注投入的最小化和产出的最大化,故选择无导向的 CRS SBM 超效率模型进行计算。通过 CRS 模型得到政务服务中心的行政效率值,采用 VRS 模型求出纯技术效率,前者与后者的比值为规模效率值,即:行政效率/纯技术效率=规模效率。以计算出的各决策单元行政效率值为被解释变量,构建行政审批集中改革方式对行政效率影响的回归模型。考虑到 Super-SBM 模型计算的行政效率值是数值为大于 0 的离散变量值,属于"单边受限"的被解释变量,若采用普通最小二乘法进行回归系数分析,则会造成参数估计值出现偏差(宋马林等,2012),故采用 Tobit 回归方法,利用 MLE 估计模型中的参数(Greene W H,1981)。

4.4 数据来源与变量设计

4.4.1 数据来源

本节数据来自 2017 年国务院办公厅组织开展的全国政务服务体系普查资料,涵盖 3058 个全国省市县三级政务服务中心的管理机构设置情况、事项进驻办理统计、信息化建设程度、标准化建设与应用情况、监督管理制度数等内容。数据收集形式为国务院办公厅印发《政务服务体系调查表》,各级地方政府办公厅(室)组织完成填报。在数据处理过程中,普查工作组进一步对数据进行多次逻辑校验,根据校验结果由各省补充提交相关材料,以尽可能减少数据测量误差和数据填报遗漏等问题。

4.4.2 变量设计

(1) 因变量

公共部门效率相较于私营部门更难量化,投入资源虽然来源难以精准确定,但可由项目/服务产生的费用来衡量,而产出比投入既有经济层面也有社会层面,因而更难测量(Mihaiu D M,Opreana A,2010)。因此,政务服务中心投入和产出的测算必须以指标制定为前提,通过这些指标来测算效率水平。

从要素禀赋理论来看,生产要素主要包括资源、资本、劳动力、技术等方面(段忠贤,黄其松,2017)。资源依赖理论认为,组织由资源构成,组织所拥有的异质性资源是组织竞争优势的来源,是造成各个组织间业绩差异的主要因素(Barney J,1991)。政务服务中心的运行成本包括一次性的固定投入、人员费用和维系运行的低值易耗品(陈时兴,2006)。公众对政务服务中心的满意度主要取决于办事流程和硬件设施质量的高低(魏诗强,2017)。基于此,政务服务中心的要素禀赋可以用其投入的预算、工作人员数量、面积等的组合来表征。故本节选择政务服务中心建筑面积、2016 年度预算经费和政务服务中心工作人员数作为投入变量,以 2016 年政务服务中心的委托办件、自助终端办件量和窗口办件量作为产出变量。通过实际的调研访谈发现,各地政务服务中心对于面积的统计口径不一,部分地方将会议室、机房、合署办公等的面积均纳入计算范围,而对办件量有直接影响的往往是窗口数量,且各地政务服务中心窗口面积相仿,故本节用窗口数替换面积作为投入变量。

在运用 DEA 方法时,各投入与产出变量之间应符合"同向性"和"相关性"两大假设,即当投入量增加时,与之相关的对应产出量不得减少(陈英、洪源,2015)。本节采用 SPSS 24.0 软件进行双侧相关性检验,结果如表 4-2 所示。检验结果显示,政务服务中心的投入与产出变量的相关性均通过显著性检验。截至 2016 年年底,全国政务服务中心平均设有 53.14 个窗口,15 名工作人员,2016 年的平均委托办件量为 6586 件,平均终端办件量为 31700 件,平均窗口办件量为 192819 件。

表 4-2 描述统计量及相关系数矩阵

	指标	平均值	标准差	1	2	3	4	5	6
投入指标	窗口数(个)	53.14	17.67	1.000					
	人员数(人)	15.04	7.86	0.397	1.000				
	经费(万元)	——	59.66	0.319	0.104	1.000			
产出指标	委托办件量(件)	6586.38	21789.41	0.264	0.236	0.244	1.000		
	终端办件量(件)	31700.40	29161.88	0.310	0.386	0.523	0.290	1.000	
	窗口办件量(件)	192819.06	131061.88	0.731	0.308	0.259	0.363	0.338	1.000

注:表中投入指标和产出指标均相关性在 0.001~0.1 显著水平显著,经费为敏感指标,未在本节中予以披露,但带入数据分析。

(2)自变量

如前所述,本节主要探究审批业务集合、审批职能归并、统一受理协作这三种运行模式对行政效率的影响。审批业务集合模式主要体现在本级政府具有行政审批职能的部门整处(科)室进驻政务服务中心的情况,一般而言,整处(科)室进驻部门数(Department)越高,则"两集中两到位"改革越彻底。但由于部分地方开展行政审批局改革,将多个部门的行政审批职能归并到行政审批局这一个部门,使得本级政府具有行政审批职能的部门数远少于同级未开展行政审批局的地方。如天津市滨海新区把新区发改委、经信委、商务委等 18 个部门的 216 项审批职能,集中划转到新成立的行政审批局,启用行政审批专用章,实现"一颗印章管审批",因此滨海新区整处(科)室进驻部门数为"1",但其却代表了较高程度的"行政审批权"集中。考虑到行政审批局与整处(科)室进驻部门数的交互情况,故纳入整处(科)室进驻部门数的平方项(Department^2)。即假设整(处)科室进驻部门数与政府行政审批效率存在倒 U 型或 U 型曲线关系。

审批职能归并模式以行政审批局的设立为主要特征,由于 2016 年及之前开展行政审批局改革的省份不多,故采用各省建立的行政审批局数(Administrative_Bureau)这一绝对值进行测量。统一受理协作模式将信息化技术与管理创新结合,其主要特征是设立综合窗口和统一的审批管理平台,实现与进驻部门业务系统信息的共享交换,故采用设立的综合窗口数(Com_counter)和实现信息共享的业务系统数(Business_system)进行测量。需要说明的是,当前政务服务中心设立的综合窗口有两种形式,一种为工作人员受委托办理多个部门的进驻事项的综合窗口,另一种是多个部门工作人员轮值办理相关进驻事项的综合窗口。前者相比后者能够做到"统一接件、一口受理",后者本质上仍为部门窗口,在特定时间仅能办理单一部门事项,本节的研究特指前者。

(3) 控制变量

本节在模型中对管理、技术、制度和环境因素予以控制,以剔除其对政务服务中心行政效率的影响。在管理层面,省级是否设立政务服务管理机构(Competent_department)反映了全省行政审批改革的统筹指导能力,市级政务服务中心的覆盖情况(City_level)体现出审批服务资源的实际整合能力,领导人职务反映出行政审批改革的推进力度,领导人职务(Leader)对资源的协调作用不同,常委常务副省长、常务副省长、副省长、秘书长等依次减弱(陈国权、皇甫鑫,2018)。此外,行政审批局按照"编随事走、人随编走",将原来各部门从事审批的人员,一同划转审批局。这种改革一定程度上打破了"部门管人,中心管事"二元治理模式,故纳入部门进驻人员占比(Employee_ratio)这一变量,侧面反映政务服务中心"人事"统一水平,计算表达式为进驻部门人员数/政务服务中心总人数(政务服务中心总人数为进驻部门人员数和中心工作人员数的总和,前者承担具体的审批职责,后者只是负责政务服务中心的日常运行)。

在技术层面,控制变量包括标准化建设情况(Standardization)、电子化设备(Equipment)以及综合审批平台的建设情况(Platform_ratio)三个变量。其中,常见的标准化建设有事项标准化、业务流程标准化、政务服务中心管理标准化、监督评估标准化和后勤保障标准化等几个方面。本节分析的电子化设备指政务服务中心配备的用于方便企业群众办事的辅助型电子设备,如身份证读卡器、高拍仪、扫描仪、扫描枪、电子签字板和证照打印机等。综合审批平台的建设情况(Platform_ratio)指各省建立综合审批平台的政务服务中心占比情况。

在制度层面,控制变量包括省级是否出台管理办法(Regulation)以及政务服务中心设立的制度数(Rule)两个变量。省级是否出台管理办法指的是省级政府是否制定政策文件对政务服务中心建设、部门事项进驻、办事服务标准等提出规范要求。目前共有16个省出台了相关办法,如四川省于2013年率先颁布《四川省政务服务条例》,推进审批项目、办事制度、服务模式、办公场地和设施标准化建设。政务服务中心设立的制度数指的是中心设立的管理制度数量,包括一次性告知、首问负责、超时默认、首席代表、限时办结、一次性收费、投诉处理、责任追究、绩效考核、工作人员行为规范等。

政府在争取环境认可与组织效率之间,或者说合法性与有效性之间存在张力,导致组织的形式结构、正式规则与实质行为之间的脱耦(李晨行、史普原,2019)。且当前行政审批制度改革的主要目的是通过为企业和公民建立公正、效率和高质量的公共服务,从而试图改善营商环境,发展贸易与吸引投资(朱旭峰、张友浪,2015)。因此,环境层面考虑经济差异性以及总体政策环境两方面的影响,将地区上一年度的法人单位数(Ln_business_entity2015)、是否为相对集中行政许可权试点(Pilot_reform)两个变量作为环境层面的控制变量。其中,依据2015年《相对集中行政许可权试点工作方案》,国家在天津市所有区县、河北、山西、江苏、浙江、广东、四川、贵州等8个省、市开展相对集中行政许可权试点。

表4-3 变量及其测量方法

变量类别		变量名称	变量取值
因变量		行政效率(TE)	连续变量
自变量	运行模式	整处(科)室进驻部门数(Department)	连续变量
		整处(科)室进驻部门数平方(Department^2)	连续变量
		行政审批局数(Administrative_bureau)	连续变量
		中心设立的综合窗口数(Com_counter)	连续变量
		实现信息共享的业务系统数(Business_system)	连续变量
控制变量	管理	省级设立政务服务管理机构(Competent_department)	分类变量,1=是,0=否
		市级政务服务中心覆盖情况(City_level)	连续变量,(0,1)之间
		领导人职务(Leader)	分类变量
		部门进驻人员占比(Employee_ratio)	连续变量,(0,1)之间
	技术	开展政务服务标准化建设的政务服务中心数(Standardization)	连续变量
		基础技术设施(Equipment)	连续变量
	制度	综合审批平台的建设情况(Platform_ratio)	连续变量,(0,1)之间
		省级是否出台管理办法(Regulation)	1=是;0=否
		政务服务中心设立的制度数(Rule)	计数变量,(0,10]之间
	环境	本地区法人单位数(Ln_business_entity2015)	连续变量,法人单位数取对数
		是否为相对集中行政许可权试点(Pilot_Reform)	分类变量,1=是,0=否

4.5 实证分析结果

4.5.1 描述性统计分析

统计结果显示,2016 年全国政务服务中心平均行政效率(TE)为 0.32,整体绩效水平为非 DEA 有效,各省平均整处(科)室进驻部门数为 8.45 个,全国共设有行政审批局 52 个,政务服务中心平均设立综合窗口 2 个、综合审批管理平台仅平均与 3 个业务系统实现信息共享,这表明"一门式"改革程度处于较低水平,如表 4-4 所示。

表 4-4 变量的描述性统计分析结果

变量	最小值	最大值	平均值	标准差
TE	0.01	1.52	0.32	0.47
Department	1.49	15.67	8.45	3.77
Department^2	2.21	245.55	85.08	66.43
Administrative_bureau	0.00	19.00	1.68	4.50
Com_counter	0.08	10.15	1.25	1.91
Business_system	0.00	6.05	2.41	1.62
Competent_department	0.00	1.00	0.68	0.48
City_level	0.43	1.00	0.95	0.12
Leader	0.00	5.00	3.42	1.57
Employee_ratio	0.55	0.93	0.86	0.09
Standardization	0.14	1.00	0.59	0.20
Equipment	0.81	3.35	2.06	0.65
Employee_ratio	0.00	0.89	0.21	0.20
Regulation	0.00	1.00	0.52	0.51
Rule	3.50	9.10	7.33	0.12
Ln_business_entity	10.19	14.46	12.93	0.97
Region	1.00	3.00	1.97	0.91
Pilot_reform	0.00	1.00	0.26	0.44

将行政效率(TE)和整处(科)室进驻部门数(Department)的散点图进行趋势拟合,如图 4-5 所示,其中 Department 与 TE 二项函数拟合效果最好。对于行政审批局改革情况,改革最多的省份建立了 19 个行政审批局,由于在样本期间内建立行政审批局的省份较少,故对是否建立行政审批局进行虚拟变量赋值(建立＝1,未建立＝0),其中建立行政审批局的省份平均行政效率值(0.8786)显著高于未建立省份的平均行政效率值(0.1542),独立样本 T 检验在 0.01 显著水平下显著($F=8.659, P=0.006$)。从散点图来看,综合窗口数、实现信息共享的业务部门系统数与行政效率呈现正相关。

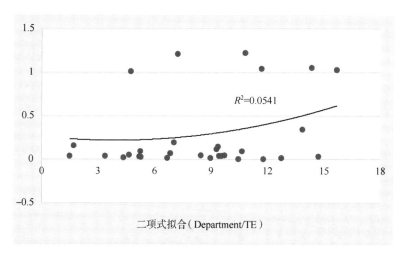

二项式拟合(Department/TE)

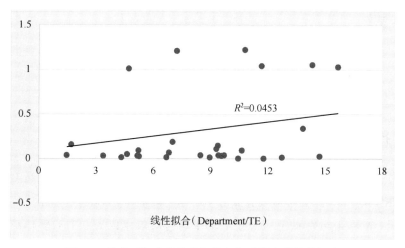

线性拟合(Department/TE)

图 4-5　整处(科)室进驻部门数与行政效率的趋势拟合

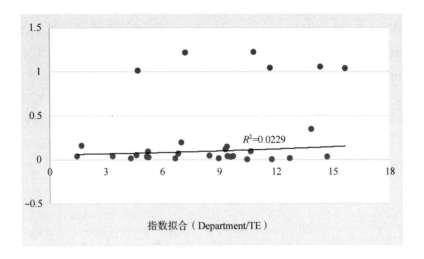

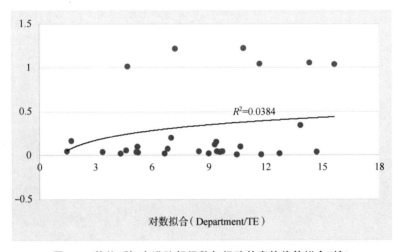

图 4-5　整处（科）室进驻部门数与行政效率的趋势拟合（续）

4.5.2　行政效率测算

本节选取考虑松弛变量的 Super-SBM 模型进行实证分析，运用 DEA-SOLVER PRO 8.0 测算各地政务服务中心的行政效率，如表 4-5 所示。模型计算结果显示，全国 2016 年政务服务中心的平均行政效率值为 0.318，整体绩效水平为非 DEA 有效。仅 7 个省份达到 DEA 相对有效，分别是广东、四川、天津、福建、江苏、浙江、上海。"一门式"改革与行政效率的散点图如图 4-6 所示。

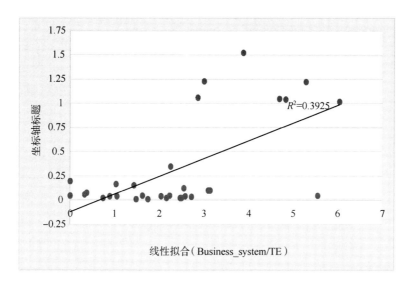

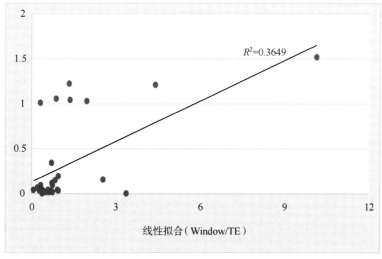

图 4-6 "一门式"改革与行政效率的散点图

在 DEA 有效的省份中,广东省是全国地方治理创新与地方治理现代化的先行者,从第八届"中国地方政府创新奖"获奖项目数量来看,广东省获奖项目总数为 18 个,占比达到 10% 以上(何增科,2017)。天津市是开展行政审批局改革的典范,其所有区县均建立了行政审批局。此外,浙江、江苏、四川等省份也是审批权集中改革的前沿,浙江省开展"最多跑一次"改革、江苏开展"不见面审批",四川省成都市武侯区建立了我国第一个行政审批局。

表 4-5　各地政务服务中心行政审批效率值

省市	行政效率(TE)	纯技术效率(PTE)	规模效率(SE)	规模收益(RTS)	Rank
广东	1.521	1.557	0.977	drs	1
四川	1.224	1.245	0.984	irs	2
天津	1.215	1.236	0.983	irs	3
福建	1.057	1.103	0.959	irs	4
江苏	1.043	1.045	0.999	drs	5
浙江	1.035	1.044	0.992	irs	6
上海	1.015	1.049	0.967	irs	7
山东	0.345	1.034	0.334	irs	8
重庆	0.196	1.000	0.196	irs	9
青海	0.162	1.134	0.143	irs	10
安徽	0.150	1.000	0.150	irs	11
湖南	0.119	0.673	0.176	irs	12
湖北	0.098	0.139	0.705	irs	13
云南	0.095	0.209	0.457	irs	14
贵州	0.072	0.417	0.173	irs	15
甘肃	0.056	1.000	0.056	irs	16
内蒙古	0.045	0.080	0.566	irs	17
江西	0.044	1.000	0.044	irs	18
海南	0.044	0.999	0.044	irs	19
西藏	0.042	1.000	0.042	irs	20
宁夏	0.039	0.046	0.850	irs	21
河南	0.038	0.117	0.328	irs	22
新疆	0.036	0.064	0.560	irs	23
广西	0.035	0.126	0.277	irs	24
北京	0.030	0.035	0.852	irs	25
陕西	0.020	0.999	0.020	irs	26
辽宁	0.020	0.044	0.460	irs	27
黑龙江	0.019	0.031	0.628	irs	28
山西	0.019	0.194	0.096	irs	29
河北	0.007	0.008	0.907	irs	30
吉林	0.006	0.022	0.275	irs	31

注:irs 表示规模报酬递增,drs 表示规模报酬递减。

各区域行政效率测算结果的分布情况如图4-7所示,东部地区为0.566,中部地区为0.078,西部地区为0.169。全国整体行政效率有效(TE>=1)的省份占比22.6%,技术效率有效(PTE>=1)的占比45.2%。东部地区平均行政效率值、平均纯技术效率值和平均规模效率均高于其他地区,分别为0.566、0.708和0.721,行政效率有效占比和技术效率有效占比也远高于其他地区,分别为46.2%和53.8%。此外,西部地区的效率值和有效DEA占比均高于中部地区,中部地区无省份行政效率有效。在西部地区中,四川省行政效率和纯技术效率均有效,重庆、青海、甘肃、西藏四个省份的纯技术效率值有效。

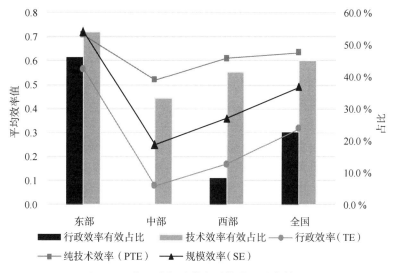

图4-7 各区域行政效率测算结果分布情况

每一个决策单元的行政效率(TE)可以分解得到纯技术效率(PTE)和规模效率(SE)。其中,纯技术效率指政务服务中心由于管理和技术等因素造成的效率改变,由于基于规模收益可变,故得出的技术效率排除了规模的影响。规模效率用于判断决策单元是否达到规模最优状态。因规模效率值均小于1,没有改进参考价值,故以纯技术效率和规模收益对政务服务中心进行划分。规模收益(RTS)用于判断每个决策单元是否处于规模报酬递增或递减状态,从而为决策者提供规模调整依据(丁忠明,张琛,2011)。分析结果显示,全国仅江苏和广东两个省份为规模报酬递减,即产出增加的比例小于投入要素增加的比例,其余省份均为规模报酬递增,表示政务服务中心资源要素投入的增加可实现政务服务中心产出效能的帕累托改进。依据纯技术效率和规模收益划分的4类政务服务中心如表4-6所示。

表 4-6　依据纯技术效率和规模收益划分的 4 类政务服务中心

类型		纯技术效率(PTE)	
		有效	无效
规模效率(SE)	高于平均水平	（Ⅰ区）广东、四川、天津、福建、上海、江苏、浙江	（Ⅱ区）河北、黑龙江、北京、宁夏、新疆、内蒙古、湖北
	低于平均水平	（Ⅲ区）青海、山东、安徽、西藏、重庆、甘肃、江西	（Ⅳ区）吉林、辽宁、河南、广西、山西、云南、贵州、湖南、陕西、海南

在 DEA 模型中,总效率是纯技术效率和规模效率的乘积。在 DEA 无效的城市中,河北、黑龙江、北京等省市（Ⅱ区）主要是由于纯技术效率较低导致了总效率无效,也就是在一定投入条件下并没有获得最大产出,说明这些省份应优化要素配给和办事流程,提高审批效率。青海、山东、安徽（Ⅲ区）等省份由于规模效率较低导致了总效率无效。这部分省份不存在投入冗余和产出不足的情况,其行政效率没有达到有效是因其规模和投入、产出不匹配,故不适应以规模扩张提高服务能力,需要通过技术革新和管理创新提高纯技术效率。吉林、辽宁、河南等省份（Ⅳ区）纯技术效率和规模效率均有待改进,应深入分析具体原因,有针对性地提出改进措施。

4.5.3　运行模式对行政效率的影响

本节用政务服务中心行政效率(TE)作为被解释变量,将经济社会环境、管理方式、信息化技术水平、通用制度规则等作为控制变量,探究运行模式对行政效率的影响,建立如下 Tobit 回归模型:

$$TE = \beta_0 + \beta_1 Department + \beta_2 Department^2 + \beta_3 Administrative\_Bureau + \beta_4 Com\_counter + \beta_5 Business\_system + \beta_6 City\_level + \beta_7 Competent\_Department + \beta_8 Leader + \beta_9 Employee\_Ratio + \beta_{10} Standardization + \beta_{11} Equipment + \beta_{12} Platform\_Ratio + \beta_{13} Regulation + \beta_{14} Rule + \beta_{15} Ln\_Business\_Entity + \beta_{16} Pilot\_Reform + \varepsilon$$

在数据准备的基础上,首先建立基准模型(1),然后逐个添加自变量,经多次迭代回归,最终获得表 4-7 的统计结果。模型(2)单独引入 Department,结果不显著。模型(3)中 Department 和 Department^2 在 0.1 显著水平下结果显著,且整处(科)室进驻部门数和 TE 成负相关,其平方项和 TE 成正相关,这表明整(处)科室进驻部门数与行政效率呈 U 型曲线关系。如图 4-8 所示,U 型曲线在部门数为 8.45 时取最小值(标准误为 3.767,在 95% 水平上的置信区间为(1.07,15.84))。

表 4-7 政务服务中心运行模式对行政效率影响情况回归分析结果

	因变量 TE	模型(1)	模型(2)	模型(3)	模型(4)	模型(5)	模型(6)
自变量	Department		-0.011 (-0.55)	-0.132+ (-1.95)			-0.153** (-3.31)
	Department^2			0.007+ (1.87)			0.009** (3.72)
	Administrative_bureau				0.031+ (1.91)		0.036** (3.08)
	Business_system					0.146** (3.71)	0.126** (3.90)
	Com_counter					0.052+ (1.87)	0.076** (3.21)
管理	Competent_department	-0.308* (-2.47)	-0.291* (-2.27)	-0.315* (-2.57)	-0.333* (-2.80)	-0.207+ (-1.98)	-0.274** (-3.26)
	City_level	-0.005 (-0.73)	-0.005 (-0.71)	-0.004 (-0.61)	-0.007 (-0.97)	-0.007 (-1.26)	-0.009+ (-1.85)
	Leader	-0.038 (-0.81)	-0.047 (-0.94)	-0.069 (-1.44)	-0.054 (-1.19)	-0.006 (-0.15)	-0.050 (-1.45)
	Employee_ratio	0.503 (0.60)	0.618 (0.72)	0.522 (0.64)	1.059 (1.26)	0.204 (0.30)	0.535 (0.91)
技术	Standardization	-0.087 (-0.19)	-0.177 (-0.38)	-0.232 (-0.52)	-0.273 (-0.63)	0.707+ (1.74)	0.470 (1.29)
	Equipment	0.326* (2.57)	0.326* (2.59)	0.312* (2.61)	0.352** (2.92)	0.030 (0.24)	0.050 (0.50)
	Platform_ratio	0.974** (3.02)	0.976** (3.04)	0.811* (2.56)	0.664+ (1.92)	0.414 (1.40)	-0.216 (-0.78)
制度	Regulation	-0.076 (-0.58)	-0.054 (-0.40)	0.000 (0.00)	-0.096 (-0.77)	-0.156 (-1.32)	-0.080 (-0.82)
	Rule_ratio	-0.791 (-1.10)	-0.787 (-1.10)	-0.491 (-0.71)	-0.466 (-0.67)	-0.358 (-0.60)	0.546 (1.06)

续表

	因变量 TE	模型(1)	模型(2)	模型(3)	模型(4)	模型(5)	模型(6)
环境	Ln_business_entity2015	0.160*	0.185*	0.234*	0.142*	0.084	0.108+
		(2.36)	(2.27)	(2.87)	(2.18)	(1.44)	(1.83)
	Pilot_reform	0.250+	0.264+	0.285*	0.153	0.254*	0.117
		(1.77)	(1.85)	(2.10)	(1.07)	(2.14)	(1.10)
	截距	-1.593*	-1.883	-2.107*	-1.769*	-0.772	-1.002
		(-2.14)	(-2.07)	(-2.42)	(-2.49)	(-1.22)	(-1.56)
	Loglikelihood	-2.932	-2.782	-1.130	-1.200	3.995	11.426
	Chi-Square	34.770	35.070	38.370	38.230	48.620	63.480

注:+,*,** 和 *** 分别表示在 0.1,0.05,0.01,0.001 的水平上统计显著;括号中的数字为 Z 统计值

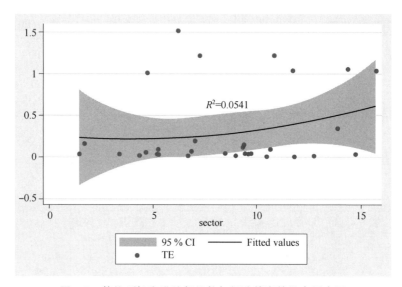

图 4-8　整处(科)室进驻部门数与行政效率的散点拟合图

模型(4)中引入行政审批局建立情况(Administrative_bureau),各省建立行政审批局的数量对其行政效率有正向影响,估计系数为 0.036,在 0.01 水平上显著。可见,行政审批权集中模式的改革能有效提高政务服务中心的行政效率。在模型(5)中引入综合窗口数(Com_counter)以及实现信息共享的业务系统数(Business_system),均通过显著性检验,为正向影响。在模型(6)中引入各自变量,核心自变量的符号和显著性水平不变,系数改变幅度较小,显示分析结果较为稳健。结果表明,审批业务集合、审批职能归并、统一受理协作这三种模式均对政务服务中心的行政效率有正向影响,从回归效果来看,审批业务集合模式和统一受理协作模

式的影响更大。

从模型(1)中可以看出各控制变量对行政效率的影响。在管理层面,省级设立政务服务管理机构(Competent_Department)、市级政务服务中心覆盖情况(City_level)和领导人职务(Leader)对行政效率的影响均为负,但仅省级是否设立政务服务管理机构对行政效率值的影响显著。可能的原因是当前政务服务管理机构的设立时间普遍较晚,其影响效果尚未得到有效发挥。此外,部门进驻人员占比(Employee_ratio)对行政审批效率影响的显著性也未通过检验,但方向为正。在技术层面,政务服务标准化建设情况(Standardization)对政务服务中心行政效率影响不显著。原因可能是各地标准化建设的覆盖程度不同,一些地方的标准化覆盖全省,另一些地方仅覆盖本级政务服务中心。但由于缺少覆盖深度的相关数据,标准化建设对政务服务中心审批效率的影响有待进一步研究。基础技术设施(Equipment)对行政效率显著正向影响。身份证读卡器、高拍仪、证照打印机等已成为企业群众办事的高频辅助设备,在办事材料的电子化输入输出中发挥了重要作用。但当前全国政务服务中心配备的电子化设备有限,政务服务中心的信息化配置能力上尚显不足。此外,综合审批平台的建设情况(Platform_ratio)对行政效率也呈现显著正向影响。

从制度软约束方面来看,一般而言,省级出台管理办法对该省政务服务有着宏观指导和约束作用,各政务服务中心在此基础上通过制定专门的制度来进一步强化管理。本节中省级是否出台管理办法(Regulation)和政务服务中心设立的制度数(Rule)对行政效率的影响均未通过显著性检验。马克斯·韦伯认为,科层制组织有着职责分明、明确分工,按照组织法律规章和激励机制办事,合法性治理有助于实现组织的理性目标,但是科层制组织亦有可能演化成以职员"自我生存"为目标的生命体,而不是致力于实现组织设计的最初目标,出现了目标偏差(刘焕等,2016)。尽管应把权力关进制度的笼子里,政务服务中心运行过程中需要对审批人员进行自由裁量权约束和监管——如权力的制定和行使(Vinzant J C,1998)、政策合规性监控问题等(黄佳圳,2018)。但从实际情况来看,政务服务中心人员的管理还需更大的灵活型,如朱春奎等人认为减少繁文缛节、科层体制的层级、明确组织目标、向下级充分授权等均会对公共服务动机产生积极影响(朱春奎 等,2011)。在环境属性方面,本地区法人单位数和(Ln_business_entity,2015)是否为相对集中改革试点(Pilot_reform)对政务服务中心行政审批效率的影响均通过显著性检验,且为正向。一个地区的法人单位数量越多,则该地区与政府发生经济关系的企业越多,从而需要政府建立更加高效的行政审批制度(李晨行、史普原,2019)。西蒙和马奇也指出,组织结构本质上是实现信息流动和信息沟通的系统,由于决策信息是由组织环境传递的,因此组织环境对于组织具有重要影响(March J G、Simon H A,1958)。

综上所述,政务服务中心运行模式的变革其核心是通过权力集中方式来强化政府部门间的协作,同时对权力进行有效的监管。国内对政务服务中心运行相关改革的研究多采用质性方法,运用创新扩散理论或案例分析阐释改革过程,分析存在的问题、困境、经验、动力和趋势。本章则采用量化研究方法,将改革主体统一置于政务服务中心这一组织形态,识别当前政务服务中心运行模式,在综合考虑管理、技术、制度、环境等组织外部因素的情况下,检验了不同运行模式对行政效率的作用效应,进一步丰富了行政集权和整合理论的内涵,刻画并分析了行政审批改革的中国故事,具有一定的理论意义和实践参考价值。研究得出以下三个方面的结论和启示。

一是政务服务创新发展的运行模式能够有效促进行政效率提升。运行模式创新源于地方自下而上的实践探索,不论是刀刃向内涉及机构职能调整的审批职能归并模式、落实权力进驻政务服务中心的审批业务集合模式,还是通过技术手段把好关键环节的统一受理协作模式,都能在一定程度上促进行政效率的提升。但在具体的模式选择上,各地需要充分结合自身实际情况,对于信息化水平较高,且进驻部门审批权进驻到位的地方可优先选择统一受理协作模式,这些地方往往处于规模报酬递减状态,在改革阻力较小的情况下通过少量的投入能够获得较大产出;对于国家试点推行相对集中行政许可权试点的地方,由于有中央行政力量的介入,更容易吸引省级政府政策注意力,可选择审批职能归并模式,消除跨部门协同审批的制约,同时推动行政审批局进驻政务服务中心,积极发挥其第三方平台的监管作用;对于充当"收发室"角色的政务服务中心,当务之急是推动进驻部门审批权限向一个业务处(科)室集中,审批处(科)室向政务服务中心集中,实现审批权限真正在政务服务中心落地,杜绝"企业群众两头跑,政府部门跑两头"的现象。

二是经济政策等外生环境压力与内生改革动力共振,将加快推动行政效率提升。如果说审批权集中改革源于政府自身变革的内在动力。那么,地方的经济活跃度和中央政策对地方的协调指导则是改革提速的催化剂。实证结果显示,一方面,本地区上一年度的法人单位数量与行政效率呈现显著的正相关关系。法人单位数量在一定程度上能够反映出该地区的经济活跃水平。而审批权集中改革作为"放管服"改革的核心内容,优化营商环境,激发市场活力是其应有之义。法人单位数量越多,与企业项目投资、生产经营、资质认定、安全生产等相关审批事项办理量必然越多。笔者在对部分企业的调研中了解到,除税收、用地等优惠补贴外,审批效率带来的制度性交易成本也是企业关注的焦点,一个地方营商环境的口碑传播效应,就如同电子商务平台的用户评价一样,能够直接影响企业是否去当地投资发展的决策。显然,在高新技术企业的争夺战中,外在竞争压力将倒逼政府加快开展审批改革,通过审批权集中减少审批环节,优化审批流程,强化审批监管。另一方面,国家相对集中行政许可权试点政策对行政效率提升也有显著正向影响。试点政策是国家以地方为试验田开展的政策创新,因为有国家层面的背书,地方政府改革的勇气和决心更大,改革相关利益方的阻碍和制约也越小,改革推进往往更彻底。基于此,地方政府在推进审批改革过程中,尤其是涉及触动部门利益改革,应尽力争取国家相关政策支持,以更好激发改革潜能。

三是技术应用的改革赋能是数字政府时代审批权集中改革的创新发展方向。实证结果显示,身份证读卡器、高拍仪、扫描仪、扫描枪、电子签字板和证照打印机等辅助型电子化设备的应用简化了企业群众的材料提交和核验,也使得材料的重复利用成为可能,但这仅仅是停留在技术采纳层面。技术与业务的融合才是释放改革动能的核心动力。各地政务服务中心通过建立综合审批管理平台,在不改变专业分工的基础上整合应用分散在政府各部门的业务数据。综合审批管理平台对审批效率的促进作用在本书中得到了验证。与辅助型的电子化设备所不同的是,随着综合审批平台数据资源更为全面、及时、完整,数据将成为政府职能深刻转变的重要驱动力量,数字政府建设客观上要求政府从企业群众的实际需求出发重组业务流程,重塑审批服务形态,将单部门的单项审批转变为主题式集成审批,将材料提交的线下流转变为线上数据的共享交换,将审批监管的随机抽查检查转变为实时的数据监管。

第 5 章 智能化技术赋能政务服务改革的机理与应用场景

推动以互联网、人工智能、区块链、大数据等智能化技术赋能政务服务改革，是党和国家鼓励支持的方向，也是地方政府创新的热点。本章分析了智能化技术赋能政务服务的改革要点，构建了赋能的理论框架，深入分析了智能化技术与改革的交互作用，并重点围绕人工智能、区块链、大数据等技术研究分析了智能推送、政务信息资源共享协同、大数据市场监管等典型应用场景。

5.1 智能化技术赋能政务服务改革的机理

5.1.1 智能化技术赋能政务服务改革的要点分析

推动智能化技术赋能政务服务改革创新是十九大以来党和国家深化改革，推动国家治理体系和治理能力现代化的客观要求。党的十九大报告指出，要"增强改革创新本领，保持锐意进取的精神风貌，善于结合实际创造性推动工作，善于运用互联网技术和信息化手段开展工作"。党的十九届四中全会明确将"建立健全运用互联网、大数据、人工智能等技术手段进行行政管理的制度规则"写入《中共中央 国务院关于新时代加快完善社会主义市场经济体制的意见》。党的十九届五中全会审议通过的《中共中央关于制定国民经济和社会发展第十四个五年规划和2035年远景目标的建议》提出要"加强数字社会、数字政府建设，提升公共服务、社会治理等数字化智能化水平"。《中华人民共和国国民经济和社会发展第十四个五年规划和2035年远景目标纲要》进一步提出"要将数字技术广泛应用于政府管理服务，推动政府治理流程再造和模式优化，不断提高决策科学性和服务效率"。此后，《"十四五"国家信息化规划》《"十四五"数字经济发展规划》《"十四五"推进国家政务服务信息化规划》等系列规划文件中都强调要加强新技术创新应用，提升政府治理的数字化、网络化、智能化水平。

第5章 智能化技术赋能政务服务改革的机理与应用场景

互联网、大数据、人工智能、区块链等作为当前智能化技术的典型代表,在推动政务服务改革创新中发挥了重要作用。上述技术手段因其技术本身的特性,与政务服务改革的结合点也各有侧重。"互联网+政务服务"作为"放管服"改革的重要组成内容,国家层面出台了一系列的政策文件,在本书的第3章中已经详细阐述了"互联网+政务服务"建设的政策演变历程,在此不再赘述。大数据、人工智能、区块链等技术赋能政务服务改革的要点可以从中央政治局集体学习中的习近平重要讲话、最新国家政策文件要求、地方创新实践中找到答案,如表5-1所示。

表5-1 智能化技术赋能政务服务改革要点梳理

技术名称	政务服务改革要点	资料来源
人工智能	要加强人工智能同社会治理的结合,开发适用于政府服务和决策的人工智能系统,加强政务信息资源整合和公共需求精准预测,推进智慧城市建设,促进人工智能在公共安全领域的深度应用,加强生态领域人工智能运用,运用人工智能提高公共服务和社会治理水平	2018年10月,习近平主持中共中央政治局第九次集体学习并讲话
	积极探索大数据、人工智能等服务新应用,加强涉企政策宣传解读和精准推送,推动政策有效落实	《"十四五"推进国家政务服务信息化规划》
	充分运用大数据、人工智能、物联网等新技术,推出"免申即享"、政务服务地图、"一码办事"、智能审批等创新应用模式	《国务院关于加快推进政务服务标准化规范化便利化的指导意见》
	浙江、北京、上海、广东、贵州等多个省市一体化政务服务平台提供线上智能问答服务;天津、浙江、福建、上海、山东、湖北、广西、重庆、江西等省市推出无人工干预的智能审批服务	地方创新实践
区块链	要探索利用区块链数据共享模式,实现政务数据跨部门、跨区域共同维护和利用,促进业务协同办理,深化"最多跑一次"改革,为人民群众带来更好的政务服务体验	2019年10月,习近平中央政治局第十八次集体学习并讲话
	建设区域数据共享开放、政企数据融合应用等数据流通共性设施平台。推动区块链、安全多方计算、联邦学习等技术模式在数据流通中的创新利用	《"十四五"国家信息化规划》
	推进政务区块链共性基础设施试点应用,支撑规范统一、集约共享、互联互通的数据交换和业务协同 优化完善政务数据资源目录,创新应用区块链、隐私计算等新技术,推进政务数据的算法式安全共享	《"十四五"推进国家政务服务信息化规划》
	北京市将区块链应用于企业电子身份认证、财政电子票据、不动产登记、电子证照多端应用、中小企业信用凭证等服务;广东省将区块链应用于宏观经济数据实时公开、个人股权转让完税电子数据查验等	地方创新实践

续表

技术名称	政务服务改革要点	资料来源
大数据	要以推行电子政务、建设智慧城市等为抓手,以数据集中和共享为途径,推动技术融合、业务融合、数据融合,打通信息壁垒,形成覆盖全国、统筹利用、统一接入的数据共享大平台,构建全国信息资源共享体系,实现跨层级、跨地域、跨系统、跨部门、跨业务的协同管理和服务。要充分利用大数据平台,综合分析风险因素,提高对风险因素的感知、预测、防范能力。要加强政企合作、多方参与,加快公共服务领域数据集中和共享,推进同企业积累的社会数据进行平台对接,形成社会治理强大合力	2017年12月,习近平主持中共中央政治局第二次集体学习并讲话
	健全防止返贫大数据监测平台,加强相关部门数据共享和对接,充分利用先进技术手段提升监测准确性 完善国家事中事后监管大数据分析和风险预警体系建设,畅通公众社会参与"互联网+监管"的渠道和窗口 加强水利大数据应用,加速推进水文、水资源等重要水利数据有序共享 加强国家农业农村大数据发展应用,建设国家农业农村大数据平台,建立农业农村大数据"一张图"	《"十四五"国家信息化规划》
	整合形成一体化政务大数据中心体系,基本满足部门大规模业务部署和容灾备份等需求 政务大数据开发利用工程	《"十四五"推进国家政务服务信息化规划》
	北京、上海、浙江、重庆等多个地都建立了统一的政府大数据平台;北京开展金融数据专区建设,试点"政府监管+国企运营"的模式,提供信用医疗、智慧政策触达等服务;浙江省依托省级一体化公共数据平台开展大数据分析,精准识别需要救助的困难群体	地方创新实践

从表5-1中可以看出,人工智能、区块链、大数据等智能化技术在赋能政务服务改革的过程中,充分发挥了数据资源在优化、重塑服务流程,减少材料提交,规范服务行为,精准匹配服务需求等方面的作用,从而推动政务服务持续朝着规范化、便捷化和智能化的方向发展。

5.1.2 智能化技术赋能政务服务改革的理论框架

理论界对技术与组织创新关系的观点总体可以分为三类,分别是技术决定论、社会建构论,技术决定论与社会建构论的折中。

技术决定论的核心思想是技术主导变革,技术能够自动选择人,但人不能选择技术(Woodward J,1958)。Woodward,Blaunner和Porrow等人通过实证研究提出了技术决定组织结构的结论(Blauner R,1964;Perrow C B,1979;Leavitt H J,1965)。显然,技术决定论崇尚技术之上,忽略了组织内部的能动性和组织外部因素的影响。社会建构论是对技术绝对论的批判,认为组织机构会影响技术创新,技术往往只是组织变化的"诱因",组织结构或社会团体需求决定是否用以及怎么使用技术(Perrow C B,1979)。技术创新是由专业、技术、经济和政治因素相互渗透影响的结果(Bijker W E,1992)。社会建构论将科技革新的作用局限于技术采纳的层面,认为技术只是组织创新的工具,忽视了技术与组织变革的交互作用。

随着科学技术的迅猛发展和深入应用,其作为第一生产力给世界带来了日新月异的变化,这种变化甚至是对已有组织结构的颠覆。在此背景下,技术决定论与社会建构论之间的折中论应运而生。该理论认为,技术属性与组织结构间的关系是相互建构的,组织技术采纳不仅是使用一项新技术(Orlikowski W J,1994)。Fountain的研究发现,客观技术会对官僚制结构产生影响,但是在技术执行过程中,又受到官僚网络、制度安排等社会因素的反向制约(Fountaion J E,2010)。技术推进政府改革创新的过程并非理想化简单线性路径,而是技术与组织、制度等社会因素,在动态化时空环境中,相互影响、相互制约、相互建构的"螺旋式"发展过程(赵金旭,孟天广,2015)。

政务服务改革的中央政策导向、地方创新实践以及已有理论研究成果都表明,智能化技术赋能政务服务改革是以用户需求为中心,以改革目标为导向,围绕政务的服务资源、服务流程、服务渠道、服务感知,以制度创新为指引,以信息化平台为载体,以技术的创新应用推动改革目标落地的过程。总体来看,互联网、人工智能、区块链、大数据等智能化技术赋能政务服务改革的理论框架呈现为一个4×4的矩阵,如图5-1所示。

在服务资源方面,改革目标是共建共享共用,这里的服务资源主要是政务服务事项办理过程中产生的各种数据资源。由于服务资源都分散在不同的部门,因此,客观上要求有一套科学的顶层设计加以统筹,同时配套必要的机构改革和政策法规,以确保服务资源改革的各项工作分工明确,有据可依。服务资源的汇聚要求省、市、县按照统一的标准建设本级的分平台,形成物理分散逻辑集中的统一平台,智能化技术通过自动实现资源的采集、汇聚、分析、处理,并确认资源的权属,为政务服务流程的优化创造条件。

在服务流程方面,改革目标是建立标准规范简化的服务流程,同时适用各类服务对象需要,推动线上线下服务融合。遵循上述改革目标要求,需要组织专业力量,编制统一的政务服务标准,做到"同一事项、同一标准、同一编码",站在用户实际办事需求的角度,构建多部门协同联办的服务流程,减少服务环节和材料提交,最终优化后的流程通过一体化政务服务平台对外公开,为企业群众提供指引,接受社会各界的监督。跨部门协同服务要求各部门的业务系统与统一平台做好对接，开发服务过程中所需要的在线注册、申报、咨询、查询等功能，以及提供面向多部门联办的事项一张表。智能化技术以改革后的服务流程为依据，依托平台功能，在服务办理过程中，调用可共享的数据资源减少申报材料提交，同时将用户填报的信息分发给对应部门，服务全过程实现留痕可追溯，并实时监测服务的办理状态和统计数据。

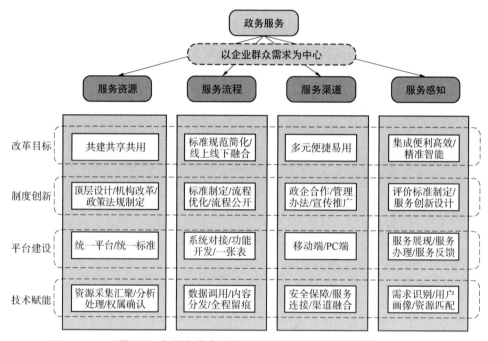

图 5-1　智能化技术赋能政务服务改革的理论框架

在服务渠道方面，顺应移动互联网发展和用户使用习惯，改革的目标是提供多元便捷易用的服务接入渠道。不同服务渠道的特征和运营主体各不相同，既有政府自建的一体化政务服务平台、政务移动客户端，也有第三方提供的微信服务号、支付宝城市服务平台、头条号、抖音号等，各类渠道适应的服务内容和服务对象也不相同，政府需要与企业建立合作关系以确保渠道的运行效率，制定渠道的管理办法规范渠道运行，通过宣传推广来提高渠道的知晓度。智能化技术在服务渠道使用过程中保障安全性，服务连接的泛在化以及各类服务渠道内容的同步更新，融合发展。

在服务感知方面，改革的目标主要是为企业群众提供集成、便利、高效、精准、智能的政务服务。由于用户的服务评价最能客观的反映服务的真实感知情况，因此有必要制定一套科学合理的指标体系对服务质量加以评价，基于评估结果和用户需求的变化开展服务的优化设计。统一平台作为政府部门向企业群众提供服务的界面,对服务进行集中展示,提供服务办理,收集服务反馈。智能化技术能够通过分析用户行为数据和政务服务数据,进行用户画像,从而提供与用户需求相匹配的资源,将服务评价与政府部门的绩效结合形成服务创新的内驱力,推动持续提高政务服务的获得感。

5.1.3 智能化技术与政务服务改革的交互作用

政务服务的改革贯穿于政府部门向企业群众提供服务的全过程。以政务服务"申请-办理-办结-反馈-优化"为主线,分析互联网、人工智能、区块链、大数据等智能化技术与政务服务改革的交互作用,如图5-2所示。

从图中可以看出,"互联网+政务服务"、数字政府等的建设使政务服务的数据资源更加丰富和多元,为数据资源的广泛应用奠定了坚实基础。这些数据资源既包括业务数据、主题数据、基础数据,也包括用户行为数据、属性数据、评价数据、信用数据等。为进一步保障数据的安全性,政务服务的数据资源主要存储在政务外网。

在服务申请环节,用户可以自主进行申请,大数据技术对用户数据进行分析后,也会主动推送与用户需求匹配的服务,从而推动政务服务从被动向主动方向转变。在申请过程中,用户填写一张表需要调用政府部门已经掌握的服务字段,为了避免用户隐私泄露和冒名申请风险,区块链技术和实名认证相结合,在用户授权确认的前提才自动触发表格字段调用功能,减少用户材料提交,并将表格中的字段发送给对应的业务办理部门。

在服务的办理环节,申请材料的合法合规性严格按照公开的服务审查细则进行审查,区块链、互联网等技术对服务办理的关键数据全程留痕,创新"数据铁笼"的监管模式。此外,在传统的人工审批的基础上,将用户的信用评价与审批服务相结合,创新智能审批模式,信用评价符合要求的用户能够享受到提交申请即完成审批的秒级服务,真正贯彻落实"让守信者一路畅通"的理念。在服务办理过程中,用户遇到的各类问题,可以通过答问知识库与人工智能技术结合的智能问答获得答案,新出现的问题也会不断更新和充实知识库内容。

在服务办理和优化环节,服务的办理状态通过智能推送及时传达给用户,办理异常的事项用户也可以通过智能问答获得帮助。用户对服务的评价结果将记录在好差评系统中,作为服务质量评价的重要参考。基于服务反馈的服务优化方案将通过制度、技术等方式固化下来,形成良性的政务服务改革闭环。

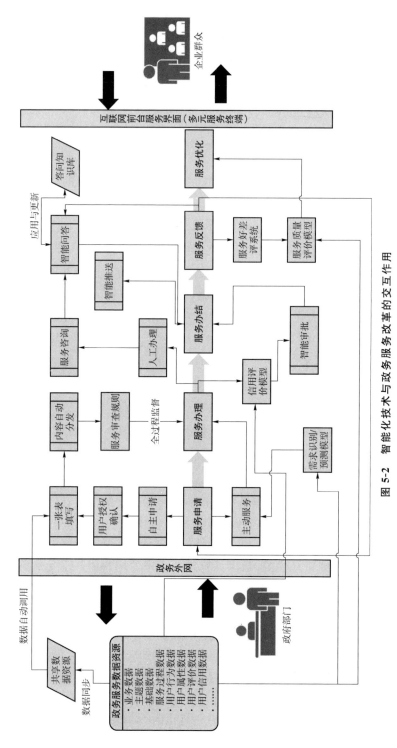

图 5-2 智能化技术与政务服务改革的交互作用

5.2 人工智能与政务服务智能推送[①]

在信息爆炸的大数据时代,智能推送已广泛应用于电子商务、新闻客户端、社交网站等领域。由于商业应用中的顾客需求通常是不明确的,如果商家能够把满足模糊需求的商品推荐给用户,就可以把用户的潜在需求转化为现实需求(许海玲等,2009)。例如,基于用户特征和行为分析,以淘宝、天猫、京东等为代表的电子商务平台向用户推送关联度较高的商品信息和建议,有效提高了平台的销售量;基于用户历史浏览记录和阅读时长,今日头条、抖音、快手等移动互联网应用推送用户可能感兴趣的信息,增加了用户黏性。上述商业领域的智能推送将服务资源与需求科学匹配,使用户从海量的信息资源中解脱出来,提升了用户便捷、精准获取信息的服务体验。

与商业领域智能推送的遍地开花的现状相比,智能推送在政务服务领域却鲜有应用。这使得政务服务资源增长与用户便捷获取政务服务资源期望的矛盾日益突出。一方面,由于政府网站集约化工作的推进和国家主管部门抽查检查的督促,政府网站信息资源不论是更新量还是更新频率均呈现大幅增长。据第 47 次《中国互联网络发展状况统计报告》数据显示,2020 年各行政级别政府网站的首页文章更新量均有所增长,较 2019 年年底增长 39.9%。另一方面,随着一体化在线政务服务平台建设的全面推进,网上办事服务事项的数量和细分程度均显著提升。大量政务服务信息的同时存在使用户难以短时间获取所需信息,也难以从众多的跨部门服务事项中快速定位办一件事的"事项集"。

显然,在线上政务服务资源不断丰富,用户规模逐渐扩大,用户诉求持续升级的背景下,智能推送符合政务服务未来的发展方向,其价值集中体现在五个方面:一是提升用户体验,智能推送基于用户差异化需求,采用用户画像、大数据分析、智能识别等技术,快速推送用户需要的各类资源,使用户体验到更便捷、更轻松的服务(Shambour Q,Lu J,2011)。二是推动政务服务的主动引导,智能推送服务将打破传统的政府基于自身职能提供的统一无差别服务模式,化被动为主动,积极引导用户了解相关信息和上下游办事流程,提升服务效率。三是延伸服务触角,智能推送可以将用户感兴趣的信息和关联的服务内容发送到个人空间、邮箱、微信等,及时提醒用户关心的最新信息发布,更新办事状态,提示下一步操作等,将政务服务渠道从政府网站或政务服务平台扩展到其他渠道。四是降低系统风险,

---

[①] 本节研究成果曾在本书作者参与的以下学术论文中发表:黄梅银,易兰丽,王理达.政务服务中的智能推送:需求、应用模式和实现路径[J].电子政务,2020(2):11−20.(易兰丽为通讯作者)

智能推送可以减少用户操作步骤和停留时间,降低用户频繁登录网站的次数,避免大量用户同时操作带来并发风险。五是降低行政成本,当用户检索不到想要的信息资源时,往往采取在线咨询或以申请公开方式获取,对大量用户的回应意味着巨大的行政成本。智能推送通过更精准的响应用户需求能够有效降低潜在的行政成本。

当前,我国政务服务领域的智能推送尚处于起步阶段,如何科学识别政务服务的智能推送需求,理清智能推送的应用模式,探寻既适合我国在线政务服务现状又符合未来趋势的创新发展路径,有助于拓展智能推送的应用领域,为各地区各部门的智能推送的实施提供理论参考和应用思路。

5.2.1 智能推送服务研究动态

国内外学者对政务服务领域智能推送的研究较少,尤其是专门针对政府网站、政务服务平台等线上政务服务资源的智能推送更少。已有的研究主要集中在特定服务领域、特定对象的应用场景分析,或从技术角度对智能推送涉及的算法进行对比分析或优化改进。

(1) 政务服务智能推送的实践探索

智能推送的初衷是方便用户用最小的时间成本获取最需要的信息。国内外政务网站为此做了很多积极的努力,主要包括以下三种方式:第一,建立信息目录提供信息分类导航。我国各地政府门户网站普遍提供的信息公开目录,国外如澳大利亚贸易委员会网站提供的在线供应商目录等,均属于目录方式。第二,设立站内搜索,用户通过关键词检索所需信息。但由于关键词查询存在结果简单、查全率和查准率较低的问题,使得查询效率不高,不能满足用户特定需求(Shambour Q,Lu J,2011)。第三,基于问答库的智能问答,正逐渐成为在线咨询的重要补充,提高咨询的实时响应能力(李焱冬,2008;周斐、李锦芝,2018)。但上述三种方式仍然以用户的输入为前提,故而在资源获取效率中用户本身就非常关键,包括用户对目录内容的判断是否准确,选取检索词是否合适等。鉴于不同用户的语言表达、用词差异以及多义关键词可能会对搜索结果带来干扰(Ma B 等,2016;马宝君等,2018),客观上要求系统能主动推送用户关注的信息。

据此,部分政府尝试将特定领域的信息匹配后推送给具有某种属性的用户。如通过智能推送服务协助中小企业匹配业务合作伙伴,为出口商推荐相关的业务合作伙伴,以此减少用户参与本地和国际市场业务的时间、成本和风险(Lu J 等,2010)。考虑到用户办理的很多政务服务事项只会办理一次,Cornelis 等人(2007)基于模糊逻辑推荐、Guo 和 Lu(2010)基于语义相似技术设计了针对此类事项的智能推送框架。Hassan 等人(2015)对澳大利亚电子政务旅游服务进行研究,提出一种新的关联算法,推荐用户找到其他可能感兴趣的关联旅游服务。Terán 和

Meier(2010)为了帮助选民在选举过程中做出决定,设计了一个采用模糊聚类方法的推荐系统,提供接近选民偏好的候选人信息。还有一些学者进一步挖掘用户的潜在需求,以提高用户的满意度。如 Pasquale 等人(2005 年)研发的系统可以考虑公民的迫切性/偏好以及他们正在使用的设备功能情况,以向公民建议最有趣的政府服务。除此之外,智能推荐系统也在面向个人的旅游(Al-hassan M 等,2010)、医疗(Esteban B 等,2014)等公共服务领域有所应用。

(2) 推荐算法及其在政务服务中的应用

推荐算法是智能推送应用的核心。当前的主要算法包括基于内容的推荐算法、协同过滤推荐、基于知识的推荐算法、基于语义的推荐算法、基于信任的推荐算法、混合推荐算法等。基于内容的推荐算法是最早的算法之一,其根据项目描述和用户个人资料之间的关键词进行匹配推荐(Adomavicius G、Tuzhilin A,2005)。协同过滤推荐则根据用户对项目(服务)的评价进行推荐(Sarwar B M 等,2001),且用户所获得的推荐是系统从用户购买或浏览等行为中隐式获得的,不需要用户主动去查找适合自己兴趣的推荐信息(许海玲等,2009)。基于知识的推荐算法则主要根据用户需求和偏好的逻辑推断来进行内容或服务的推荐。但以上推荐算法不能有效处理处理数据稀疏和冷启动问题(Shambour Q、Lu J,2011;Guo X、Lu J,2010)。对于文本数据而言,无法利用计算机理解海量文本中的语义信息,这是长期以来文本形式的非结构化数据无法像结构化数据一样被政策分析者充分利用的根本原因(张楠,2015)。利用大数据和文本挖掘技术,基于语义的推荐算法根据与用户和项目(服务)描述相关的语义信息进行推荐(Guo X,Lu J,2010),一定程度可以缓解数据稀疏和冷启动问题。基于信任的推荐利用社会网络中用户之间的信任关系生成可信赖的推荐建议,简而言之用户更容易受到自己信任的人的影响(Shambour Q、Lu J,2011)。混合推荐算法组合多种算法思路,起到扬长避短的作用。

部分学者对上述技术在电子政务的领域应用进行了研究,如 Al-Hassan 等人(2010) 提出了一种基于推理本体语义相似度 (Inferential Ontology-based Semantic Similarity,IOBSS)的新的协同程度测量方式,IOBSS 通过考虑条目之间各类关系(如显性层次关系、共享属性和隐性关系)以评估特定关注领域中条目之间的语义相似性。Ma 等人(2016)基于概率主题建模方法,开发了一个包含用户搜索过程和概率主题建模过程的智能搜索过程框架。Shambour 等人(2011)开发的混合信任增强协同过滤推荐方法,整合了隐式信任过滤推荐方法和基于用户的增强协作过滤推荐方法。但比较遗憾的是,目前这些在电子政务领域推荐系统中应用的推荐方法较为简单,并且只针对非常有限的应用场景(Cortés-Cediel M E 等,2017)。

综上所述,政务服务智能推送的应用明显滞后于智能推送技术的发展。与商业应用领域的资源相比,政务服务之间的关系更为复杂,用户的个性化需求的差异也更明显,如何系统分析政务服务智能推送的需求,这是推动政务服务智能推送广泛应用需要首先解决的问题,也是本研究的切入点。

5.2.2 政务服务智能推送的需求分析框架

(1)"用户-技术-资源"三维分析框架

政务服务的智能推送首先需要以足量的信息资源为基础,只有内容丰富、更新频率高的政府网站才具备实施智能推送的条件。在互联网时代,政府网站是网上政府的重要表现形式,也是政务服务资源的关键载体。《政府网站发展指引》(国办发〔2017〕47号)明确指出,政府网站的功能主要包括信息发布、解读回应和互动交流,政府门户网站和具有对外服务职能的部门网站还要提供办事服务功能。因此,政府网站提供的政务服务资源可以进一步划分为信息公开、解读回应、互动交流和办事服务四类,这些资源正是政务服务智能推送的具体内容。其次,智能推送的主要目标是满足用户的个性化需求,这在客观上要求推送的信息资源与用户的现实需求或潜在需求高度匹配,避免因大量的不相关推送增加用户过滤信息的时间成本,甚至给用户造成不必要的困扰。基于此,用户特征的准确识别是政务服务智能推送的关键环节。最后,用户特征与信息资源之间需采用科学的技术手段才能实现有机关联。推荐算法是智能推送的技术实现,很大程度上决定了推送性能的优劣(许海玲等,2009)。在智能推送的技术选择上,应根据推送目标的不同,综合考虑用户需求特征的精确度和政务服务资源的提供情况,选用推送效用最大的技术。

综上所述,服务资源、用户需求特征和推荐技术是政务服务智能推送不可或缺的组成部分,三者之间相互作用互为影响。其中,用户是中心,资源是基础,技术是手段,对三者的统筹考虑能够准确识别政务服务领域智能推送的具体需求。基于此,构建了政务服务智能推送需求分析的"用户-技术-资源"三维框架,如图5-3所示。

如图5-3所示,用户维度主要包括用户基本属性、用户兴趣偏好、用户行为特征以及用户需求变化等能够有助于清晰描述用户需求特征的内容;资源维度主要指政府根据政策法规要求和公众需求,通过政府网站提供的信息公开、解读回应、互动交流、办事服务等各类信息和服务资源,未来随着政府开放性的提升,资源还将包括大量的政府数据开放等资源;技术维度主要包括智能推送采用的各种推荐技术,主要包括基于内容的推荐、知识推荐、协同过滤推荐以及基于深度学习的推荐等。

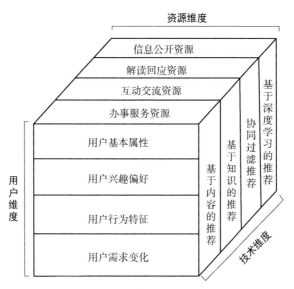

图 5-3 政务服务智能推送需求的三维分析框架

(2) 基于分析框架的需求描述

从用户维度来看,政务服务的对象可分为自然人和法人两大类。其中,自然人对象可根据性别、年龄、职业、健康状况等基本属性进行细分。例如,按照健康状态将自然人分为残疾人和健全人。与健全人相比,残疾人在教育、医疗、养老、就业、住房、交通等方面享受更多的补贴政策。法人对象可根据规模、行业、经济类型等基本属性进行细分。例如,以规模为分类标准,根据工业和信息化部、国家统计局、国家发展改革委、财政部《关于印发中小企业划型标准规定的通知》(工信部联企业〔2011〕300号),可以将企业细分为大型企业、中型企业、小型企业和微型企业。与其他类型的企业相比,小型企业和微型企业(简称"小微企业")在扶持政策、信贷服务等方面享受更多的优惠。

将用户维度和资源维度结合后不难发现,不同类别的用户群体对各类服务资源的需求存在天然的差异。以面向市民的政务服务为例,普通人群和特殊人群对政务服务的需求有所不同,政府往往也针对特殊人群出台了有针对性的优惠补助政策。表 5-2 所示为北京市政府门户网站针对残障人士提供的政务服务资源。其中,信息公开类资源主要包括政府印发的关于残疾人的优惠政策,解读回应类资源以政策对应的解读材料为主,互动交流类资源集中表现为残疾人通过政务咨询渠道反馈的热点问题,办事服务包含服务对象为残疾人的证件办理、补贴补助等信息。

表 5-2 残疾人群体对应的政务服务资源（以北京市为例）

资源类别	资源内容
信息公开	关于印发《北京市残疾人辅助器具服务管理办法（试行）》的通知（京残发〔2016〕57 号）
	北京市残疾人联合会关于印发《〈北京市残疾人辅助器具服务管理办法（试行）〉实施细则》的通知京残发〔2016〕60 号
	北京市残疾人联合会关于印发《北京市残疾人辅助器具购买补贴目录》的通知京残发〔2016〕61 号
	关于印发《北京市残疾人辅助器具入围产品服务机构管理规定（试行）》的通知京残发〔2016〕65 号
	北京市实施《中华人民共和国残疾人保障法》办法
	北京市换发第二代《中华人民共和国残疾人证》实施细则
	关于执行《关于对本市残疾人参加城乡居民养老保险给予缴费补贴的通知》的补充通知（京残发〔2015〕78 号）
	关于贯彻落实《北京市市民居家养老（助残）服务（"九养"）办法》的意见（京民老龄发〔2009〕504 号）
	《关于调整城镇个体就业残疾人失业保险补贴标准有关问题的通知》（京残发〔2009〕40 号）
	关于印发《16～59 周岁无工作重残人居家养老（助残）券发放范围（暂行）的通知》京残发〔2010〕10 号
	关于印发《北京市残疾儿童少年康复服务办法实施细则（试行）》的通知（京残发〔2013〕38 号）
解读回应	解读《北京通—养老助残卡管理办法》
	一图读懂：招用残疾人的用人单位福利政策
	一图读懂：北京市残疾人最新就业政策
	关于《国家税务总局北京市税务局关于 2018 年残疾人就业保障金征缴有关事项的通告》的政策解读
互动交流	热点问答：景区残疾人免费
	热点问答：重度残疾人和未成年子女申请保障性住房问题
	热点问答：外地残疾人能否购置残疾人专用机动轮椅车
	智能问答：残疾人就业保障金如何计算
办事服务	办理残疾人证办事指南（含网上办理入口）
	残疾人证变更办事指南（含网上办理入口）
	残疾人证补办办事指南（含网上办理入口）
	残疾人学生和生活困难残疾人子女助学补助申请（含网上办理入口）
	残疾人城乡基本养老保险缴费补贴申请及评审（含网上办理入口）
	居家助残服务补贴（含网上办理入口）
	北京市残疾人自主创业就业社会保险补贴（含网上办理入口）
	北京市残疾儿童少年康复服务补助申请（含网上办理入口）

注：表中信息均来自北京市政府门户网站，经笔者整理而成。

在用户特征对应的服务资源确定之后,则可以根据预期的推送目标选择合适的技术。例如,推送目标如果是加强残疾人就业政策的宣传,则应优先选择知识推荐技术,向所有可识别的残疾人群体精准推送残疾人最新就业政策及政策的解读信息。此外,推送信息的设置也可以考虑用户属性、时间等其他因素,诸如在开学季向有子女的残疾人或残疾人学生推送残疾人学生和生活困难残疾人子女助学补助申请办事服务信息。

5.2.3 政务服务智能推送的应用模式

政务服务智能推送的应用模式需要立足其实现机理。首先,用户的需求特征通过用户的属性数据、行为数据、关联数据、订阅数据等进行表征,存储在用户数据库并根据实际情况动态调整。与此同时,政府网站提供的信息公开、解读回应、互动交流、办事服务等服务资源可进一步细分为政策法规、通知公告、统计数据、常见问题、咨询答复、办事指南、办事结果等,存储在政务服务资源库。其次,将用户资源库与政务服务资源库结合,预测用户的特定需求,并根据推送目标选择合适的推送技术,将需要推送的资源自动从资源库中分离出来。最后,通过用户空间、邮箱、微信、手机短信等形式推送给潜在需要的用户,实现用户无须搜索或点击栏目查询即可获取个性化的政务服务,由此完成政务服务资源的智能推送。政务服务智能推送的实现机理如图5-4所示。

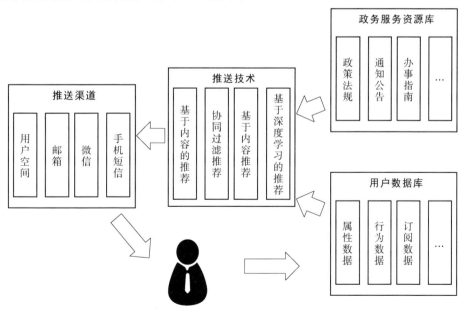

图5-4 政务服务智能推送的实现机理

可见,政务服务的智能推送需要把握好两个关键:一是用户需求特征的获取分析,获取方式包括在用户使用的过程中增加订阅功能,在用户的实名注册中要求填写必要的属性信息,在政府网站管理后台嵌入程序自动记录用户历史办件记录、历史咨询记录、信息浏览记录、搜索查询记录等行为数据,围绕用户特征的数据越丰富,对用户的画像才会越准确。二是用户需求特征与政务服务资源的有机关联,建立用户需求与资源的映射关系,通过智能推送系统这一有效的个性化信息过滤技术,自动地代表用户预测和识别一组感兴趣的信息,满足用户的个性化需求和偏好(许海玲等,2009)。

在智能推送的具体应用过程中,根据用户需求特征的精确程度,政务服务智能推送的应用模式可分为三类:基于个人订阅的定向推送、基于资源图谱的关联推送和基于用户行为特征的模糊匹配推送,其实现机理存在明显不同。

(1) 基于个人订阅的定向推送模式

基于个人订阅的定向推送要求用户注册和使用过程中主动订阅信息,定制自己所需的信息和服务内容,通过标签式的关键词选择,即可完成订阅,用户可以选择推送周期如每周一、每周日、随时更新等,也可以根据使用习惯选择指定推送渠道。例如,对于刚毕业打算创业的大学生,其创业的领域是互联网教育,则在标签设置上,可以为"大学生创业""企业开办""互联网＋教育""创新创业"等。那么,最新优惠政策、改革措施等相关信息就可及时推动给该用户。

此外,该类模式通常提供订阅反馈及优化功能以形成良性优化闭环。具体而言,提供友好的反馈界面,对于用户不再需要或不再感兴趣的信息,用户可及时反馈给系统,系统通过不断吸收改进,持续提升推送质量,同时完善可供后续用户选择的标签库。

(2) 基于资源图谱的关联推送模式

基于资源图谱的关联推送以构建政务服务资源之间的资源图谱为前提,建立信息资源之间的关联关系或更新替换关系,打通服务事项的上下游链条,按照办事服务的内在逻辑顺序,主动给用户推送关联或串联办事步骤和所需信息。

以某地级市企业的项目投资审批为例,其涉及的服务事项有14项之多,覆盖的办事部门包括12个政府部门以及多类服务中介,事项之间存在前后置关系,如图5-5所示。针对此类事项,应从用户实际办事的流程出发,在政务资源库中构建事项之间的关联关系,用户完成一个环节后即可精准推送需要办理的下一个事项,避免用户在办理过程中摸不着头脑,也找不到服务资源。

(3) 基于用户行为特征的模糊匹配推送模式

与前两种应用模式相比,基于用户特征行为的模糊匹配推送模式对推荐算法的依赖程度更大。其原理是依据用户注册信息、浏览记录等对用户进行画像,通过大数据分析用户的潜在需求,并将其可能感兴趣的信息和服务推送到用户界面,方便用户获取信息。

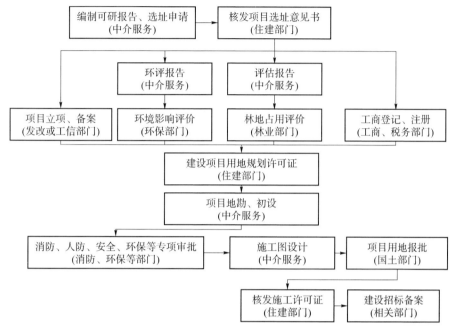

图 5-5　企业项目投资审批服务资源图谱(来源:笔者实地调研整理)

基于用户特征行为的模糊匹配推送模式一般采用协同过滤推荐技术,通过计算用户之间的相似度,基于统计模型来预测用户的兴趣。在政务领域,诸如政策文件、新闻动态、通知公告、统计数据等更新频率较高的信息资源适用该类模式。该应用模式推动准确度的提升需要通过对算法模型的改进来实现。

5.2.4　政务服务智能推送的实现路径

前文对智能推送需求和应用模式的分析结果表明,政务服务智能推送本质上是将服务资源、用户特征与推送技术有机结合的过程,其根本目标是要持续提升用户在政务服务资源使用中的满意度和获得感。服务资源的优劣、用户特征刻画的清晰度、对潜在需求理解的准确度、需求与资源的匹配度,以及推送渠道的多样化程度等,都将影响智能推送的质量。基于此,本章从多元主体参与、多方资源融合、多项改革同步三个视角提出政务服务智能推送的创新发展路径。

(1)多元主体参与:政府、用户与第三方平台优势互补

政府是政务服务资源最重要和最权威的提供者,政府网站则是政府面向公众提供政务服务的最主要的平台。但与社会化平台相比,在资源提供方面,政府提

供的服务资源往往规范性有余而易用性不足,主要表现在服务的展现形式不够直观,服务内容的描述较难理解,服务的业务情形比较复杂。以住房公积金提取事项办理为例,不同情况下(如租房、一套房、二套房)用户需要提交的材料存在较大差异,但相关办事指南往往是材料的简单堆砌或统一描述,很难从中快速定位满足自身条件的办理材料和办理流程。在平台方面,政府网站的用户群体虽然增长很快,但与微信、支付宝、今日头条等第三方平台相比用户规模差距明显。用户特征的刻画缺少必要的数据做支撑。

因此,在政务服务资源的提供方面,政府网站可以通过诸如办事经验分享、你问我答、随手拍等方式积累用户在实际办事过程中的攻略,调动用户参与提供政务服务资源的积极性;吸收主流新闻媒体或行业内权威专家对政府发布的政策文件解读,作为政务服务资源的有益补充;吸收第三方平台关于政务服务的相关检索词,作为标签库中"百姓体"的基础素材。在用户数据方面,支持主流互联网应用平台的用户名登录,打通政府网站注册用户与支付宝实名注册用户、微信手机注册用户等平台的通道,积累更多的用户特征数据,为更精准的用户画像创造条件。在推送渠道方面,充分发挥第三方平台受众面广的优势,实现政务服务资源与第三方平台的关联推送,提高政府网站服务资源的传播力。

(2) 多方资源融合:线上、线下、热线资源有机结合

全国政务服务体系普查结果显示,我国各级地方政府已建成包含综合性实体大厅、一体化互联网政务服务平台、统一的政务服务热线在内的政务服务体系。但从目前的线上政务服务资源来看,仍然以互联网政务服务平台和政府网站提供的资源为主,鲜有汇聚线下实体大厅和政务服务热线的资源。线上与线下的脱节,既影响政务服务资源的完整性,也降低了用户使用线上服务的热情。

基于此,应重点围绕用户的办事和咨询需求,推动线上线下资源的衔接,在丰富政务服务资源和用户特征数据的同时,不断优化资源和用户的关联关系。例如,将政务大厅的现场咨询数据、政务热线的咨询投诉数据与政府网站的留言问答数据相结合,构建内容丰富的答问知识库,通过标签技术建立热点问答与用户的关联关系,对于初次登录的用户采用协同过滤推荐技术,为其推荐相似用户提问或长时间浏览的问答信息。

(3) 多项改革同步:理念、业务、机制的改革同频共振

与商业领域的智能推送相比,政务服务领域的智能推送应用少且应用效果欠佳,需要从理念、业务、机制三个方面进行变革。在理念方面,政府部门应转变"有什么提供什么"的被动式服务理念,积极应用新技术主动为公众提供所需的政务服务资源,但理念的转变非一朝一夕能完成,需要以绩效评估为抓手,充分发挥主管部门的引导作用。在业务方面,与电子商务平台简单的购物行为不同,政府网站的服务资源,尤其是办事资源之间有着紧密的业务逻辑和内在联系,这种关联

来自政府部门的业务本身,应强化机构职能精简、业务流程优化、办事材料精简等方面的改革,通过冗杂资源或流程的"瘦身"提高推送质量;在机制方面,政务服务资源的更新维护、知识图谱的构建、问答库的管理、用户特征数据的捕捉、推送技术的升级等均亟待建立完善的保障机制。

5.3 区块链与政务服务信息资源共享协同[①]

打破政府信息孤岛,推进政府信息共享,是当前"放管服"改革中难啃的"硬骨头",也是打通改革"经脉"的关键所在。李克强总理多次在国务院常务会议中部署推进部门和地方政务信息系统整合共享。2020年9月11日,在全国深化"放管服"改革优化营商环境电视电话会议上,李克强总理进一步提出,要从人民群众的需求出发,加快政务数据共享,推进标准化建设和电子证照跨省互认。同时表示,数据共享要保障数据安全、保护隐私,防止滥用或泄露。

当前,我国各地信息共享推进总体较为缓慢,信息壁垒依然是制约政府线上线下服务渠道发展的主要瓶颈。据全国首次政务服务体系普查数据显示,由于部门办事信息未能互联互通,服务事项的线上可办理率处于较低水平,"互联网+政务服务"倡导的"数据多跑路,群众少跑腿"任重道远。与此同时,县级以上地方政府设立的综合性实体政务大厅存在"多套系统、多个流程、反复登录、重复录入"等突出问题,大厅建立的综合审批平台73%未能与部门办事系统进行对接,在已对接的平台中,62%的平台对接的部门数不超过10个。

5.3.1 政府信息共享研究动态

关于政府信息共享,莎伦·道斯(Sharon S. Dawes,1996)简单将其定义为政府部门内部或跨部门的信息交换,或以其他方式使他们获取信息。广义的政府信息共享是政府、企业与公众相互之间平等政治权利和公平精神意义上的共享(关静,2011)。狭义的政府信息共享是指为了有效实现政府服务和监管目标,政府部门通过因特网、政务网、磁盘、电子数据交换、电话、传真等多种方式进行数据交换和业务合作(范静,张朋柱,2008)。本章的信息共享关注政务服务相关的信息,根据其来源不同信息共享可为部门内部和跨部门信息共享,实质上是政府行政过程中衍生的政务服务数据由于业务协同而造成的信息流通。

为了提供无缝隙、一体化的政务服务,组织之间的数据交换和共享是必要的

[①] 本节部分研究成果曾在本书作者参与的以下学术论文中发表:易兰丽,王友奎,黄梅银.基于社会网络分析的政府信息共享机制研究——以广东省D市办事服务信息为例[J].情报杂志,2019,38(5):92-101.

(Otjacques B et al,2007)。政府信息共享可避免相关信息的不完整性和重复采集,提高办事的公正度和办事效率,同时也促进了政务信息公开,方便百姓查询和使用(施建忠,2007);数据和信息开放共享被认为是解决联审联办问题实用有效的工具(Klievink B、Janssen M,2009);组织间的信息共享还可以促进多个机构间的协作来改善公共服务(Gil-Garcia J R、Sayogo D S,2016)。部制改革后可能发生的数据共享和交叉引用甚至是合并使信息共享的需求更为迫切。

信息孤岛、数据壁垒是制约政务服务发展的突出瓶颈,多地建设的政务服务平台因为数据信息不能互联互通,导致服务效率低下甚至"卡壳"。国内学者的研究主要集中在跨部门信息共享,从组织管理、经济学、信息技术等视角阐释信息共享障碍产生的原因,提出信息共享对策。在组织机构层面,统一规划缺乏、技术业务标准缺失,制度不健全等都是制约部门间信息整合共享的重要因素(李宇,2009),此外,组织成员对风险的预期对部门间信息共享程度有显著影响,组织领导的支持对信息共享有明显促进作用(范静、张朋柱,2008)。在经济学层面,信息共享是提供者和使用者之间利益的均衡,包括成本的分担和收益的分配,不同政府决策单元在共享政务信息时面临"囚徒困境",需要解决好共享中的效益、效率和公平问题(穆昕等,2004;文庭孝等,2008)。在技术执行层面,共享系统的安全性、灵活性和可扩展性是共享面临的技术挑战(陈氢,2014)。针对上述问题,提出了加强顶层设计、业务重组、建立共享协商系统,智能合约建立信任机制等共享策略(陈文,2016;朱皞罡、赵精武,2017)。仅有少量学者从知识共享角度研究财政部、公安部等的内部信息共享问题(马娟,2010;王一晨,2010)。

国外学者对信息共享影响因素也十分关注,多采用案例研究方式进行探讨。如Sanderson等人(2015)评估了英格兰机构间数据共享面临的挑战和成功因素,发现社会和组织网络,技术考虑和法律因素对共享影响较大。Bigdeli等人(2013)以洛杉矶组织间信息共享为例,论证了跨组织信息共享受环境、组织、业务流程和技术因素的共同影响,Gil-Garcia(2005)以美国哈里斯县和科罗拉多的刑事司法系统为例,研究指出保守和抵抗变革,IT系统和数据的不兼容,组织多样性和多重目标,环境和制度复杂等对共享造成影响。此外,国外部分学者认为,部门内的信息壁垒同样对共享产生较大影响(Zhang J,Dawes S S,2005;Sanderson 等,2015;Wheatley M,2011)。如,Sanderson(2015)指出,在机构内部职能离散的情况下,内部和外部信息共享可能受到相同审查,有时甚至内部共享变得比外部共享更困难。Wheatley(2011)指出,部门内部组织由于获取和共享信息的机会有限,组织成员缺乏综合解决问题的能力。

5.3.2 区块链赋能政务服务变革的理论探索

区块链对于促进不同层面的政务服务协同具有积极作用,这在国内外诸多学者的研究中多有论述。首先是跨部门协同。跨部门整合和共享数据可以增加政府数据资源价值,带来公共服务重大变化和更好的政府决策(Fan 等,2019;高国伟等,2018)。在欧盟,爱沙尼亚首次在政府部门使用区块链技术,将其应用于卫生、教育等许多部门(Ramadhani 等,2018)。我国浙江、广东、贵州等地已开展电子票据、身份认证、精准扶贫等区块链应用试点(戚学祥,2018)。然而,数据安全和信任仍然是跨部门协同的主要障碍,尤其当涉及项目资金跨部门分配时,由于缺乏相互监督手段而容易滋生腐败。区块链的分散性、链中数据的完整性和开放性等,能够保障政府项目资金高效释放,防止任何形式的预算资金欺诈(Mohite, Acharya,2018)。其次是跨主体协同。一方面为了确保公共安全和保障,政府从企业收集和分析信息至关重要。区块链有利于促进政府和企业、政府与社会组织、政府和公民、政府和雇员以及他们相互之间的数字互动(Ramadhani et al,2018),形成多层协作、多头互联的公共责任机制(蒋余浩、贾开,2018)。数据所有者失去数据控制权,是数据隐私泄露、误用和滥用的根源(董祥千 等,2018)。区块链的分布式记账实现了数据不可篡改和唯一性,有助于明确数据归属权和使用权。区块链各方使用其私钥加密与解密实现访问控制、元数据和信息交互(van Engelenburg 等,2019)。另一方面,政府掌握着大量的公共服务数据,但受限于信息隐私、网络安全等因素难以释放并转化为社会生产力。区块链可提高政府信息透明度和可访问性(Hou and Ieee,2017),对打通"政务链"有关键推动作用,使数字化转型与技术赋能"天堑变通途"。再次是跨区域协同。经济区域合作不断加强产生了地方政府无法单独解决的跨区域公共事务问题(陈长翃,2007)。由于具有不易篡改的数据区块链式结构,多方共同维护的共识机制、分布式存储的公开透明账本等,区块链可以很好地解决跨域认证问题(周致成,2018)。此外,在联盟链中建立数据维护参与规则与激励机制,能够提高协同效率(范忠宝等,2018)。但目前政务服务跨区域协同的研究还较少,已有文献对于解决现实需求存在一定滞后性。

相对于数字货币、金融、保险、供应链等领域,区块链推进政务服务变革的研究起步较晚,已有研究主要集中在以下几个方面:一是区块链对政府数据治理边界和模式的重塑。区块链可以推动公私边界和治理价值的重构(赵金旭、孟天广,2019)。电子政务向融合政府变革的过程中应用区块链,总体是一个试错和学习的过程(S Myeong,Y Jung,2019)。区块链可通过分散治理和分布式数据基础设施实现交易的非中介化,Pereira 等就分散式和集中式治理模式进行对比,基于交易成本、技术成本和社区参与维度探索基于区块链的平台比集中平台更具优势的条件(Pereira 等,2019)。二是区块链对政务信息资源共享交换方式的颠覆。区块链作为构建分散式应用的新兴技术,可以有效提高政府信息系统共享效率并降低信息交流成本(Wang 等,2017)。目前,区块链在数字身份管理和安全文档处理等政府工作中的潜在应用逐渐被发掘出来,在认证多种类型的持久性文档起到重大作用(Oslashlnes and Jansen,2017)。也有学者对区块链是否会导致政府流程创新和转型等问题进行了一系列研究。Olnes 等人(2017)对文献中经常被夸大的区块链好处进行批判性评估,并讨论了它们对政府组织和流程的影响,为进一步研究区块链应用在电子政务中的潜在好处及区块链架构和应用的治理作用提供了方向。三是区块链对智慧政务推进机制的技术支撑。区块链应用于智能政府服务的潜力巨大。这一技术有望克服物联网服务的安全挑战,例如实现安全的数据共享和数据完整性,有效促进智能服务转型、提升公民满意度和幸福感、服务效率和成本优化(Alketbi et al,2018;胡漠,马捷,2019)。英国、丹麦、澳大利亚、新加坡等许多政府实体已采取措施释放区块链潜力。阿联酋政府的目标是到 2021 年对所有交易采用区块链技术,实现无纸化。区块链的分布式、可追溯、不易篡改等特性能够在匿名数据收集、数据完整性校验、智能设备互联通信等多方面发挥重要作用(Ojo,Adebayo,2017)。然而,该技术仍面临安全保密、通用型应用与特殊性应用结合、大文件数据存储等问题,在政府部门应用过程中面临挑战(任明 等,2018)。

5.3.3 基于 D 市的政务信息共享需求统计分析

本章以 D 市政府事项编码作为事项识别码,根据办件量和事项材料来源,计算部门作为信息节点的材料流入、流出量,运用可视化工具 NETDRAW 生成信息共享网络图,采用社会网络分析软件 UCINET 开展网络中心性和派系分析。具体研究逻辑如下:首先,通过网络中心性分析研究应优先共享哪些材料以及哪些部门处于信息共享核心;其次,通过派系分析了解事项凝聚情况;最后,基于网络分析结果提出影响审批时限的因素变量,通过回归分析检验各因素影响程度。

数据来源于广东省 D 市 2017 年的办事指南库和实际办件量,该库以事项编码为标识,包含事项所需材料名称、材料类型、材料来源、办理机构、办理时限、承诺时限事项等信息。由于部分办事材料如项目选址意见书、承诺书等具有一事一议、短时效性等属性,该类材料不能共享或共享意义不大,故未纳入分析。在数据处理过程中,将材料进行名称标准化处理,如将"建设工程一书两证"均扩展为建设项目选址意见书、建设用地规划许可证、建设工程规划许可证,产权证明文件均统一标准化为"不动产权证"。

经标准化处理和清洗后,本章实际分析的数据共包含 D 市 52 个部门的 1229 个事项,涉及办事材料 9910 份。本章采用以下方式构造 D 市办事材料和事项之间的关系网络:材料事项矩阵不考虑方向,若事项需要该份材料,则视为事项和材料之间存在关系,记为"1",否则记为0。此外,由于真实的部门信息流量受办件量影响,为客观描述材料流通情况,本章对不考虑办件量和考虑办件量的实际信息流量进行对比分析。需要说明的是,纳入办件量的分析中,无办件量的事项材料被删除,从而得到368×526的2模事项材料矩阵。

(1) 共享网络中心性分析

"中心性"是社会网络分析的重点,解释网络中行动者居于怎样的中心位置(孙涛等,2018)。处于信息流动中心位置的主体对事项办理拥有更多的信息资源和更强的群体影响力。具体而言,处于中心位置的部门向其他部门交换信息的需求更大、协调办事资源的能力更强;处于中心位置的办事材料在事项办理中更常见,被共享的需求更大。与此同时,由于事项受部门隔离限制,很难跨部门形成中心聚集,故采用派系分析事项之间的关系。

度数中心度是计算个体在团体网络中最主要的结构指标,常用来衡量谁在这个团体中是最主要的中心人物(黄建伟等,2017)。某个节点的度数中心度就是与该节点直接相连的其他点的个数,度数中心度排名前15的办事材料如表5-3所示。

表5-3 度数中心度排名前15的办事材料

序号	材料名称(不考虑办件量)	度数	材料名称(考虑办件量)	度数
1	身份证	3459	身份证	5834.50
2	营业执照	2718	营业执照	4723.17
3	不动产权属证书	1935	不动产权属证书	3924.39
4	房屋租赁合同	1466	房屋租赁合同	2609.65
5	章程	762	名称预先核准通知书	1404.05
6	职称证书	726	职称证书	1195.68
7	名称预先核准通知书	611	章程	1185.75
8	劳动合同	583	劳动合同	1136.14
9	学历证书	573	户口簿	1066.68
10	户口簿	517	学历证书	1026.99
11	社保凭证	496	建设工程规划许可证	818.62
12	组织机构代码证	464	建设用地规划许可证	788.85
13	法人登记证	431	毕业证书	788.85
14	毕业证书	369	法人登记证	754.12
15	建设工程规划许可证	279	社保凭证	659.85

从表5-3中可以看出,在不考虑办件量的情况下,身份证、营业执照、不动产权属证书、房屋租赁合同等材料的度数中心度较高,从用户办事角度来看,这些材料需要提供的潜在可能性较大。在考虑办件量情况下,D市业务量最大的事项一年办理量高达800多万件,也有超过一半的事项业务量为零,办事材料流量分布明

显不均匀。其中,身份证、营业执照、不动产权属证书等部分办事材料呈现出需求面广量大的特征,主要表现为办件量加权前后的排名均较为靠前。这类材料的信息共享将会极大地节省政务服务资源的重复提交。另有部分材料虽然需求面不是很大,但由于办件量较大,需求次数较多,如建设用地规划许可证,表现为在不考虑办事情况时度数中心度排名靠后,考虑办件量后排名靠前。

目前,各地政府积极推行"多证合一"以优化营商环境,并取得了一定成效。数据统计结果显示,D市"多证合一"前的工商营业执照、组织机构代码证、税务登记证、社会保险登记证等证件的办理仍然存在,其办事流量达443.25万次,占材料总流量的1%,而代表"多证合一"的统一信用代码证流量仅为6.68万次。这表明,D市仍属于"五证合一"的过渡阶段。这也进一步印证了中心度较高的材料实现信息共享或证件整合后,将会有效提升服务效率,降低制度性交易成本。

中间中心度测量的是行动者对资源控制的程度。如果一个行动者处于多个交互网络路径上,认为其居于重要位置,可通过控制或曲解信息的传递影响群体。中间中心度刻画的是一个行动者控制网络中其他行动者的能力(张玥、朱庆华,2009),也可以理解为行动者之间的依赖程度,高中间中心度的行动者能够在一定程度上控制信息的流动(雷辉等,2015)。业务部门中间中心度的分析结果如表5-4所示。

表5-4 业务部门中间中心度排名前15的业务部门

序号	部门名称 (不考虑办件量)	中间中心度排名	部门名称 (考虑办件量)	中间中心度排名
1	公安局	1067.41	公安局	533.00
2	工商行政管理局	834.23	工商行政管理局	503.54
3	住房和城乡建设局	473.07	住房和城乡建设局	368.22
4	房产管理局	382.66	房产管理局	304.45
5	商务局	368.21	海洋与渔业局	165.68
6	民政局	351.45	城乡规划局	153.74
7	海洋与渔业局	324.28	卫生和计划生育局	142.94
8	卫生和计划生育局	223.34	贸易促进委员会	121.51
9	交通运输局	197.62	教育局	116.81
10	民族宗教事务局	193.44	经济和信息化局	94.38
11	人力资源局	182.35	国土资源局	73.08
12	国土资源局	160.39	林业和草原局	69.00
13	教育局	159.11	人力资源局	61.61
14	农业农村局	151.71	住房公积金管理中心	51.50
15	贸易促进委员会	147.51	交通运输局	50.63

从表 5-4 中可以看出,公安局、工商局、住建局、房产管理局、海洋与渔业局、卫计局、交通运输局、人力资源局、国土局和教育局 10 个部门无论在办件量上还是办事材料提供的种类上,均处于信息交换较为重要的位置,表现为办件量加权前后均处于度数中心度排名的前 15。换言之,这 10 个部门是 D 市政府信息交换网络的重要桥梁,属于信息交换的强势部门。安监局、民宗局等部门虽然材料要求的种类和其他部门联系较多,但是由于事项办件量较小,实际的信息交换排名稍靠后。其他未列出的商标局、环保局、体育局等 27 个与办事相关的政府部门中间中心度均为 0,处于 D 市政务信息传递的边缘地位。

2. 信息共享情况

在不考虑办件量情况下,为了更好地展示出现在同一事项关系耦合网络中办事材料之间的关系,本章将材料耦合数设置为大于等于 6,从而得到深度聚合的材料共享关系。如图 5-6 所示,圆圈越大表示该材料出现在行政审批事项中的频次越高,连接两份材料的线条越粗,表示该两份材料出现在相同事项中的次数越多。

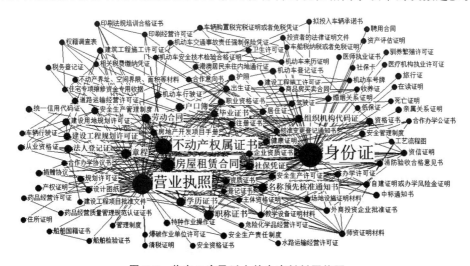

图 5-6 共享 6 次及以上的办事材料网络图

考虑办件量的办事材料网络图如图 5-7 所示,子网类型包括单点型、双核型、核心型、桥梁型。从复杂的共享网络中可以看出,身份证、营业执照、不动产权属证书等办事材料为信息流通的"明星材料"。

《国务院办公厅关于印发"互联网+政务服务"技术体系建设指南的通知》明确提出,要建设共享共用的基础资源库,建成统一的电子证照库。上海市、浙江省也提出要建立集中汇聚的政务服务事项库、电子证照等基础信息库以及政务服务数据共享交换的支撑系统。但哪些证照应纳入统一的基础证照库,目前尚未有科学的划分依据或标准。本书认为,应优先将处于网络中心的办事材料纳入基础证照库。此外,身份证处于整个网络的核心,相关服务平台打通认证通道后可以身份证作为识别码,调用各类办事材料。

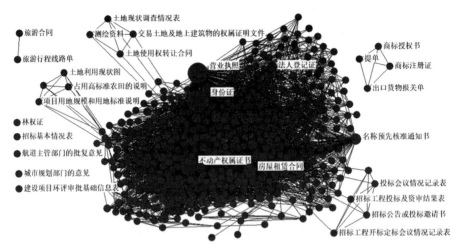

图 5-7 考虑办件量的办事材料网络图

根据办事材料来源的不同,可以计算出 D 市各部门的材料流入流出量。未考虑办件量的部门信息流量情况如图 5-8 所示,公安局、工商局、房管局是主要的材料流出部门,住建局是最大的材料流入部门,人力资源管理局、食药局和交通局也较多的需要其他部门的材料,其他部门流入和流出的材料种类较少或较为单一。在考虑办件量的部门信息流量情况如图 5-9 所示,公安局和民政局材料流出量最大,社保局和住房公积金管理中心材料流入量最多。这意味着,去这几个部门办事面临的困难将相对较大,当办事人较多时,该类部门的相关事项容易成为办事"痛点"和"难点"。从各事项承诺办理时限来看,除"特色人才认定评定"等面向少数群体事项的承诺时间最长外,紧跟其后的就是社保局的"劳动能力鉴定核准"事项和住建部的公共房屋类事项,这也佐证了本书的观点。

现实的办事信息流非常复杂,呈现显著的跨部门、跨地区、跨行政层级的特征,这样的信息共享具有相当大的难度,往往成为市民办事难办证难的症结所在(龙怡、李国秋,2016)。在未考虑办件量的部门信息网络中,如图 5-10 所示,公安局、工商局、住建局处于较为核心的地位。考虑实际办件量后,如图 5-11 所示,公安局、住房公积金管理中心和社会保障局处于更核心的地位,尤其是公安局分别与住房公积金管理中心、社会保障局有较大的信息共享需求,表现在图中连接的线条较粗。可见,见效最快和效益最高的共享方式就是打通公安局与这两个部门的信息共享通道。

进一步的,本书对政府信息共享网络的派系进行分析。凝聚力与一个团体中的亲密程度的概念密切相关,内聚型亚群体具有四个普遍特征:连接的相互性、亚群体成员间的可联络性、成员间联系的频率,以及与圈内成员相对于非圈内成员联系的相对频率(戴维·诺克、杨松,2012)。这些特征是定义小团体相关测量的基础,在此基础上的派系的本质含义就是"最大完备子图",在研究无向多值网的凝聚子群的时候,首先要确定该子群的凝聚程度,也就是临界值 c。在一个整体网中,一个在 c 层次上的派系,该子图中任何一对点之间的关系强度都不小于 c。在一个多值网络中,凝聚子群研究的目的是找到其中的一些相互联系比较紧密,具有凝聚力的小团体(刘军,2009)。根据子群的凝聚密度可以给出不同级别的临界值 c,临界值越大,子群之间的凝聚力则越强。本书将事项之间的关系值用共享材料数进行表示,如事项 A 和事项 B 有 5 份材料相同,则认为事项 A 和事项 B 之间的关系值为 5。

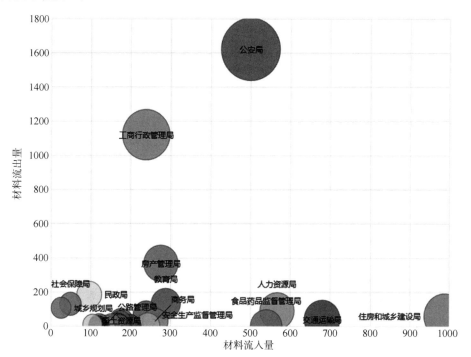

图 5-8 未考虑办件量的部门信息流量情况

由于 D 市事项编码较为复杂,如事项"创业场地租金补贴"其编码为"＊＊＊＊＊＊000000007330096000100020400005"(编码前 6 位为 D 市行政代码),为便于展现,在分析过程中本书按照原事项的顺序将"事项 1"(SX1)到"事项 1229"(SX1229)进行标识替换。表 5-5 的分析结果显示,共有 274 个派系的共享材料数大于等于 5 份,但仅 33.6% 的事项为跨部门共享材料,其余派系均是部门内的信息共享。与

单位:百万

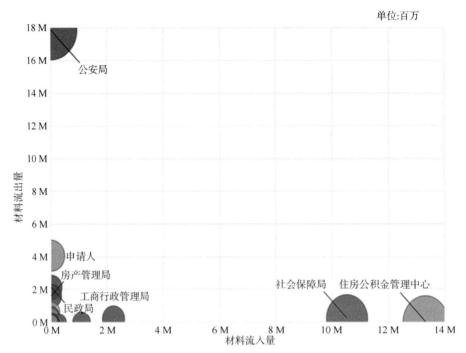

图 5-9　考虑办件量的部门信息流量情况

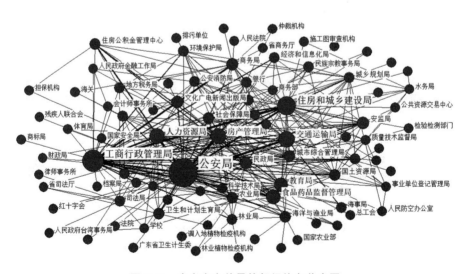

图 5-10　未考虑办件量的部门信息共享图

以往部门间"信息壁垒"导致办事难、办事慢的设想不同,实际上,业务部门办事材料共享需求以部门内为主。如果部门内信息不能流通,企业群众将面临着重复提

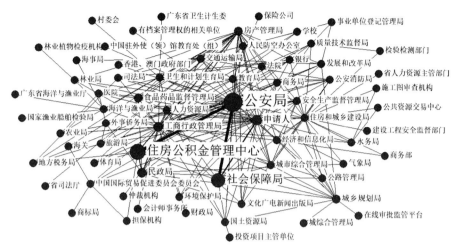

图 5-11 考虑办件量的部门信息共享图

交大量办事材料的问题。派系层级最高的三个事项 SX30、SX31、SX53 均属于交通运输局,该派系有 30 份办事材料相同,但相关办事材料多为安全生产管理制度类文件、生产操作规程类文件。D 市该部门应该以更大的力度进行材料减负,合并相似材料并推动部门内材料共享。

表 5-5 事项之间具备相同材料关系的派系结构

派系层级	个数	跨部门派系数	派系来源部门	每个层次的派系
大于等于 30	1	0	交通运输局	[SX30 SX31 SX53]
25～29	2	0	交通运输局、公安局	[SX30 SX31 SX51 SX53],[SX401 SX416]
20～24	1	0	住房和城乡建设局	[SX101 SX102 SX103 SX105]
15～19	7	0	交通运输局、生态环境局、教育局、住建局、食品药品监督管理局	[SX42 SX44],[SX117 SX118],[SX207 SX221],[SX207 SX223],[SX522 SX527],[SX892 SX1048],[SX1042 SX1057]
10～14	37	1	教育局、交通运输局、公安局、卫生和计划生育局等 15 个部门	[SX207 SX211 SX215 SX220 SX221 SX222 SX223],[SX207 SX208 SX221 SX222 SX223]等
5～9	226	91	公安局、交通运输局、住建局等 39 个部门	[SX87 SX89 SX94 SX101 SX102 SX103 SX105 SX241 SX410 SX515 SX554 SX555 SX556 SX878 SX1029 SX1043 SX1187 SX1189]等

在考虑关系重叠情况下,计算出的每一个行动者之间的共同隶属的派系数目。即使是派系的最小规模为2、派系层级大于等于5的派系成员聚类情况中,仍有392个(31.9%)事项存在派系关系,甚至很大比例的事项属于多个派系。适当的派系关系表明了部门业务的承接和关联性,但事项共同隶属的派系过高时,反映事项设立不合理,重复较高。

5.3.4 区块链在政务服务信息共享协同中的应用

前文的统计研究结果表明,从办事材料共享需求来看,"明星类"办事材料主要集中在公安、工商、住建等少数几个部门,此类材料多为制式证书、证照,部门应除破损换证、注销等需要收回原证件的情况下,应将其纳入统一证照库,尽可能实现材料共享。申请人办理事项时可直接从证照库提取材料,上一部门的办理结果自动共享给下一部门,企业群众办事在网上即能共享或核验证明材料,避免材料重复提交。从部门间的信息流动来看,信息流动主要集中在公安、工商、住建、交运、人资、房管、食药等少数几个部门,这几个部门信息流动频繁且联系紧密。跨部门信息共享应着力完善这些信息流量较大的职能部门间的信息共享渠道,进一步加强各职能部门信息系统的对接,促进部门间的业务协同。

为了推进政务服务信息共享,很多地方建立了政务大数据云平台,将原来分散在各个部门的政务服务信息资源统一汇聚到云平台,形成了中心化的集中式共享模式。"大平台、大数据、大系统"是国家倡导的政务信息建设理念。《"十四五"推进国家政务信息化规划》明确提出,要充分整合利用政务数据中心和云计算存量资源,构建"数网云"一体融合的智能化政务云平台体系。基于这种统一的集中式模式,孟庆国(2018)提出了三权分置的交换共享实现机制。根据数据权属的不同,这三种权利被划分为归属权、共享管理权和使用权。其中,归属权是存储、掌握政府数据资源,可对数据内容进行定义、解释的权利。掌握数据归属权的部门应承担政府数据的采集、整理、维护、更新等工作,对数据资源的内容负责,可以根据自身的需要使用、支配数据资源,并将部门政务服务信息资源放到大数据平台供其他有需要的部门使用。使用权是使用政务服务信息资源的部门,其根据部门业务需要,在保障数据安全的条件下,允许在数据边界范围内享有数据的使用权。拥有共享管理权的部门负责对政务信息资源共享的全过程进行管理、调度、协调、仲裁等,通常由政府设立的大数据管理局、政务服务数据局、数据管理中心等机构承担相关职能。

从地方的实践探索来看,一般情况下,拥有共享管理权的部门和拥有归属权、使用权的部门属于同级别的部门,也有部分地方的共享管理权由行政机关下属的事业单位掌握。这就意味着,共享管理权的实施并没有行政管理级别上的优势,除了地方政府三定方案赋予的职能外，在具体管理活动的实施中还需要制度和技术的相互配合以提升管理的客观性、公正性和科学性。区块链技术以其去中心化、分布式共识、信息不可篡改等特征，为政务服务信息资源的跨部门，甚至是跨区域共享提供了全新思路，如图 5-12 所示。

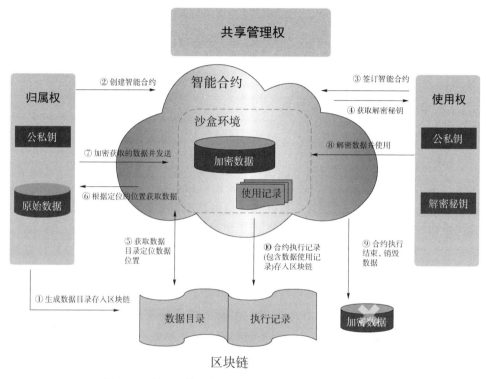

图 5-12　基于区块链的政务服务信息资源共享协同思路

从图 5-12 中可以看出，区块链在赋能数据确权、规范共享行为、保障共享安全、激励共享动力等方面有天然的优势。第一，区块链的数据目录确认了政务服务数据的权属，拥有数据归属权的部门将本部门的数据资源以目录形式存储在区块链上，数据目录完整记录了数据项及其所在的信息系统和库表，各部门有哪些数据，数据存储在哪儿一目了然；第二，通过区块链的智能合约，在沙盒环境下将部门间的数据共享需求以计算机程序的方式进行事先约定，数据的归属方和使用方协商签订智能合约，当对应的数据使用需求被触发时，数据使用部门会获取解密密钥，智能合约程序获取数据目录上的数据位置，根据定位的位置获取具体的数据资源，对数据进行加密后发送给指定的数据使用方，数据使用方解密数据并使用，合约执行完成后自动销毁数据，整个共享交换的过程以执行记录的方式存入区块链。若共享的任何一方对共享过程存在异议，共享管理方将调用执行记录对权责进行追溯;第三,区块链动态记录了各部门政务服务可共享的数据资源体量、共享的次数和数据用途,这些记录可以作为政务服务绩效评估的数据来源,以评估为抓手调动各部门协同共享的积极性,推动建立长效的政务服务信息资源共享机制。

5.4 大数据与市场监管服务创新

5.4.1 市场监管理念发展动态

近代意义上的"政府监管"理念发源于20世纪20～30年代,伴随着凯恩斯主义的发展被初步应用于市场监管领域,60～70年代,管制经济学理论曾在西方国家盛行一时,到了21世纪,西方国家的市场监管更加注重对监管效能的提高,其提倡的融合性、多元性、独立性等特征更多地将政府监管与社会力量融合,尝试构建起主体多元化、手段丰富化、监管独立化的现代监管模式(郁建兴、朱心怡,2017)。在我国,"监管"通常指"市场监管",指政府有关职能部门对市场运行进行监督和管理,其目的是为防止出现各种对社会公共利益、市场秩序和其他主体的合法权益进行危害的不正当市场行为,从而保证市场运行的秩序化、组织化、稳定化,以促进国家经济的健康、有序发展。创新市场监管模式,是深化"放管服"改革,优化营商环境的客观需要。习近平总书记在十九大报告中指出,要"转变政府职能,深化简政放权,创新监管方式,增强政府公信力和执行力,建设人民满意的服务型政府"。2018年2月,党的十九届三中全会通过《中共中央关于深化党和国家机构改革的决定》,明确提出要改革和理顺市场监管体制,整合监管职能,加强监管协同,形成市场监管合力。同年3月,《国务院机构改革方案》发布,组建国家市场监督管理总局,将国家工商行政管理总局的职责,国家质量监督检验检疫总局的职责,国家食品药品监督管理总局的职责,国家发展和改革委员会的价格监督检查与反垄断执法职责,商务部的经营者集中反垄断执法以及国务院反垄断委员会办公室等职责整合。同时,组建国家药品监督管理局,由国家市场监督管理总局管理。自此,原本分散于多个部门的市场监管职能统一归口至国家市场监督管理总局。

随着我国经济社会的快速发展,市场主体规模不断扩大,新业态不断涌现,庞大的市场主体及其行为的多样性与市场监管人力不足的矛盾日益凸显,违法行为的不确定性、隐蔽性与监管方式的单一性更是加剧了这一矛盾。大数据技术的发展为市场监管手段的创新带来了契机,依靠技术赋能告别传统监管的"人海战术",实现监管的精准化、智能化成为可能。国家层面积极出台政策文件,鼓励充分应用大数据的理念、技术和资源提高市场监管能力。2015年7月,国务院办公厅发布《关于运用大数据加强对市场主体服务和监管的若干意见》,对运用数据加强对市场主体服务和监管的重要性、总体要求、具体内容、保障措施等方面作出详细规定。2017年1月,国务院印发《"十三五"市场监管规划》,对"大数据监管"进行专题表述,要求增强大数据运用能力,增强市场监管的智慧化、精准化水平。2022年1月,国务院印发《"十四五"市场监管现代化规划》,提出要"加快推进智慧监管。充分运用互联网、云计算、大数据、人工智能等现代技术手段,加快提升市场监管效能。建立市场监管与服务信息资源目录和标准规范体系,全面整合市场监管领域信息资源和业务数据,深入推进市场监管信息资源共享开放和系统协同应用"。

  国家市场监管相关部门多年的信息化建设已经实现了部分业务数据的统一汇聚,相关系统主要包括国家企业信用信息公示系统、全国注册商标信息查询系统、法律法规库系统、全国网络广告监测系统全国以及12315互联网举报投诉平台和全国"四品一械"信息查询系统等。上述应用主要是工商和市场监管部门围绕商事制度改革进行搭建的典型案例(陶勇等,2015)。显然,这些应用系统为大数据市场监管提供了高质量的数据资源。各地方政府积极利用大数据技术开展市场监管领域的实践探索。例如,上海市在打造多元共治市场监管新形态,在改革理顺市场监管体制的前提下,构建信息共享的市场综合监管平台,应用科技支撑创新市场监管方式,取得了显著成效(陈奇星,汪仲启,2020)。国家药监局信息中心官方网站公开了2021年27个省级药品监督管理部门的智慧监管案例,覆盖药品追溯、药品再注册预警、互联网交易信息监督、药械安全性监测、检查执法、信用档案、科技反腐等监管内容。部分学者围绕数字经济生态产业链的运行,从原始数据的收集与存储、数据的整理与分析、数据的开发与应用以及数据的开放与分享等维度,通过对不同环节"与数据相关行为"的适当性与正当性分析,主张当下和未来市场监管改革的基调,应持续推进市场化与法治化监管,加入科技监管,强调科技监管与法治监管的融合,布局从市场监管走向市场治理(陈兵,2019)。传统市场监管和大数据监管的比较表5-6所示。

表5-6 传统市场监管和大数据监管的比较

比较维度	传统市场监管	大数据市场监管
监管理念	各自为政	协同合作
监管方式	事前审批为主,主体监管为主	事中事后监管,行为监管、信用监管为主
监管手段	粗放型、人工实地检查	精细化,依托大数据技术的智能监管
处罚方式	财产罚为主,行为罚为辅	财产罚与声誉罚并重,行为罚为辅
监管政策	一刀切	分类监管

续表

比较维度	传统市场监管	大数据市场监管
监管对象	全覆盖	双随机
监管成本	高	低
信息公开	结果公开	过程公开、结果公开
自由裁量权	高	低

综上所述，大数据已经不只是一种工具，更在更深层次的领域改变着市场行为和规则，不仅要利用大数据进行市场监管，更要谨记监管市场和大数据本身。大数据的使用需要改变传统的监管市场方式，以最大限度确保市场参与者规范的采集大数据，负责地储存大数据，客观的分析大数据。运用大数据分析可以提高监管效率、创新监管方式、促进实现精确监管（施建军，2014）。

5.4.2 大数据市场监管的总体框架

《国务院办公厅关于运用大数据加强对市场主体服务和监管的若干意见》提出了四大目标：一是提高大数据运用能力，增强政府服务和监管的有效性；二是推动简政放权和政府职能转变，促进市场主体依法诚信经营；三是提高政府服务水平和监管效率，降低服务和监管成本；四是政府监管和社会监督有机结合，构建全方位的市场监管体系。基于此，必须将大数据的理念、技术和资源与监管的职能定位和目标要求有机结合，推动市场监管相关数据资源的整合应用，以数据驱动监管机制改革，以数据应用提升监管效能，有效解决监管对象多、监管任务重、监管资源不足的难题，促进"互联网＋大数据＋智慧监管"的深度融合应用，及早发现风险隐患，加强对监管的"监管"，用公正监管管出公平、效率、活力，推动实现规范监管、精准监管、联合监管、监管全覆盖以及监管的"监管"。

从市场监管的对象和监管需求来看，大数据市场监管需要重点解决三个方面的关键问题：一是围绕企业、产品、人员三大核心监管对象，整合许可备案、监督检查、稽查办案、投诉举报等业务数据，构建三大全景档案，全景展现市场监管业务数据，满足现场监管检查时快速查阅企业信息，监管部门及时掌握监管动态，决策人员快速了解全局情况的需求；二是整合企业历史监管信息，构建企业风险模型，测算企业及其产品的风险，为监管人员的靶向性提供支撑；三是以单一企业主体、自然人、产品批次为最小颗粒度，汇聚产品生产、企业购销和产品流向信息，构建企业、产品和人员溯源链条，实现问题对象精准快速地溯源。

基于上述目标和解决的关键问题，大数据市场监管的总体框架由七部分构成，包括平台层面的数据资源、数据采集汇聚、数据管理、智能交互和数据服务五部分，以及制度规则层面的标准规范体系和应用保障机制两部分，如图5-13所示。

第5章 智能化技术赋能政务服务改革的机理与应用场景

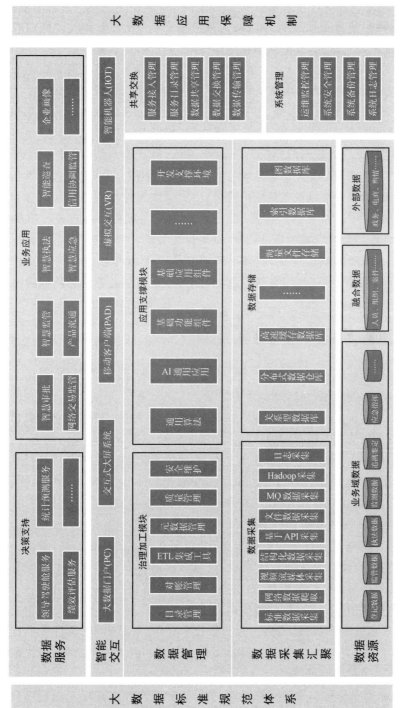

图 5-13 大数据市场监管总体框架

从图 5-13 中可以看出,大数据市场监管贯穿了数据全生命周期的管理,底层的数据资源既有来自市场监管部门的业务域数据,也有其他部门提供的政务数据、平台企业的电商数据、互联网舆情数据等外部数据,以及基于前两类数据的融合数据;数据采集汇聚存储综合运用多种工具实现多源头多类型海量数据资源的动态汇总;数据管理包括治理加工和应用支撑两大模块,实现对数据资源的目录化管理和科学化分析;数据采集、汇聚、管理的过程通过系统管理和共享交换以保障数据资源的安全性和可靠性,提升数据资源的利用效率;智能交互立足多主体市场监管需要,提供大数据门户、交互式大屏系统、移动客户端、虚拟交互、智能机器人等多种互动方式;数据服务主要包括决策支持服务和业务应用,服务领导决策、统计预测、绩效评估以及各部门的具体业务;大数据标准规范体系包含基础标准、技术标准、应用标准和管理标准,应在遵循相关国家标准和行业标准的基础上,建立符合市场监管需求的标准规范,以确保大数据使用的规范性;大数据应用保障体系由一系列的制度构成,具体包括数据资源目录维护、保密审查、评估考核、经费保障、人才培训、合作机制等,以确保大数据市场监管的各项保障工作权责清晰,有序推进。

5.4.3 大数据市场监管应用场景

大数据在市场监管的执法稽查、食品安全、质量安全、网络交易、信用监管等领域都拥有广阔的应用前景,具体描述如下。

(1) 执法稽查中的大数据应用场景:综合执法对执法人员的专业性提出了更高要求。原来分散在不同部门的执法人员除了需要掌握原有的执法制度外,还需要学习其他新的业务知识。大数据智能执法系统将信息化技术应用与行政执法有效融合,围绕执法职权的严谨性、执法程序的合法性、法规适用的精准性、处罚裁量的公正性等执法要点,为执法的标准化、规范化提供支撑。具体而言,在执法的立案、办案以及案件的办结过程辅以数据分析提升办案效率。在立案过程中,基于繁简分流的规则实现案件智能分流,分析案件相关的各种信息,发现案件线索,提高立案的准确度。在办案过程中,应用大数据技术对案例库中类似案件以及类同案的处理结果进行分析提示,供办案者参考,避免出现同案不同判的情况。在案件办结过程中,系统通过对法条以及案情的大数据分析自动引入相应的法条,提高执法依据的准确性。此外,大数据技术还可以对历年的案件数据进行统计分析,研判各类案件的发展趋势,挖掘案件增长与相关因素的关联性,提前预测可能存在的风险点和风险等级。

(2) 食品安全中的大数据应用场景:食品安全事关国计民生,与经济社会发展和人民生活息息相关。食品从种植、生产到流通、消费各环节涉及的主体多、范围广、链条长,加之食品种类繁多,客观上增加了食品安全监管的复杂度。食品安全信息具有天然的大数据特征,将大数据技术应用于食品安全领域,能够帮助政府、企业、公众及时了解食品安全风险,掌握食品安全状况,降低甚至避免食品安全带来的危害。大数据在食品安全领域的典型应用主要包括三类场景:一是大数据支撑食品安全风险管理与预警。应用大数据技术分析食品安全风险监测、监管、执法、舆情以及食品安全事件等数据,提供诸如食品安全风险评估、风险决策和风险交流等支撑服务。具体而言,通过对食品安全监管数据、舆情数据等的大数据分析识别风险,尤其是对食品安全风险因子进行分析,识别出最容易产生食品安全风险的品类,以及相应的风险因子分布的地区,风险可能爆发的时间等,从而帮助食品安全监管人员确定重点监控的风险产品和风险因素,同时对风险管理主体的风险清单、风险形势进行预判,提高食品安全监管的靶向性。二是大数据辅助食品安全执法办案。当前食品违法犯罪形势依然严峻,制假售假、违法添加、滥用食品添加剂等问题屡禁不止。伴随着互联网的普及和造假手段的升级,部分食品安全重大案件呈现跨区域、链条化、网络化的特点,加大了执法难度。将大数据技术应用于综合分析食品安全监管信息、公安信息、企业注册登记信息、产品价格、市场供需、举报投诉、舆情、特殊人群数量、特殊灾害发生情况等,重点关注价格或需求波动变化大的产品以及不同领域和类别案件数量变化情况,分析案件类别、领域与外部环境的关联性,有助于预测可能产生的高发案件或发现相关线索,提高案件预防的有效性。三是大数据为靶向性抽检提供参考。主要体现在两个方面。一方面,对不合格产品进行族谱分析。基于对本地或者外埠企业的抽检结果不合格产品信息,分析该产品在区域内是否存在,通过企业关联性分析,确定与该企业同类但为其他品牌的产品,通过分析相关产品的抽检结果,确定该企业其他品牌产品是否具有类似不合格情况。若出现不合格情况则及时进行监管或执法。另一方面,识别靶向性抽检对象。通过对抽检的时间、地点、抽检量等抽检数据的挖掘分析,结合价格、天气、问题领域、监管、舆论、医院的食源性疾病监测、投诉等信息构建靶向性抽检对象识别模型,有针对性地选择抽检对象,为抽检计划的制定提供有力支持。

(3)质量安全中的大数据应用场景:质量安全监管的手段主要包括监测评估、监督抽查、生产许可、专项整治、监督抽验等,覆盖的产品类别多、范围广,传统的监管手段已难以满足监管需求。在质量安全监管过程中,市场监管部门每年均需要基于最新的质量安全形势确定重点产品监管目录,针对一些高风险的产品进行重点监管。例如,市场监管总局印发的《全国重点工业产品质量安全监管目录(2022年版)》包含了家用电器及电器附件、家具及建筑装饰装修材料、电子及信息技术产品、交通用具及相关产品、儿童用品、食品相关产品、服装鞋帽及家用纺织品、燃气器具及配件产品、老年人用品、日用杂品、文教体育用品、日用化学制品及卫生用品、工业生产资料、农业生产资料共14大类246小类工业产品。大数据能够为重点监管产品目录的确定提供支撑，将大数据技术与检测、监管、执法等数据结合，构建监管和风险防范模型，一方面，基于监管模型分析结果，明确监管方向和监管目标，在此基础上再结合历史检测信息、执法资源、年初工作计划等内容，制定切实可行的检测计划；另一方面，基于风险防范模型对风险进行量化分级，有效评估潜在风险的主体、客体以及经营行为，为监管执行部门提供参考。此外，对各类商品的检测报告进行全面分析，有助于查找潜在的商品质量风险，为监管部门提供有针对性的处理建议。

（4）网络交易中的大数据应用场景：大数据的采集、处理、分析等技术在网络交易中已得到广泛应用。一是通过大数据采集技术，构建了大数据架构的数据库，并基于分布式架构实现数据存储；二是对采集的结构化、半结构化、非结构化等数据进行处理分析，构建诸如环境监测、主体监测等应用系统；三是构建网络交易监管大数据服务平台，支持在分布式架构下海量数据的搜索，同时基于实时数据分析构建大数据在网络监管、案件、信用等方面的分析模型以及服务应用；四是充分利用可视化、终端展示等技术在PC端、移动端等展示网络交易监管信息。随着电子商务的发展，尤其是乡村振兴战略的全面推进，农村电子商务蓬勃兴起，网络交易主体多、来源广、交易数据量大的特征越发凸显。在网络交易监管中，其主体主要基于网上信息进行识别，违法情况很难直观发现，尤其是一些虚假主体也在电商平台上进行经营。例如，用户在购买网上商品时，可能会收到质量不合格的货物，但又很难获取到主体的准确信息。借助主体的自营网站、电商平台、网店主体信息提取算法，结合许可信息，就能够判定是否为虚假主体。大数据技术可以通过整合许可信息、监管数据、跨部门数据，融合分析涉网主体的官网、网络交易平台、网店等数据，对违法行为进行分类，建立一套违法分析模型，利用统计分析工具、算法组合运用、大数据建模体系、人工智能提高风险识别与优化迭代的能力，形成网络交易违法分析结果。另外，针对网站上经营主体的宣传活动，可以根据法律法规条款，归纳、整理相关涉网信息，建立夸大宣传分析模型，筛选可能涉嫌夸大宣传的商家及商品。

（5）信用监管中的大数据应用场景：科学有效的信用监管能够大幅提高监管效率，在降低监管工作压力，提高监管质量的同时，减少对监管对象的干扰，提高企业群众的获得感。2022年3月，中共中央办公厅、国务院办公厅印发《关于推进社会信用体系建设高质量发展促进形成新发展格局的意见》，提出要"以有效的信用监管和信用服务提升全社会诚信水平"。信用监管以跨部门跨领域的信息共享为基础，通过对监管对象信用的智能评估，以评估结果为依据，加强靶向性监管，助力协同监管、联合执法。此外，信用体系的构建有助于推动形成社会共治的格局，增强监管合力，营造公平有序的市场环境，真正实现"让失信者寸步难行，让守信者一路畅通"。具体而言,一是将市场主体的市场监管数据、检验监测数据、违法失信数据、投诉举报数据和企业依法依规应公开的数据等进行整合,构建大数据监管模型,对信用进行动态评级,完成信用智能评估,及时掌握市场主体经营行为及规律特征,主动发现违法违规现象,推动对市场主体的全方位监管;二是将市场主体的信用信息与司法、金融、公安等信息进行共享,推动构建联合执法以及跨部门联动响应和失信约束机制,对违法失信主体依法予以限制或禁入;三是分析市场主体经营行为和运行规律,结合其信用评估结果,对于信用级别低的加强专项整治、专项排查以及监管力度,增强监管靶向性和精准性,对存在潜在风险的领域实施及时有效的监管;四是政府将市场主体的信用信息通过"信用中国"网站、国家企业信用信息公示系统、事业单位登记管理网站、社会组织信用信息公示平台等进行公开,提高信息的透明度,尤其是将违法失信者信息等进行发布和共享,让社会公众、新闻媒体、行业组织等对其共同监督,形成社会共治的监管格局。

5.4.4 大数据应用保障机制

大数据应用的运行维护和迭代升级都需要一套体系化的机制加以保障。首先,数据资源是大数据应用的基础支撑,数据的来源既有政府部门,也有公共企事业单位,数据资源采集汇聚的时效性、准确性和完整性需要建立一套科学的合作制度,数据资源的动态管理需要依托规范的目录管理;其次,大数据平台的日常维护和技术升级都离不开经费和人员支持,需要专业的人员队伍和充足的经费保障;"以评促建、以评促改"的绩效评估制度作为政府推进各项工作的重要抓手,在大数据应用中依然适应。各类大数据应用制度的具体描述如下。

(1) 政企合作制度:随着互联网、移动互联网、物联网等技术的发展和深入应用,数字经济快速发展,除政府部门外,不少企业,尤其是平台企业,凭借自身技术优势构建企业自营的大数据汇聚和处理平台,掌握了大量有价值的数据资源。数据作为新时代的资源,已成为企业核心竞争力的重要体现,多数企业将数据牢牢掌握在自己手中不愿意共享。基于此,政府应探索建立与企业合作的模式,对于法律法规明确规定应纳入公共数据范围的,进一步细化与企业数据的对接要求;对于法律法规尚无明确规定,但政府决策管理和数据治理确有需求的数据,应在互惠互利的基础上探索合作模式创新,列明合作双方的权责利,在制度约束的基础上,通过技术手段实现企业数据与政府大数据平台的对接。

(2) 数据资源目录管理制度:数据资源目录的管理包含数据资源梳理、目录化展现、数据目录维护等关键环节。在数据资源梳理方面,应明确牵头部门,采用业务职能和系统建设相互结合的方式,按照"职能——业务——信息内容——数据项"四位一体的方法,基于各部门"三定方案"中的职能描述确定部门业务,根据业务内容定位业务过程中产生的信息内容,再将信息内容进一步具化为数据项,同时对照已有业务系统和大数据分析挖掘需求,梳理形成数据资源目录,需要注意的是,数据资源目录需要与各部门调研确认后方能最终生效。在目录化展现方面,北京市试点探索将区块链技术与数据资源管理目录结合,推动数据目录上链,各部门可以通过目录区块链门户网站查看数据来源、内容、要素、格式、发布日期、数据所在的系统和表格等信息,区块链的可追溯、防篡改等特征保障了数据目录的可靠性,各部门"有哪些数据""数据在哪儿"一目了然。在数据维护目录维护方面,数据资源的目录通常分为基础数据资源目录、主题数据资源目录和部门业务数据资源目录。其中,基础数据资源目录由人口、法人、空间地理信息、宏观经济等基础数据资源库的牵头建设部门负责编制和维护,主题数据资源目录由主题事项或信息化共建工程的牵头部门负责编制和维护,部门业务数据资源目录由对应的业务部门或大数据管理部门负责编制和维护。为了保障数据利用的有效性,根据数据的应用场景的不同规定数据归集周期。例如,浙江省开展的"数据高铁"创新,由浙江省大数据发展管理局统一建设标准、工具、监控、质量等要求,省域内各部门分级配置数据任务,开展数据加工,建设实时的数据仓库,并将数据仓库统一汇聚到浙江省公共大数据平台,数据供给和需求侧通过公共大数据平台点对点对接,推动部分准确度要求高的数据如企业异常经营目录、停车场数据等实现了分钟级共享。

(3)数据安全管理制度:在《中华人民共和国数据安全法》《中华人民共和国个人信息保护法》等上位法的基础上,数据安全管理制度应至少包含数据安全主体责任、数据处理安全评估、保密审查等制度。在数据安全主体责任方面,需要清晰界定数据收集方、使用方和运行方的安全责任,明确责任分工;在数据处理安全方面,针对涉密、敏感数据需要事先进行安全性评估,并制定相应的安全保护措施和应急预案;在保密审查方面,凡是受限或禁止共享(开放)的数据资源均应该建立保密审查制度,其他约定的与大数据相关的重大决策、发展规划、会议材料、方案、合同、协议、报告、预算等信息内容也需要纳入保密范围,为保障保密审查制度的有序推进,应有专门的部门牵头负责保密工作,督促其他机构落实保密制度要求,若部分数据资源由第三方合作单位运营,需要审查与第三方单位的安全条件,在符合条件的要求下与其签署保密协议,要求第三方单位严格履行保密义务,并按照运营行为规范要求进行数据运营。

(4)经费保障制度:大数据工作的正常运转离不开必要的经费支持。大数据平台的建设强调顶层设计,通过统一规划和建设标准来推动数据的融通,之前分散在各个部门的建设运维权限也因此集中、统一到某个部门。集约化的建设运维管理模式有效节省了经费开支,降低了基层政府部门的压力,同时提升了安全保障水平。浙江、上海等省市通过立法的方式为大数据应用的经费保障提供支持。《上海市数据条例》第三十七条规定,"本市财政资金保障运行的公共管理和服务机构开展公共数据收集、归集、治理、共享、开放及其质量和安全管理等工作涉及的经费,纳入市、区财政预算";《浙江省公共数据条例》第一章第五条规定,"县级以上人民政府应当将公共数据发展和管理工作纳入国民经济和社会发展规划以及数字政府建设等相关专项规划,建立健全工作协调机制,完善政策措施,保障公共数据发展和管理工作所需经费"。

(5)人才培训制度:大数据理念的推广、技术的升级、应用的深化等都离不开专业人才的支持。国务院印发的《大数据发展行动纲要》中就明确提出要加强大数据专业人才培养,同时结合大数据应用创新需要,积极引进大数据高层次人才和领军人才。政府的大数据应用要解决大数据人才短缺的问题,可探索建立"政产学研"协同机制,与高校、科研机构、优秀行业企业、专业公司建立协同体系。同时,充分利用好当地的高校人才培养资源,加强与教育部批准设置"数据科学与大数据"专业的学校进行合作。二是加强对各部门人员的培训工作,增强各部门对大数据工作的理解和认识,将大数据工作的关键内容和时间节点及时同步给各部门,推动各部门积极配置内部资源。常态化的培训工作帮助各部门掌握大数据工作的整体架构和路线,具备数据汇聚、应用创新的基本方法,能够利用大数据平台及其应用系统进行业务分析和信息展示,熟练操作日常维护、故障处理所需的必要技能和工具等。例如,北京市经济和信息化局2019年就探索建立了北京市大数据人才培训示范基地和北京市大数据教学实践基地,授牌了12家单位。其中,北京市大数据人才培训示范基地授牌单位包括北京大数据研究院、北京交通大学、清华大学、北京城市学院、北京航空航天大学和首都师范大学;北京市大数据教学实践基地包括阿里巴巴科技(北京)有限公司、北京三快在线科技有限公司、腾讯云计算(北京)有限责任公司、北京市政交通一卡通有限公司、北京市计算中心和中国农业大学。

(6)评估考核机制:评估作为一种重要手段应用于数据共享、数据开放、数据安全、数据监管等工作,并明确写入地方政府公共数据的相关法律法规中。例如,《浙江省公共数据条例》第五十五条就明确规定,"公共数据主管部门、公共管理和服务机构可以组织有关单位、专家或者委托第三方专业机构,对公共数据共享、开放和安全保障等工作开展评估"。《上海市数据条例》第三十五条也要求"市大数据中心应当按照市政府办公厅明确的监督管理规则,组织开展公共数据的质量监督,对数据质量进行实时监测和定期评估,并建立异议与更正管理制度"。此外,为提高大数据应用中多主体协同配合和主动创新的机制,应明确专门的部门负责大数据的考核评估工作,根据各部门职责和年度任务,制定绩效评估指标体系,组织对各相关机构进行评估考核,及时发现问题并加以整改,总结创新经验并在更大范围内推广。评估考核指标体系应覆盖数据资产、数据汇聚、开放共享、应用效果、安全管控、平台能力、组织管理等方面,建立评估考核系统,充分利用好动态、客观、真实的数据资源,通过量化可视化的全景图直观展现评估考核结果,推动评估考核成为大数据应用的"纠偏器"和创新发展的"驱动器"。

第6章 政府数据开放与政务服务创新

信息技术与经济社会的交汇融合引发了数据迅猛增长,数据已成为国家基础性战略资源,对经济发展、社会稳定和国家治理具有重要作用。政府作为公共服务的主要提供方,采集并保有了海量与社会发展密切相关的数据,其价值和潜力亟待挖掘。政府数据开放是指任何人都可以自由、免费地访问、获取、利用和分享政府的数据。自2017年以来,在国家《促进大数据发展行动纲要》《政务信息资源共享管理暂行办法》等多项政策的持续推进下,我国政府数据开放工作发展迅速。自2012年上海市上线了全国第一个政府数据开放平台以来,截至2021年10月,全国已有193个省级、副省级和地级政府上线了数据开放平台。政府数据开放改变了传统的科层制组织结构,推动组织结构扁平化,促进政府变革,构建新型的政务服务组织模式。政府数据开放还有利于促进公众参与,提升政府公信力,推动政务服务创新。如何进一步推进政府数据开放,实现高质量发展是"十四五"时期的重要研究课题。本章梳理了政府数据开放的发展历程,介绍了我国政府数据开放的发展现状,并分析了政府数据开放推动政务服务创新的作用机制与具体案例。

6.1 政府数据开放发展趋势

6.1.1 政府数据开放的定义

开放知识基金会(Open Knowledge Foundation)将数据开放定义为人们可以自由使用、再利用及分享数据,没有任何法律、技术及社会的限制。多国领导人签署承诺的《开放数据宪章》将数据开放定义为具备技术和必要的法律特性,能被任何人在任何时间和任何地点免费利用、再利用和再分配的电子数据。世界银行认为,数据开放是能被任何人免费使用、再利用或者再分配,最大程度上保持其原始数据来源和开放性的数据。数据开放应具有两个维度的特性:一是合法开放,数据应置于公共领域或者在自由条款下受到最低程度的限制;二是技术上开放,开放数据应以机器可读且非专有的电子数据格式发布,以便于任何人使用免费、通用的软件获取并利用数据。数据是公众可获得的,在公共服务器上供公众获取,无密码或者防火墙限制。纽约大学治理实验室(Govlab)汇总分析了11个研究机构、政府部门、国际组织给出的开放数据定义,指出开放数据的定义中提及最多的标准特点是免费、公众可获得、非排他性、可利用结构、开放授权、数据再利用等。

国内对政府数据开放的定义、特点与国际观点类似。郑磊(2015)认为,政府数据开放是指任何人都可以自由、免费地访问、获取、利用和分享政府的数据。政府数据开放强调信息技术的使用,向公众免费、无差别、无限制地开放数据,且数据为原始的第一手资料,未经过加工(付熙雯,2013)。上海市人民政府于2019年9月发布的《上海市公共数据开放暂行办法》指出,公共数据开放是指公共管理和服务机构在公共数据范围内,面向社会提供具备原始性、可机器读取、可供社会化再利用的数据集的公共服务。国内多项政策总结提出了开放数据应具备的特点。国务院办公厅于2017年发布的《政务信息系统整合共享实施方案》中提出,推动政府部门和公共企事业单位的原始性、可机器读取、可供社会化利用的数据集向社会开放。中央网信办、发展改革委、工业和信息化部于2018年1月联合发布的《公共信息资源开放试点工作方案》指出,开放要保证数据的完整性、准确性、有效性、时效性;试点地区要制定公共信息资源开放技术规范,明确开放数据的完整性、机器可读性、格式通用性等要求。

6.1.2 政府数据开放发展历程

数据开放运动起源于美国民间运动。2007年12月7日,30名政府数据开放活动倡导者在美国加利福尼亚州聚集,举办了一场讨论会,旨在增强公众关于数据开放活动对民主政治重要意义的理解。会后,部分政府数据开放活动倡导者组成工作组撰写了《开放数据原则》,明确提出政府数据开放的八项原则:

(1)完整性。所有公共数据均开放,除非涉及国家安全、个人隐私或其他特别限制。

(2)一手性。开放的数据应是源头数据,未被整合或加工过的数据。

(3)及时性。为保证数据价值,应尽快开放数据。

(4)可得性。数据可以被最大范围的使用者出于各种需要获取。

(5)机器可读性。数据结构合理,可被计算机自动处理。

(6)非歧视性。数据向所有人开放,无须注册。

(7)非私有性。任何实体对开放的数据都没有绝对的控制权。

(8)免于授权性。数据不受任何版权、专利和商标或者贸易保密规则的限制,除非涉及个人隐私、国家安全或者其他特别限制。

2009年,美国联邦政府发布了《开放政府指令》,提出了美国开放政府的透明、参与、协同三项原则,制定了开放政府计划,明确了政府各部门建设开放政府的工作步骤,包括线上发布政府信息、提高开放信息质量、构建开放政府文化、形成开放政府政策体系等,积极推动政府数据开放。同年5月,美国联邦政府正式上线了全球首个一站式政府数据开放平台(www.data.gov)。该平台提供了来自美国联邦政府机构的原始数据,开放了针对不同用户的数据格式与工具,根据公民需要将数据分类并建立了不同专题(陆健英,郑磊,2013)。继美国之后,各国纷纷开展政府数据开放活动。2010年1月,英国上线了英国政府数据开放平台Data.gov.uk。加拿大、欧盟各国也纷纷上线了政府数据开放门户网站。此外,发展中国家也投入政府数据开放的实践活动中,巴西、墨西哥、印度等国相继建立了国家政府数据开放平台。据《2020年联合国电子政务调查报告》统计,已有153个国家建设并上线了政府数据开放门户网站,其中约有114个国家出台了开放政府数据政策。

6.1.3 数据开放的国际合作

随着政府数据开放在全球范围内的兴起,各国政府间也加强了数据开放的国际合作。2011年,美国、英国、挪威、巴西、印度尼西亚、墨西哥、菲律宾、南非等八国领导人共同建立了"开放政府伙伴关系联盟"(Open Government Partnership,以下简称为"OGP"),旨在推动建设透明、公众参与、包容性和负责任的政府。截至2021年3月,78个国家、多个地方政府以及数千个民间社会组织已加入了开放政府伙伴关系联盟。组织通过给成员制定发展计划,提供方向指引,推动全球数据开放发展进程。OGP组织成员与民间社会组织合作共同制定为期两年的行动计划,明确具体的执行步骤和政府承诺计划。目前,OGP成员已经制定了4500项承诺,行动计划覆盖采购合同公开、公民权、公平正义以及性别和包容性等多个领域。OGP组织通过与民间组织合作和公民直接参与项目等渠道监督政府工作。OGP的独立报告机制(Independent Reporting Mechanism)监督所有行动计划的执行以确保政府遵循承诺。组织关注性别、包容性、数字治理、公民权、自然资源和腐败等多个领域,推动组织成员参与相关活动项目解决社会问题。例如,OGP为推动性别多样化观点融入社会和政府实践中,推行了"Break the Roles"活动,利用数据开放、政府承诺等途径构建开放政府,推动女性了解并参与政府事务,增加女性声音,保障女性权利。目前已有31个成员国承诺采取行动计划或者制定开放政府承诺,通过开放公共服务、采购合同等领域数据,举办开放政府周等活动,构建政府与妇女组织合作等工作模式,实现政府工作中的性别多样性,保障女性权益。截至2020年3月,OGP组织成员共制定了127份承诺,承诺范围从通过跨政府收集分析数据实现干预以减少性别冲突到增加女性所有企业获得公共采购竞标的机会。

2013年7月，美国、加拿大、法国、德国、意大利、日本、俄罗斯、英国八国集团领导人签署了《G8开放数据宪章》。2015年，各国政府代表、国际组织等相关部门组织了一场关于政府数据开放的讨论会议，制定了国际性的《开放数据宪章（Open Data Charter）》，提出了政府数据开放的六项关键原则。第一，默认开放；第二，数据及时且全面；第三，数据的可得性和可利用性；第四，可比较性和互操作性；第五，旨在改善治理活动和公民参与；第六，促进包容性发展和创新。开放数据宪章组织与150余个政府组织合作，通过推动政府采集、共享并使用优质数据，高效且负责任地解决紧急的社会、经济和环境问题，重点关注反腐败、气候变化和薪资公平等领域；在保障社会与公众权利的同时，促进政府数据开放且免费获取，旨在创造更公平的社会和创新型经济。

数据开放国际组织积极拓展政府数据开放活动，将政府数据开放与气候变化、反腐败、新冠疫情相结合，积极宣传数据开放的作用，推动数据开放在全球范围内的应用。2015年，G20反腐败工作组（G20's Anti-corruption Working Group）出台了G20反腐败数据开放原则，指出数据开放能通过追踪资金流动、公开采购条款、促进部门合作、改善政府工作环境等途径有效反腐。G20成员国均签署了该项原则协定，利用数据开放行动推动反腐败工作的进展。开放知识基金会举办了活动"Net Zero Challenge"，旨在通过开放数据的创新规模化应用，追踪气候变化，评估气候影响，应对气候危机。该活动鼓励参与者提出新想法和意见，利用数据开放推动气候保护活动。开放数据宪章组织联合Gov Lab组织，呼吁各国政府实现开放数据合作，建立流行数据卡，政府开放健康数据、法律和社会经济影响数据、财政数据等增强公众对公共部门的信任，全球共同对抗新冠疫情。

6.1.4 政府数据开放衡量指标

随着越来越多的国家和地区投身于政府数据开放的实践中，一些国际组织建设了评估政府数据开放效果的项目。万维网基金会的"开放数据晴雨表"（Open Data Barometer）和开放知识基金会的全球数据开放指数（Global Open Data Index）是被各国政府、国际组织广泛认可的评估指标（郑磊，高丰，2015）。

开放数据晴雨表旨在揭示全球开放数据行为的发展趋势与影响，为各国政府和地区提供比较数据。开放数据晴雨表指标的评估范围覆盖一百余个国家的数据开放情况，主要从开放数据的准备度、开放数据活动的执行情况、开放数据活动对商业、政治和公民参与度的影响三方面进行评估。

（1）开放数据的准备度：主要从各国各地区开放数据所具备的条件来衡量，包括政府对开放数据的承诺、开放数据政策和国家战略、开放工作管理机制、保护个人隐私的法律法规体系、专业人士的参与、政府部门对数据竞赛等创新活动的支持、国家及各地政府开放数据计划等内容。

(2) 开放数据的执行情况：主要关注开放数据类型（包括全国地图、土地所有权、政府预算与支出细则、法律、公司登记信息、国际贸易信息、公共交通时间表、健康医疗部门和教育部门绩效、环境、犯罪统计、选举结果、官员信息等多项数据）、数据的可用性、数据完整且机器可读、数据免费获取、数据开放许可、数据集更新频率等。

(3) 开放数据活动的影响：主要评估开放数据对于商业、政治和社会组织带来的影响，包括政府工作效率和效能、国家政府透明度和公信力、环境可持续能力、弱势群体参与政策制定并获得政府服务的机会、经济发展、开放数据利用情况等方面。

开放数据晴雨表目前已发布了四版全球评估报告，最新版全球报告[①]评估了115个国家和地区，排名前十的国家依次为英国、加拿大、法国、美国、韩国、澳大利亚、新西兰、日本、荷兰、挪威。报告指出，政府开放数据行动应朝着数据共享、根据公民需求开放数据、数据便于公民使用的方向发展。

全球开放数据指数根据开放知识基金组织提出的开放定义（开放数据与内容两个维度）制定衡量政府数据开放情况指标，发布全球政府数据开放基准，给全球政府数据开放情况提供真实全面的写照。全球开放数据指数评估了全球94个国家及地区、1410个开放门户网站、166个开放数据集，包括政府预算、政府支出、政府采购、选举结果、国内法律、法律草案、公司登记信息、土地所有权、全国地图、行政边界信息、定位信息、全国统计信息、天气预报、空气质量与水质等15个方面的数据开放情况。2016—2017年全球开放数据指数年度报告称，排名前十的国家和地区分别为澳大利亚、英国、法国、芬兰、加拿大、挪威、新西兰、巴西、爱尔兰、中国台湾地区。

6.2 我国政府数据开放的政策演变

6.2.1 中央政府政策

我国最早关于数据公开的政策是国家测绘局于1994年发布的《国家测绘局

[①] 开放数据晴雨表2018年发布了leaders edition，评估了签署开放政府宪章或签署G20开放数据反腐败原则的30个国家或地区；此处引用的是2017年发布的全球版报告，评估了全球115个国家和地区。

行政法规、规章和我国重要地理信息数据发布办法》,政策明确规定了我国重要地理信息数据的发布形式、内容和信息数据发布流程(黄如花,吴子晗,2017)。2008年,国务院办公厅出台了《中华人民共和国政府信息公开条例》,条例中提出行政机关应及时、准确地公开政府信息,遵循公开、公平、便民的原则;并明确规定了公开范围、公开方式与程序、公开保障等。2015年,国务院办公厅发布《促进大数据发展行动纲要》,将稳步推动公共数据资源开放作为主要任务,明确提出要稳步推动公共数据资源开放,优先促进民生保障服务领域数据集向社会开放,加快建设国家政府数据统一开放平台,制定公共机构数据开放计划,制定政府数据共享开放目录。纲要出台后,数据开放、大数据、"互联网＋"相关政策大量涌现,推动了我国数据开放的快速发展。

2016年,国务院办公厅发布了《"十三五"国家信息化规划》,提出要推动数据资源应用,推进公共数据资源向社会开放,强化数据资源管理。同年,《"十三五"国家战略性新兴产业发展规划》明确提出实施国家大数据战略,将大数据发展上升至国家战略层面,推进数据资源开放共享。自2016年起,国务院办公厅每年度印发政务公开工作要点,以推进国家治理体系和治理能力现代化。为响应号召,各部门相继出台了一系列大数据发展政策,如《生态环境大数据建设总体方案》《交通运输信息化"十三五"发展规划》《人力资源社会保障部办公厅关于加快推进公共就业服务信息化建设和应用工作的指导意见》等,掀起了我国政府数据开放的浪潮。2016至2017年间,国务院办公厅相继发布的《关于全面推进政务公开工作的意见》《政务信息系统整合共享实施方案》《关于推进公共资源配置领域政府信息公开的意见》等文件对信息资源公开领域、公开程序、公开平台、组织保障等基本要素做出了明确的规定,完善了数据开放工作的基本要素。2019年,国务院办公厅修订了《中华人民共和国政府信息公开条例》,文件将公开行为进行分类,修订完善了以下内容,一是坚持公开为常态,不公开为例外,明确规定了信息公开的主体和范围,不断扩大主动公开;二是完善依申请公开程序,切实保障申请人权益,对影响政府信息公开的行为做了明确规范;三是提出通过加强信息化手段的运用提高政府信息公开实效。该条例的修订推动了数据开放工作的发展。

《2020年政务公开工作要点》提出,要加强用权公开,加强公共卫生信息公开,围绕优化营商环境加强信息公开等。2021年出台的《中华人民共和国国民经济和社会发展第十四个五年规划和2035年远景目标纲要》提出,要加强公共数据开放共享,扩大基础公共信息数据安全有序开放,将公共数据服务纳入公共服务体系,将公共数据开放写入了十四五规划。《2021年政务公开工作要点》提出,要做好各类规划、市场规则标准和监管执法信息、财政信息、常态化疫情等信息的公开,做好政务信息管理,完善政务公开平台,推进基层政务公开标准化规范化,深化政务公开。2022年1日,国务院办公厅发布《要素市场化配置综合改革试点总体方案》提出,完善公共数据开放共享机制,探索完善公共数据开放、运营服务、完善保障管理机制,优先推进企业登记监管、卫生健康、交通运输、气象等高价值数据向社会开放,充分彰显了我国政府对政府数据开放的重视。

表 6-1 我国中央政府数据开放相关政策梳理(以发布时间为序)

政策名称	发布机构	发布时间	数据开放相关内容
《国家测绘局行政法规、规章和我国重要地理信息数据发布办法》	国务院办公厅	1994年11月	规定我国重要地理信息数据的发布形式、内容和信息数据发布流程
《中华人民共和国政府信息公开条例》	国务院办公厅	2008年3月	明确政府信息公开范围、公开的方式与程序、信息公开的监督与保障
《促进大数据发展行动纲要》	国务院办公厅	2015年9月	将稳步推动公共数据资源开放作为主要任务,加快建设国家政府数据统一开放平台,制定公共机构数据开放计划
《生态环境大数据建设总体方案》	生态环境部	2016年3月	推动生态环境数据资源开放,建立数据开放目录,统筹建设大数据环保云平台,完善组织机制
《2016年政务公开要点》	国务院办公厅	2016年4月	细化政务公开工作任务,加强公开力度,加强政策回应,加强组织保障
《交通运输信息化"十三五"发展规划》	交通运输部	2016年4月	推动交通运输公共数据资源开放,建立交通服务大数据开放平台
《人力资源社会保障部办公厅关于加快推进公共就业服务信息化建设和应用工作的指导意见》	人力资源社会保障部办公厅	2016年10月	推动公共就业服务信息对外开放,支持社会服务机构利用政府数据资源,加强国家级公共就业服务信息平台建设
《关于全面推进政务公开工作的意见实施细则》	国务院办公厅	2016年11月	推进政策决策、执行、管理、服务、结果"五公开",强化政府网站建设和管理,扩大公众参与,完善政务公开组织保障机制

续表

政策名称	发布机构	发布时间	数据开放相关内容
《"十三五"国家战略性新兴产业发展规划》	国务院办公厅	2016年12月	提出实施国家大数据战略,将大数据发展上升至国家战略层面,推进数据资源开放共享
《"十三五"国家信息化规划》	国务院办公厅	2016年12月	推进数据资源应用,保护数据安全,强化数据资源管理,推进数据资源共享开放行动
《2017年政务公开要点》	国务院办公厅	2017年3月	明确政务公开范围,政务公开促发展惠民生,推进"放管服"改革信息公开,推动发展新产业信息公开
《政务信息系统整合共享实施方案》	国务院办公厅	2017年5月	推进开放,加快公共数据开放网站建设,构建公共信息资源开放目录
《关于推进公共资源配置领域政府信息公开的意见》	国务院办公厅	2017年12月	提出信息公开重点领域,明确公开主体,强化公开时效,拓宽公开渠道
《公共信息资源开放试点工作方案》	中央网信办、发展改革委、工业和信息化部	2018年1月	确定北京市、上海市、浙江省、福建省、贵州省作为开放试点地区,试点内容包括建立统一开放平台,明确开放范围,促进数据利用等
《2018年政务公开要点》	国务院办公厅	2018年4月	提升政务服务实效,推进网上办事服务公开,推进政务公开平台建设,推进政务公开规范化
《中华人民共和国政府信息公开条例》	国务院办公厅	2019年4月	更新信息公开领域,提出通过信息化手段运用提高政府信息公开实效
《2019年政务公开要点》	国务院办公厅	2019年4月	聚焦政策落实,深化重点领域信息公开,加强三大攻坚战、"放管服"改革、重点民生领域等信息公开,优化服务功能,加强平台建设
《2020年政务公开要点》	国务院办公厅	2020年7月	加强用权公开,明确信息优先公开领域

续表

政策名称	发布机构	发布时间	数据开放相关内容
《中华人民共和国国民经济和社会发展第十四个五年规划和2035年远景目标纲要》	国务院办公厅	2021年3月	加强公共数据开放,扩大基础公共信息数据安全有序开放,将公共数据服务纳入公共服务体系
《2012年政府公开要点》	国务院办公厅	2014年4月	做好各类规划、市场规划标准和监管执法信息、财政信息、常态化疫情等信息的公开、做好政务信息管理完善政务公开平台,推进基层政务公开标准化、规范化
《要素市场化配置综合改革试点总体方案》	国务院办公厅	2022年1月	完善公共数据开放共享机制,探索完善公共数据开放、运营服务、安全保障管理机制,优先推进企业登记管理、卫生健康、交通运输、气象等高价值数据向社会开放

6.2.2 地方政府政策

在中央政府的指引下,各省市政府出台了大量有关数据开放的政策,积极推动政府数据开放发展进程。据《大数据白皮书(2020年)》统计,截至2020年9月,除黑龙江省外,全国共有30个省份出台了56份政府数据开放的相关政策文件。本节从政策的效力和针对性两方面分析各地市数据开放政策发布情况。数据开放法规政策的效力等级决定了其约束力的强弱,分析政策效力可以窥见各地政府部门对数据开放工作的重视程度。根据政策效力强弱,可将数据开放政策从高至低划分为地方性法规、地方政府规章、一般规范性文件、部门规范性文件。针对性是指法规与政策是否专门为政府数据开放而制定,体现了政策对数据开放工作的有效性。

在法规的政策效力层面,目前仅有贵州省和贵阳市出台了有关政府数据共享开放的地方性法规,其他地方的数据开放相关法规政策均为地方政府规章或规范性文件。贵州省作为我国数据开放的先行者,2019年发布了《贵州省政府数据共享开放条例》,规定了数据开放的不同类型、推动开放数据利用机制建设、数据开放组织制度保障机制等内容。贵阳市于2017年发布了全国首部政府数据共享开放地方性法规《贵阳市政府数据共享开放条例》,明确了开放数据分类、组织机制、数据获取流程等。上海市政府和浙江省政府先后发布了地方政府规章,积极推动了数据开放进程。其余省市发布的数据开放政策均为规范性文件,如温州市政府出台的《温州市公共数据共享开放管理暂行办法》属于一般性规范文件,北京市交通委员会发布的《北京市交通出行数据开放管理办法(试行)》为部门规范性文件。

在法规政策的针对性层面,复旦大学数字与移动治理实验室发布的《中国地方政府数据开放报告(2019年下半年)》根据政策内容可将数据开放政策划分为专门针对数据开放、针对公共数据资源共享和开放、针对公共数据资源管理或大数据发展应用促进以及针对公共数据和一网通办(或电子政务)管理四类。截至2022年3月,我国共有14个地方出台了专门针对政府数据开放的政策法规如表6-2所示。

表6-2 专门针对数据开放的政策汇总表

政策层级	政策名称	发布机构	发布时间	政策形式	政策主要内容
省级政策	《上海市公共数据开放暂行办法》	上海市人民政府办公厅	2019年8月	地方政府规章	制定了数据开放机制,平台建设标准,数据利用工作,数据开放工作保障机制等,推进多元开放
	《浙江省公共数据开放与安全管理暂行办法》	浙江省人民政府办公厅	2020年6月	地方政府规章	明确各公共数据的开放类型,制定数据获取利用流程,建立数据管理制度
	《天津市公共数据资源开放管理暂行办法》	天津市互联网信息办公室	2020年7月	地方规范性文件	规定了公共数据开放机制、开放平台、数据的开发利用以及数据的监督保障
	《广西公共数据开放管理办法》	广西壮族自治区大数据发展局	2020年8月	地方规范性文件	明确开放数据组织分工,完善开放平台管理,制定数据管理保障机制,鼓励数据利用
	《重庆市公共数据开放管理暂行办法》	重庆市人民政府办公厅	2020年9月	地方规范性文件	制定数据资源目录,明确开放系统,制定数据开放与安全管理机制,推进多元开放
	《山东省公共数据开放办法》	山东省人民政府	2022年1月	地方政府规章	明确数据开放方式、优先开放类型,鼓励开放数据利用,制定开放数据保障管理机制

续表

政策层级	政策名称	发布机构	发布时间	政策形式	政策主要内容
地级政策	《福州市公共数据开放管理暂行办法》	福州市人民政府办公厅	2019年11月	地方规范性文件	制定数据开放体系,数据使用流程,开放工作的安全监督机制,促进多元开放
	《连云港市公共数据开放与利用管理暂行办法》	连云港市人民政府办公厅	2019年11月	地方规范性文件	明确数据分类开放标准,开放清单,开放平台建设,数据利用流程,开放工作监督保障等
	《天津市公共数据资源开放管理暂行办法》	天津市互联网信息办公室	2020年7月	地方规范性文件	明确公共数据资源开放标准、开放组织和监督管理保障,建设开放平台,规定开放数据利用要求
	《哈尔滨市公共数据开放管理暂行办法》	哈尔滨市人民政府办公厅	2020年8月	地方规范性文件	规范了公共数据开放的定义和原则,建设开放统一平台,推行数据质量管理
	《青岛市公共数据开放管理办法》	青岛市人民政府办公厅	2020年9月	地方规范性文件	明确了数据开放相关主体与开放领域,制定了数据安全管理机制,推进数据开发利用
	《烟台市公共数据开放管理办法》	数字烟台建设专项小组办公室	2020年11月	地方规范性文件	明确数据开放方式,编制开放数据目录,规定了数据质量,推动数据利用
	《南宁市公共数据开放管理办法》	南宁市大数据发展局	2020年12月	地方规范性文件	明确开放数据工作的职责分工和组织保障,制定开放平台管理机制,制定数据安全、质量、利用等流程规定
	《德阳市公共数据开放管理暂行办法》	德阳市人民政府办公室	2021年7月	地方规范性文件	明确开放平台管理机制,制定数据开放规范,推进多元开放,建立数据开放保障机制

总体而言,中央及各省市政府出台了一系列数据开放相关政策,积极推动政府数据开放进程,但仍存在法律法规欠缺、针对性不强等问题(付熙雯、郑磊,2013)。中央政府出台的政策形式多为战略纲要、指导意见,条例指向不明,缺少细则(白献阳 等,2018);且尚未出台针对数据开放的专门性政策(刘红波、黄煜华,2018)。地方政府出台的政策多为规章或规范性文件,效力较弱;政策多与信息共享、大数据发展等主题相关,缺乏明确针对开放数据的政策指导(赵玉攀,2020;蔡城城等,2017)。政策支持度与领导重视程度还有待加强,数据开放之路任重而道远。

6.3 我国政府数据开放平台建设现状

当前我国政府数据开放实践仍处于起步阶段。根据国际指标评估,我国在2017年的开放数据晴雨表中排名第71位(共115个国家和地区);在2015年[①]的全球开放数据指数中排名第93位(共122个国家和地区)。中国还没有上线真正意义上的国家级数据开放平台。我国上线的国家政务服务平台、中国政府网数据板块等平台网站,主要用于发布政府信息,仍属于信息公开范畴(王林川、寿志勤,2022)。虽然我国尚未推出国家层面的数据开放平台,但各地方政府积极建设并上线了地方数据开放平台。从2012年上海市上线了全国第一个政府数据开放平台起,截至2021年10月,全国已有193个省级、副省级和地级政府上线了数据开放平台;目前已有71.43%的省级行政区(不含直辖市)和51.33%的城市(包括直辖市、副省级与地级行政区)上线了政府数据平台。

6.3.1 我国地方政府数据平台建设情况

顺应数据开放发展趋势,我国地方政府不断推进开放数据平台建设工作。复旦大学数字与移动治理实验室发布的"中国开放树林指数"和《中国政府数据开放报告》是我国首个专注于评估政府数据开放水平的重要指数和专业报告。2021年下半年的《中国地方政府数据开放报告(省域)》综合各地数据开放情况评估指出,在省级层面表现最优的为浙江与山东,其次是贵州和广东,四川、广西、福建、江西紧随其后。《中国地方政府数据开放报告(城市)》指出,在城市层面,上海、青岛、烟台表现最优,其次是福州、深圳、济南、杭州、临沂等地。据《中国地方政府数据开放报告(2020年下半年)》(以下简称《报告》)统计评估称,地方政府数据开放平台数量和开放的有效数据集大量增加。2017年至2020年10月,国内地级以上的地方政府数据开放平台增长了7倍,从20个增至142个,有效数据集增长超十倍,达到了98558个。

---

① 中国未参与2016年的全球开放指数评估。

数据层面,尽管各地的开放数据集有所增加,但地方平台的数据管理工作仍有待增强。杨瑞仙等人(2016)评估了7个有代表性的地方政府数据开放平台,发现开放平台的主题内容不够全面,多数网站数据无人问津,开放平台存在数据量少、规范性和实用性不高,平台缺乏完善系统的数据描述,缺乏完善科学的分类体系,缺乏有效、丰富的互动交流,数据未及时更新等问题。《报告》也提出,各地之间开放的数据情况差异显著,部分地区的数据集还存在高缺失、碎片化、低容量等问题。目前还有50%的地方开放的有效数据集仍不到100个,仅有40%的地方平台提供了优质数据集(数据量大、社会需求高的数据集),各地的数据更新频率低。全国仅有不到20%的地方平台将数据分级分类,仅有约22%的地方平台开放的数据集覆盖了所有重要主题。

平台层面,各地数据开放平台功能还有待完善。林明燕等人(2019)通过构建政府数据开放平台绩效评估指标体系,评估我国数据开放平台,指出各地数据开放平台存在搜索功能覆盖面不广、平台间缺乏互联互通、平台互动交流需注册才能使用等问题。郑磊等人(2015)通过建立基于基础、数据、平台三大层面13个维度的评估框架,分析评估了地方开放政府数据实践情况,指出地方政府开放平台缺乏便捷的数据获取渠道,用户与政府间缺乏及时有效公开的互动交流。截至2020年10月,在所有开放平台中,只有约74%的平台及时更新动态消息,约40%的平台提供可下载的开放数据目录。73%的平台具有搜索功能,其中只有50%的平台配备了筛选项的高级搜索功能,约51%的平台有数据集推荐功能。只有41%的平台公开了用户意见并进行了及时有效的回复。在平台互联互通和包容性功能上,各地整体水平较低。只有29%的平台提供了与其他政府数据开放平台的连接,只有约22%的平台提供了无障碍浏览等包容性功能(郑磊,2018)。

利用层面,我国目前的开放数据利用成果较少,且地区间存在较大差异,开放数据的利用工作还有待进一步发展。孟显印等人(2020)分析了我国数据开放应用开发情况,指出现有开放政府数据平台应用数量少且质量有待提高,应用开发主体积极性不高,应用浏览和下载情况较差等。各地政府积极组织开放数据利用促进活动。截至2020年下半年,全国已有12个省级政府和47个地级(含副省级)政府举办了不同形式的开放数据利用活动。全国有41%的地方举办过综合性或行业性的开放数据创新利用比赛,16%的地方组织数据交流会、成果征集等引导赋能活动。但数据利用活动的可持续性不足,仅有12%的地方能连续举办活动。公众利用开放数据产生的成果较少,仅有13%的地方平台展示了有效利用成果;成果来源较单一,交通出行领域占有效成果总数的40%(林明燕,张廷君,2019)。

6.3.2 案例分析:上海市公共数据开放平台

2012年6月,上海市上线了我国首个地方政府数据开放平台"上海市政府数据服务网";2019年11月,上海市公共数据开放平台正式开通运行,引领了我国数据开放发展进程。在 2020 年上半年的《中国地方政府数据开放报告》中，上海市在平台层排名第一。在 2020 年下半年的《中国地方政府数据开放报告》中，上海在省级综合中排名第二，利用层排名全国第一。在 2021 年下半年的《中国地方政府数据开放报告（城市）》评估中，上海市在城市排名中综合表现最佳，排名第一。

从数据层面看，截至 2022 年 4 月，平台已开放 5688 个数据集（其中包括2495个数据接口），46962 个数据项，1006305363 条数据。就数据的开放性而言，平台将开放数据划分为无条件开放、有条件开放两类。无条件开放数据占比67.91%，有条件开放数据占比 32.09%，公民登录后申请开放方可获取。开放的数据集提供 XLS、CSV、XLSX 等机器可读的格式，方便用户获取。就数据的时效性而言，平台上的数据实时更新，在数据搜索页面标注了数据的更新时间。网站首页提供了最新动态信息，帮助用户了解平台开放数据的最新情况。就数据的实用性而言，平台数据覆盖经济建设、城市建设、民生服务、资源环境、公共安全、教育科技、卫生健康、文化休闲、道路交通、机构团体、信用服务、社会服务等 12 个领域，涉及100 个数据开放机构。平台访问量达 601418 次，数据下载次数高达1567383次，数据需求次数为 28644 次，展现了上海市公共数据开放平台在公众生活中的重要作用。平台下载量排在前三位的数据分别是上海市普通高等学校信息、1978 年以来住宅投资和竣工建筑面积、上海市公务员管理机构概况信息。在上海市普通高等学校信息的数据集下，用户给出了数十条"数据全面有用"的评价。

从平台层面看，平台以方便、易操作的方式供用户查找数据。就平台搜索功能而言，平台配备了搜索和高级筛选功能，公众可通过搜索关键词获得相关政策数据并根据下载次数、综合得分、更新时间、浏览次数等多因素筛选得到自己所需的数据。平台根据公民具体需要，划分了婚育、交通出行、社区周边服务、就医与保健、城市安全等 9 个具体应用场景，方便公众根据办事需要获取数据。平台将数据产品、数据接口和数据应用区分开来，用户可根据自己需要选择所需的类型；提供可下载的开放数据目录，数据根据数据领域、资源类型、数据提供单位、综合评分等多个因素分类，用户可根据分类导航寻找所需数据。平台也配备了相关数据集推荐功能，各具体数据集下方有推荐的相关数据集，方便用户拓展获取相关数据。就平台下载功能而言，平台中 67.91% 的数据均为无条件开放的数据，用户无须登录注册登录便可自行下载查看。针对有条件开放的数据，平台提出了明确的申请开放要求，需登录账户并填写数据用途、应用场景、安全保障措施等信息。网站首页公示了成功申请开放的处理记录。平台提供了多种格式的数据集，但仅有部分数据具备预览功能，大部分数据均需下载后才可浏览。就平台互动功能而言，平台提供了良好的用户体验，且实现了平台与用户间的互动反馈，用户可对平台提供的数据集打分并评论。数据平台设立了互动社区，根据不同功能，将互动社区划分为信息发布区、聊天交流区、信息共享区、提问反馈区等区域，及时回应公众诉求。为提供个性化服务，平台区分个人登录和法人登录两种渠道；个人登录需提供身份证、姓名等基本信息,法人登录则需提供法人证明,具有严格的数据安全保障。

从利用层面看,上海市积极推进开放数据的利用,目前平台上共推出了58个数据开发应用,如普惠金融应用、上海市消费维权大数据智能管理平台、上海水质检测平台等,获得了公众好评。开放应用提供了关键词、数据领域、主题分类、访问下载次数、数据利用方、应用简介等基本信息,便于用户根据搜索关键词或者查看主题等方式选择不同类型的数据应用。综合评分最高的普惠金融应用通过利用由上海市科委、市人力资源和社会保障局、市规划资源局、市生态环境局、市住房城乡建设委、市税务局、市高级法院等8个部门提供的300多项数据,实现了纳税、社保缴纳、住房公积金、市场监管、发明专利、科创企业认定、环保处罚、商标、司法判决等信息向商业银行开放。各商业银行利用开放的300多项数据,积极开发了"沪惠贷""数据e贷""浦发数聚贷""沪信优贷"等创新型信贷产品。这些产品具备线上申请便捷、审核快速高效、信用贷款比重较高、贷款成本较优等突出特点。在优化完善小微企业金融服务的同时,进一步延伸普惠金融服务触角,服务更多有融资需求的小微企业,充分发挥了公共数据资源开放的数据红利,切实提升金融服务实体经济质效。新冠疫情期间,上海市公共数据开放平台根据新冠疫情及时公布便民信息,开放了核酸检测服务机构信息,数据信息可通过预览和下载的方式获取,包括csv、json、rdf、xlsx、xml等多种格式。平台也积极推动举办开放数据创新利用比赛,鼓励大众利用开放数据,激发全社会对开放数据利用的热情。以上海市经济与信息化委员会主办的上海开放数据创新应用大赛(简称SODA)为例,政府各部门依托上海市公共数据开放平台联合开放了大量优质数据集,吸引了众多参赛者提交创意方案。2020年的SODA大赛以"慧聚数据力量,创新城市发展"为主题,围绕城市运营、医疗健康、交通出行、文化教育、信用服务、商业服务六大领域开展专题比赛,向全球征集开放数据创新应用方案。参赛者提交了地摊经济、交通客流分析、信贷服务等多个民生领域的治理方案,为政务服务创新发展注入了活力。

上海市政府为上海市公共数据开放平台的建设工作提供了政策支持。上海市人民政府于2019年9月发布的《上海市公共数据开放暂行办法》是国内首部针对公共数据开放进行专门立法的政府规章。该办法规定,市大数据中心依托市大数据资源平台建设开放平台,且为唯一的平台;开放平台为数据开放主体提供数据预处理、安全加密、日志记录等数据管理功能,为数据利用主体提供数据查询、预览和获取等功能;市经济信息化部门通过开放平台,对社会价值或者市场价值显著的公共数据利用案例进行示范展示。该政策对于开放数据的分级分类、开放数据清单、有条件开放数据的获取方式、平台功能等做出了明确的规定,为公共数据开放平台的建设提供了政策保障。

6.4 政府数据开放创新案例分析

6.4.1 政府数据开放有助于提高政务服务效率

政府通过向公众免费开放数据可以提高政务资源的利用效率,推动政务服务数字化,优化政府服务模式,提升政府服务能力。政府数据开放使政府由原来的生产者、直接供应方转变为原料提供者、服务监督方;不仅节省行政成本,还可以提高数据资源的利用效率(谭海波,张楠,2016)。政府数据开放在政府与公众间架起了联系的桥梁,实现了资源的高效利用和公共服务的有效供给(郑磊,2015)。

上海市政府通过构建开放数据平台,为居民提供了优质高效的公共服务,提高了政府公共服务水平。上海市政府从公民需求角度入手,制定了《上海公共数据和一网通办管理办法》,创新政府工作方式。上海市政府打造了集聚政府、行业和社会数据,可跨层级、跨部门、跨系统、跨服务共享交换的一站式服务平台,为打造数字政府、提升上海市民的生活水平做出了巨大贡献。政府部门可通过该平台获取其他部门的数据,简化了跨部门工作的烦琐程序,极大地提高了行政工作效率。为与线上服务相融合,还设有两百多个线下服务点和两万多名工作人员,来满足公众的线下服务需求。这种线上线下相融合的体系实现了"一网通办"的服务方式,使用户可以在一次访问中完成所有事项和流程。平台用户可随时随地随身获得电子服务,给公众获取公共服务创造了便利。这种方式对年长者、失业者和孕妇等有特殊需要的弱势群体来说尤为方便。

由于气候变化、持续高温和干旱期的影响,小农户的农业生产活动面临着极为严峻的挑战。为应对这一挑战,哥伦比亚政府农业部与民间社会国际热带农业中心(the International Center for Tropical Agriculture,以下简称"CIAT")签署了协议,旨在增强哥伦比亚小农户应对多变气候的能力,提高哥伦比亚小农户生产率。协议内容包括政府相关部门在 Aclimate Colombia 平台上开放过去 25 年内收集的农业作物种植数据、每日天气数据、天气预计情况数据、农业数据组合等。CIAT 利用政府开放的数据向农户提供具体建议以提高其农业生产率,并将建议向社会大众公开。公众可以在 Aclimate Colombia 网站上通过阅读新闻通讯、利用数据分析工具、查询以数据为基础的农业战略报告以及登录政府官方数据开放门户网站等多渠道获取开展农业活动,提升农业生产率的相关数据和专业建议。例如农业部门开放了年度水稻调查、水稻收成检测记录以及农业实验结果等数据,CIAT 利用开放的元数据确定作物的种植地点,根据天气预报选择种植的稻米品种和播种时间。不仅专业组织可以利用开放数据提高农业生产率,小农户也可以利用数据自主进行农业决策。小农户可以在平台下载所需数据,利用往年的农业数据分析农业情况,做出农业决策。此外,该平台对数据进行了一系列分析,为用户提供了针对特定种植区域和特定作物的建议;平台提供数据分析工具,用户可利用数据分析工具分析开放的原始数据,为农业生产决策提供科学化支持。该项目提升了农民的农业生产决策能力,增强了农民对农业专业知识的了解,推动了新形式的农业实践。该项目的推行改善了农民决策,节省了约 360 万美元的政府支出,提高了小农户生产效率,节省了行政成本,解决了农户"靠天吃饭"的难题,切实发挥了开放数据的经济价值与社会价值。该模式使得农业生产由传统的小农自主生产决策模式发展为利用数据技术的科学化决策模式,使政府由原来的农业生产活动支持者变为活动参与者,提升了政务服务质量,提高了政务服务效率。政府农业数据开放提高了农业数据的利用率,节约了行政成本,实现了政务资源的高效利用和政府服务的有效供给。

6.4.2 政府数据开放有助于提高政府公信力

政府开放数据有利于提高政府透明度和公信力。推动公共数据开放,建设透明政府是提升治国理政能力的必然要求,能增进施政民意基础,增强公民对政府的信任(鲍静 等,2017)。政府部门通过公开政府采购合约、财产公开登记簿、利益登记簿等数据,有助于民众了解政府信息,有利于防治腐败,增强政府部门公信力(赵雪娇 等,2017)。

开放政府伙伴关系联盟致力于通过开放数据推进反腐败、公开定约、政治公平等活动。OGP 成员国积极响应组织号召,促进公开定约、政府采购信息公开等工作,致力于打造透明政府。欧洲成员国中有 64 个国家承诺参与开放采购合同项目。2015 年,为提高政府公共采购流程的透明度,法国政府出台了新法规,要求各市政府部门向公众免费开放公共采购合同,公开购买者和签订合同的相关数据,并须及时更新采购数据。公众可以追踪采购合同从计划到实施的全过程。根据法律要求,政府公开公共采购的相关数据,使得更多的竞标者,尤其是位于偏远地区的小型竞标公司,有更大的可能竞标成功。这种透明度的承诺使公民获得更高质量的政府服务,给小型企业提供更多的发展机会,优化了政府服务。政府部门公开相关数据,便于公众追踪资金流向,形成公开透明的政府采购流程,打造透明型政府,提高政府公信力。

英国政府提出了 2019—2021 年的国家开放政府行动计划,主动开放公共合约数据,建立了平台(Contracts Finder platform),可以追踪所有公共合同从计划到最终实施的全过程。该平台可以帮助政府、私人公司和公民利用开放的数据来了解公共采购和政府工作。在平台基础上,公民和政府能全程追踪资金流向,为各方提供透明公开的合同指导,帮助改善公共合同机制。英国的公开定约机制增强了公众对政府的信任,增强政府部门的公信力。

为建设透明政府,增强政府公信力,巴西总审计长办公室(the Brazilian Office of the Comptroller General,以下简称"CGU")建立了透明门户网站,利用该网站开放政府预算和支出相关数据,实现政府财政透明。目前,该网站主要开放了以下五类数据:①联邦政府机构在政府采购和招标过程的直接支出;②所有向州、市和联邦的资金转移;③向社会福利计划提供者的财政转移;④行政支出,包括员工工资、员工差旅费、每日津贴和办公室支出;⑤所有政府官方信用卡支出的相关信息。该门户网站作为公众监督政府计划财务执行情况的渠道,旨在提高政府管理的透明度,使公众能够跟踪和监督公共资金的使用方式。该网站还通过电视节目和线下学习培训班等方式教授公众使用该网站,鼓励公众利用开放的数据监督公职人员工作。网站也设立了反馈渠道,公民可通过多种方式匿名举报不端行为或犯罪行为。2012年,该网站每月用户数量为336512;截至2015年,该网站每月超过900000位访问者。网站流量的大幅上涨说明该网站在公众公共生活的相关性和重要性。巴西的透明门户网站有效地减少了腐败,控制了公共支出,推动了公众参与。自CGU发布有关政府信用卡使用记录的数据后,媒体多次报道了可疑交易行为。信用卡数据的发布使得官员在政府卡上的支出减少了25%,有效地防治了腐败现象,增强了政府的公信力。透明国际指出,2013—2015年间,巴西的反腐败工作取得了良好的进展(Transparency International,2015)。政府的开放数据计划可以帮助发现非法或不正当的政府支出,使公民参与反腐败运动,并推动公共政策的完善,推动巴西政府朝着透明政府的方向发展。巴西政府通过向公众开放相关数据并动员公众参与监督过程中,有效地增强了公民对政府的信任。

6.4.3 政府数据开放有助于增强公众参与

政府数据开放构建了新型的政府与社会关系,增强了政府与社会间的互动合作。通过开放政府数据,公众能掌握政府一手数据,激发公众参与政府活动热情,使公众获得更多政府运作的信息,增强公众参与公共事务的程度(郑磊,2015)。政府开放其保有的数据,为社会大众的生产、生活和经济社会活动服务,可助推经济增长和社会发展,提升公众参与和政民合作(郑磊,2015)。

韩国将政府公共数据向公众开放,推动公众利用公众数据参与国内政务活动。韩国在各行政层级推行了参与式预算活动。韩国推行市级参与式预算已有30多年的历史,而国家层级的参与式预算活动刚刚兴起,全国性的参与式预算系统完善了全国范围内市级的参与式预算系统。例如,韩国首尔政府通过公告、网络论坛和市政府网站中的电子预算板块等渠道向市民开放往年政府预算数据,公开各市级部门的年度预算金额和规划草案文件,向公众征求意见。韩国公众通过获取并利用政府部门开放的数据,了解政府财政资源分配情况,向相关部门提出预算提案,积极参与国内政府活动。韩国国家层级的参与式预算系统旨在加强财务活动的透明度,通过促使公众参与预算提案、预算提案筛选和排序工作,增加公众参与预算活动的兴趣。参与式预算活动开展以来,公众积极提出想法或者建议,相关部门对公众提出的议案做出回应。参与式预算系统拓宽了公众参与范围,在公开提案后公众可参与审核和排序步骤。世界银行指出,基于政府数据开放的参与式预算制度为公民提供了更多预算数据访问渠道,提高了政府透明度,赢得了公民信任,创造了公民参与政治生活的新形式(The World Bank,2013)。

2013年肯尼亚总统选举前夕,该国的独立选举和边界委员会(Independent Electoral and Boundaries Commission,以下简称"IEBC")在网站上开放了国内各投票中心位置的相关数据,但由于提供的数据为PDF格式且数据文件太大,公众难以下载。此外,由于数据繁多,公众难以在其中搜索获取需要的数据。为解决这一问题,促进公民参与选举,"Code for Kenya"团队创建了"GotToVote!"项目,下载并抓取了IEBC开放的数据,建立了网站,使IEBC数据便于公众访问使用,以较低的成本开放了数据,并为公众提供了解决实际公共问题的工具。公众利用该工具可直接从下拉列表中选择所在的选区,并找到注册地点。"GotToVote!"网站在第一周就获得了约6000次的点击,后期不断更新完善网站功能,可通过数据搜寻帮助用户找到最近的选民登记中心,公众也可以获取当地的官方选举结果。该模式也推广至非洲多个国家。IEBC的数据开放与"GotToVote!"项目提高了公众对选举的认识,增强了公民参与选举投票活动的积极性。

6.5 未来我国数据开放的改革路径

6.5.1 我国政府数据开放发展方向

目前我国的政府数据开放工作仍处于探索发展阶段,政府数据开放政策体系尚未完善,政策类型较单一,政策内容指向不明,缺乏专门性政策(黄如花,温芳芳,2017);数据开放平台存在缺乏优质数据集、平台功能尚未完善、开放数据利用程度不足等问题(刘新萍 等,2017),亟需明确我国政府数据开放的发展方向与路径。

完善开放数据政策体系,丰富政府数据开放政策内容与类型。目前已经出台的中央政策多关注大数据发展、政务信息资源共享管理、信息公开等领域。国务院于2019年修订的《政府信息公开条例》重点关注信息公开领域，不适应大数据背景下政府数据开放的发展新要求。国务院办公厅每年度发布的《政务公开要点》着重关注各部门政务信息公开问题，对政府数据开放的关注较少。目前中央层面并未形成针对政府数据开放的政策，政策针对性较差。政府部门应制定更明确、有针对性的法律法规，结合我国现有政策完善政府数据开放政策体系。在完善数据开放基本政策的同时，细化具体政策，构成补充协调政策有机体系（白献阳等，2018）。

加强平台建设，制定数据标准。目前各地在推进数据开放工作中遇到的难题之一就是没有数据标准。各地在数据开放工作中都制定了自己的数据格式与技术标准，没有形成全国统一的标准，持续下去将会导致各地系统分离，形成新的数据孤岛，给政府数据开放工作增加障碍。国家应组织制定一套针对开放数据的工作标准，增强政府数据开放工作的科学性、统一性和规范性（谭海波 等，2016）。各地的开放平台亟需优化建设，各地政府应加强平台功能建设，优化搜索、数据分类等功能，从用户需求角度建设平台，加强平台与用户之间的互动交流，提升用户体验（陈涛，李明阳，2015）。

以人为中心，切实保护公民利益，开放"有温度的数据"。随着政府数据开放工作的发展，数据开放与公民隐私保护间的关系、数字鸿沟等问题为学者们所关注。政府数据开放网站中包含着公民的个人信息，随着大数据技术不断发展，个人隐私的保护问题更为迫切（张建彬，黄秉青，2017）。法律保障是确保数字政府公正、保护公民隐私的有效制度，政府部门应在加强数字政府建设的过程中，出台数据开放配套保障政策，平衡政府数据开放与个人隐私保护之间的关系（张晓娟，王文强，2016）。大数据在发展的过程中会形成对于某些个人或者群体的歧视，部分弱势群体如低收入人群、老年人、残障人士等群体会因为缺少数据技能而有可能被边缘化成为"技术难民"。数字鸿沟的进一步拉大将影响公共服务的均等化、公平性与包容性。在大数据技术不断发展的同时，政府部门应该关注数字弱势群体的发展。开放数据在推动社会进步发展的同时，也应该为这些弱势群体提供发展的机会，不让任何一个人在数字时代掉队（郑磊，2021）。政府部门应给数据弱势群体提供数据获取渠道，培养其获取线上数据的能力；同时应长期保留线下服务渠道和传统服务方式。政府开放的数据不是冷冰冰的，而应该以人为中心，开放有温度的数据。

6.5.2 政府数据开放推动政务服务创新

政府数据开放有利于促进大众利用公共数据，推动政务服务方式创新，为政务发展集思广益。政府数据开放使得数据在社会自由流动,知识和信息向大众自由流动,通过数据的分享、利用和开发,吸引了社会各界人士参与公共事务治理,激发民间智慧,促进大众创新(谭海波,张楠,2016)。政府通过向社会免费开放公共数据,提供社会增值开发和创新应用,激发大众创业和万众创新,提高国家治理能力(郑磊,2015)。数据开放活动推动了公众创新应用公共数据,开发数据应用。例如交通运输部公路科学研究院与百度等多家单位联合开发了"出行云"平台,促进交通运输行业科学决策与管理创新,为社会公众提供商品化、差异化、多层次的综合交通出行信息服务。"出行云"平台向社会大众开放交通部门的原始数据,包括直接下载数据和需要申请数据两类,公众可根据自己需要直接下载数据或者注册平台后提交申请获取数据。交通运输部通过向社会开放数据,促进了与各互联网企业间的合作,形成了近百项出行服务开发基础接口,以及实时路况、实时公交、地图路网、市内地图 4 项共建服务接口。交通部门通过开放数据,加强与各企业的合作,向公众提供道路拥堵情况、道路检测情况、节假日出行预测分析等多方面的服务,优化了传统服务方式,为政务服务创新注入了新活力。

  政府数据开放改变了传统的科层制组织结构,推动组织结构扁平化,促进政府改革,构建了新型的政务服务组织模式。数据开放将传统的政府领导工作模式转变为政府、企业、社会协同工作的模式,要建立政府引导、协会推动、企业师生、公众参与的创新模式(陈之常,2015)。政府数据开放可以使公众获得更多有关政府运作的信息,增强公众参与,推动政府与社会合作。政府数据开放为政府改革提供了一条新路径,在政府、企业和公众之间架起了一道沟通合作的桥梁,促进了政府与社会间的互动交流,增强了政府部门决策的科学性。政府治理的发展趋势从政府一元主导模式转变到政府与多种社会力量合作的多元治理模式,形成多中心、开放型的网络治理结构(胡海波,娄策群,2019)。

第 7 章 智能化技术赋能政务服务改革的创新策略

本章的内容基于前文的政务服务建设现状分析,国内外政务服务改革创新经验总结,立足智能化技术推动政务服务改革创新机理,综合考虑政务服务改革内在要求,企业群众服务需求以及智能化技术应用发展趋势,以持续提升政务服务获得感和幸福感为目标,从顶层设计、集成融合、制度规则完善三个方面提出智能化技术赋能政务服务改革的创新策略。

7.1 开展顶层设计,理顺政务服务建设体制机制

7.1.1 强化政务服务统筹管理

全国政务服务中心已基本覆盖省市县三级,并延伸到乡镇(街道)。但不同层级的政务服务之间没有隶属关系,多为业务指导,这从政务服务中心标准化、视频监控、电子监察的覆盖层级可以得到验证。与此同时,覆盖省市县三级的省级一体化政务服务平台的建设比例超过80%。但由于多个地方省级层面未建立专门的政务服务管理部门,线上线下服务平台的建设管理主体不统一,政务服务中心向网上延伸的效果也不理想。

基于此,国家层面应建立政务服务管理机构,宏观规划指导全国的政务服务建设,省级层面建立专门的省级政务服务部门,统筹全省线上线下政务服务平台的发展,充分发挥好政务服务中心和互联网政务服务平台覆盖面广、功能完善等基础优势,同时理顺体制机制,解决当前政务服务中心"多人提要求,实际无人管"的怪象。

7.1.2 制定国家政务服务标准规范

调研发现,各地政务服务中心在建设模式和进驻事项范围等方面存在较大差

异。一些地方的综合政务服务中心能够进驻人力资源和社会保障、不动产登记、国地税缴纳等服务事项，一些地方这些服务事项则是在部门的服务大厅独立运行。一些地方的政务服务中心仅提供行政许可事项的办理服务，一些地方的政务服务中心还能够提供行政确认、行政给付、行政征收等权力事项和公共企事业单位的服务办理。

深化政务服务，应当着力提升政务服务的标准化水平，以"为用户办事提供最大程度便利"为目标，"应进必进"为原则，建立"一站式、一门式"服务标准。调研发现，综合政务服务中心的服务质量往往优于单部门独立的服务大厅，其原因主要是综合政务服务中心的服务监督更为有力，标准化程度更高，更倾向于从办事群众需求角度而不是站在部门业务角度开展工作。

建议国家层面牵头分级分类制定政务服务中心的服务质量标准规范。例如，以"一窗受理"为目标，明确综合服务窗口的建设路径与标准，提高政务服务中心场地的利用率，避免事项办理量冷热不均而造成某些窗口排队等待时间过长的问题。研究制定政务服务中心的咨询解答、预约受理、排队取号、政务服务中心功能区域设置与布局、服务指南、服务时间、服务承诺、绩效评估、满意度评价等方面的规范性要求，从服务细节上提升服务质量，给办事群众更多温暖贴心的体验。

7.1.3 全面推进落实"两集中、两到位"

"两集中、两到位"是建立规范高效的审批运行机制和提高行政服务效能的重要途径。调研发现，一些地区政务服务中心的服务水平相对落后，主要原因是对政务服务中心职能定位和授权还不到位，政务服务中心仅仅起到"收发室""传达室"的作用，在缩短办理时间、减少跑腿次数等方面起到的作用非常有限。即使一些服务水平领先的政务服务中心，在涉及专业性、政策性较强的复杂事项上，依靠政务服务中心服务人员进行审核办理也存在一定困难，从而影响了用户的办事效率。

以推动"两集中、两到位"为切入点和抓手，在各地开展政务服务改革工作，对政务服务中心的授权到位，人员到位，避免用户先要到部门去预审，预审通过后再去政务服务中心"走程序、走过场"，这样才能使政务服务纳入公开规范运行的轨道。在此基础上，强化各地政务服务主管部门对审批和服务事项各要素优化重组的职能和作用，继续深化简政放权改革，调研用户实际办事过程中出现的烦琐不合理环节，改进完善具体的办事受理和处理程序的规定。

7.1.4 及时总结相对集中行政许可权试点经验

实证分析结果表明，以行政审批局的设立为特征的审批职能归并模式能够有效促进行政效率的提升。与此同时,国家推进的相对集中行政许可权试点工作为地方创新提供了良好的制度环境,有助于降低职能归并过程中来自地方部门的阻力。但是在实际的调研过程中也发现,同样是试点区域,其行政效率也存在较大差异。可见,审批职能归并模式的实施除了审批职能本身,还可能受到诸如职能定位、职能边界、制度规范等其他因素的影响。据此,国家层面应搭建统一交流平台,推动试点区域积极分享成功经验,总结试点过程中的制约和困境,必要的时候以制度形式固化下来,作为后续试点工作的具体要求,通过这种方式循环改进升级审批职能归并模式。

7.2 强化集成融合,建立整体型政务服务综合超市

7.2.1 逐步推进政务服务资源全面整合

随着审批事项的不断精简和下放,政务服务中心将从审批服务提供为主向综合性服务提供方向发展,最终形成统一的政务服务超市。政务服务超市能够满足企业群众对政务服务找得着、看得清、管得着的需求,在为企业群众办事提供一揽子服务的同时,将服务内容和服务过程全面置于第三方监管之下。

政务服务超市应以政务服务中心为载体,以集约化、规范化为原则,探索通过合署办公、职能归并、监管一体等方式整合包括政务服务热线、公共资源交易平台、部门专业政务服务中心等在内的多种政务服务资源,同时推动公共服务、中介服务进驻政务服务中心,构建管理协同、布局合理、公开透明、标准统一的政务服务超市,为企业群众提供全面、丰富、满意的服务产品。

7.2.2 着力突破政府信息共享交换壁垒

跨部门跨区域信息共享交换壁垒是当前政务服务中心建设存在的突出问题。在政府信息共享方面,各地做了大量积极的探索,包括建立统一的信息共享交换平台,制定信息共享交换目录,建立基础数据库、电子证照库等。但正如李克强总理所说,政府信息共享仍然是当前"放管服"改革中难啃的"硬骨头",是打通改革"经脉"的关键所在。新技术为突破信息共享壁垒提供了新的思路。以需求为导向,通过建立部门之间,办事材料之间和办事事项之间的社会网络关系,能够清晰地定义各事项的材料需求,明确各个部门、各项材料在信息共享网络中的地位,通过智能合约技术将这种客观的共享需求固化下来,企业群众在办事的过程中需要的信息能够基于智能合约进行自动推送,同时,采用加密技术以保障数据安全,采

用区块链的分布式记账确保共享全过程可追溯。信息共享交换壁垒的突破将为政务服务运行模式的发展提供更为广阔的空间。

7.2.3 加快推动线上线下服务一体化

线上线下一体化是互联网时代满足企业群众便利办事的客观要求。随着线上线下平台的不断完善以及网民群体的持续扩大，政务服务将以逻辑集中物理分散的形态存在，即以线上平台为政务服务的前端界面，线下平台则作为有力的后台支撑，负责提供人员、技术和业务保障。其中，线上平台以互联网政务服务平台为总入口，连接移动客户端以及微信公众号、支付宝、淘宝、头条新闻等社会化平台，线下平台以综合性实体政务服务中心为主体，辐射部门专业化政务服务中心以及公共企事业单位的公共服务平台。

立足当前线上线下不融合的问题，加快推动线上线下一体化，首先需要统一管理机构，消除线上线下平台利益分歧，达成目标共识，激发线下平台自主向线上延伸，线上平台积极向线下扎根。在此基础上，统一服务标准和服务系统，实现线上线下服务无差别，系统无缝对接。

7.2.4 试点开放融合智能的服务供给

随着政务服务资源不断向政务服务中心汇聚以及线上线下一体化的实现，政务服务中心将积累大量实时的、结构化的政务服务数据。这些数据将成为推动政务服务供给创新的重要资源。利用好这些数据资源，需要充分借助社会市场的力量。

首先，推动政务服务数据有序开放，建立政务服务数据开放的管理体系，明确开放范围和开放标准，确保政务服务数据开放的质量和时效性，然后，在此基础上再引导社会和市场力量参与政务服务数据价值挖掘，通过政务服务数据开发利用重构服务内容，最终实现单一的服务供给向多元服务供给转变，为企业群众提供更为精准、智能的公共服务。

7.3 完善制度规则，建立推动智能化技术应用的制度体系

7.3.1 创新探索鼓励智能化技术应用的制度规则

智能化技术的应用目前仍处于地方试点探索的阶段，尚未在全国范围内全面推开。由于现行的政策法规与新技术应用要求不匹配，导致改革者往往陷于合规

和容错的两难境地,一方面,亟待对文件资料进行全面细致地梳理、实地调研和风险评估,开展修订或废除工作,为智能化技术应用扫清制度上的约束;另一方面,立足政务服务改革需求,结合智能化技术的共性和个性特征,科学研讨未来发展方向,建立鼓励创新的制度规则,填补相关制度空白。在共性制度规则方面,聚焦数据管理和安全管理,围绕数据采集、共享、分析、应用、开放等制定诸如数据权属界定、数据质量评价、数据分级分类共享、数据授权运营管理、数据资产登记管理、数据应用范围、网络安全、数据安全、设施安全、技术应用安全等相关的标准规范、管理制度等。在个性制度规则方面,互联网技术重点建立服务接入、网办深度、系统对接、信息无障碍等方面的制度;人工智能技术重点建立伦理规范、算法公正、算法透明、算法追溯等相关的监管制度;区块链技术重点建立数据上链、链上存证、智能合约、跨链兼容、沟通机制、通办权责等方面的标准规范。

7.3.2 加强政务服务人员教育培训与考核问责

政务服务最终是依靠窗口工作人员完成的。因此,窗口工作人员的素质与能力成为提高服务质量和满意度水平的关键。办事群众反映较多的问题体现在,工作人员业务水平不够,一些事项提交哪些申请材料,以及这些申请材料有什么具体要求(如盖章签字等),政务服务中心工作人员往往不如部门审核人员专业。由于政务服务中心工作人员指导和告知工作的不到位,而导致用户申请材料不齐全或不符合要求的情况屡见不鲜。由此,亟须提高政务服务中心服务人员的业务水平,对办事人的常见问题及办理程序要能够熟练掌握,尤其是下放给基层的权力事项,上级部门更要深入细致地进行培训,给出标准化的操作规程并加强指导。主管部门应设计好政务服务中心服务人员的职业发展路径,创造晋升空间;明确考核标准,加强绩效评估,对优秀的服务人员要鼓励奖励,对不合格的人员要问责处罚,提高服务人员的责任性和服务意识。

7.3.3 健全线下服务线上平台保障宣传机制

各地互联网服务平台建设水平参差不齐,同一平台不同事项的信息化服务能力也有较大差别。各地的互联网政务服务水平多处在办事规程公开透明的发展阶段,大多数服务平台以提供准确的办事指南信息为主,除商事登记、税务等领域外,网上预约、网上查询、网上申请等深度服务功能相对欠缺。提升各地互联网政务服务平台建设质量的紧迫性、必要性显得十分突出。

一是"以用户为中心"加强互联网政务服务门户的建设。不仅要按照用户获取服务的思维习惯优化事项分类和导航设置,还要更加注重服务界面的易用性和辅导帮助,增加功能说明和办理提示,形成易读易懂的完整的"使用说明书",解决多数群众反映的互联网政务服务平台功能不易用的问题。

二是"以效率为目标"加强政务服务数据共享平台的建设。目前来看,各地政务服务中心普遍缺少电子证照库、申请资料库的支撑,用户办事需要重复提交材料,政务服务中心工作人员需要重复录入申请信息,申请效率和办理效率亟待提高。国家应制定电子证照和申请材料的"云"标准,依托政务服务数据共享体系实现逻辑分散的证照云和申请材料云能够跨地区、跨部门、跨层级共享。

三是"以全程在线为导向"加强政务服务管理平台和与业务办理系统的对接。完善政务服务事项管理、运行管理、监督考核等功能,对于共性较强的事项提供统一的办理处理功能,对于专业性较强的事项能够无缝与业务办理系统整合对接,不断提高互联网政务服务的支撑能力。

四是"以广泛使用为价值"加强渠道接入和宣传推广工作。依托各级政府网站、移动客户端,特别是微信公众号、支付宝城市服务平台等社会第三方平台提高互联网政务服务的易得性和易用性,使办事规程的信息公开、办事咨询、状态查询、预约申请等服务功能更加贴近群众的使用习惯。调研发现,很多办事人对已建成和实现的互联网政务服务平台功能知晓度不高,信任感不强,加强宣传推广工作势在必行。各地政务服务主管机构可在完善互联网政务服务平台功能的基础上与报刊、传媒等积极联系对接开展宣传,制作卡通视频等培训短片广泛播放,让人民群众了解并掌握互联网政务服务平台的使用方法,提高线上政务服务的使用率,同时根据用户的反馈不断优化升级服务内容,持续提高服务率和服务质量。

参 考 文 献

[1] 艾琳,王刚. 重塑面向公众的政务服务[M]. 北京:社会科学文献出版社,2015.

[2] Osborne SP. Public Service Management as a Design-Oriented ProfessionalDiscipline[M]. Cheltenham,UK:Edward Elgar Publishing,2019.

[3] 赫伯特·S. 西蒙. 人工科学[M]. 北京:商务印书馆,1987.

[4] 马亮. 如何理解和解释"最多跑一次"改革?——评《"最多跑一次"改革:浙江经验,中国方案》[J]. 公共行政评论,2019,12(4):180-186.

[5] 孔繁斌,郑家昊,刘明厚. 充分利用政务服务中心建设深化行政管理体制改革[A]. 江苏行政管理学会. 政府管理实证研究:2012江苏行政管理学会课题研究报告[C]. 南京:江苏人民出版社,2013.35-52.

[6] 皮宗平,孙国军,尹政等. 江苏政务公开和政务服务评估体系研究[A]. 江苏省行政管理学会. 政府管理创新研究:2014江苏省行政管理学会课题研究报告[C]. 南京:江苏人民出版社,2015.137-182.

[7] 中共中央关于全面深化改革若干重大问题的决定[EB/OL].(2013-11-12)[2022-03-01]http://www.gov.cn/jrzg/2013-11-15/content_2528179.htm.

[8] 吕元智. 基于云计算的电子政务信息资源共享系统建设研究[J]. 情报理论与实践,2010,33(4):106-109.

[9] 国务院关于加快推进全国一体化在线政务服务平台建设的指导意见[EB/OL].(2018-7-31)[2022-3-1]http://www.gov.cn/zhengce/content/2018-07/31/content_5310797.htm.

[10] 段龙飞. 我国行政服务中心建设[M]. 武汉:武汉大学出版社,2007.186-187.

[11] 国务院办公厅关于开展全国政务服务体系普查的通知[EB/OL].(2017-2-22)[2021-11-15]. http://www.gov.cn/zhengce/content/2017/02/22/content_5169987.htm.

[12] 国务院办公厅政府信息与政务公开办公室. 全国综合性实体政务大厅普查报告[EB/OL].(2017-11-23)[2021-11-15]. http://www.gov.cn/xinwen/2017-11/23/content_5241582.htm.

[13] 孟庆国.线上线下融合是政务服务创新发展方向[J].中国行政管理,2017(12):14-16.

[14] 中华人民共和国中央人民政府网.习近平:决胜全面建成小康社会 夺取新时代中国特色社会主义伟大胜利——在中国共产党第十九次代表大会上的报告[EB/OL].(2017-10-27)[2021-11-15]. http://www.gov.cn/zhuanti/2017-10/27/content_5234876.htm.

[15] 王益民等.2021年省级政府和重点城市一体化政务服务能力调查评估报告[R].北京:中央党校(国家行政学院)电子政务研究中心,2021:1-113.

[16] John M. Bryson, Barbara C.Crosby. The Design and Implementation of Cross-Sector Collaborations: Propositions from the Literature[J]. Public Administration Review, 2006 (12): 44-55.

[17] Lisa Blomgren Bingham. The Next Generation of Administrative Law: Building the Legal Infrastructure for Collaborative Governance [J]. Wisconsin Law Review, 2010(10): 289-350.

[18] Roberts, Nancy C. Coping with Wicked Problems: The Case of Afghanistan. In Learning from International Public Management Reform 11 [M]. London: Elsevier, 2001. 353-375.

[19] Agranoff, Robert, and Michael McGuire. Multinetwork Management: Collaboration and the Hollow State in Local Economic Development [J]. Journal of Public Administration Research and Theory, 1998, 8 (1): 67-91.

[20] 杨清华.协同治理:治道变革的一种战略选择[J].南京航空航天大学学报(社会科学版),2011,13(1):31-34.

[21] 张成福,李昊城,边晓慧.跨域治理:模式、机制与困境[J].中国行政管理,2012(3):102-109.

[22] 李响,严广乐.区域公共治理合作网络实证分析——以长三角城市群为例[J].城市问题,2013(5):77-83.

[23] 崔晶,孙伟.区域大气污染协同治理视角下的府际事权划分问题研究[J].中国行政管理,2014(9):11-15.

[24] 谢宝剑,陈瑞莲.国家治理视野下的大气污染区域联动防治体系研究——以京津冀为例[J].中国行政管理,2014(9):6-10.

[25] 汪伟全.地方间合作创议的建构逻辑[J].探索与争鸣,2014(6):4.

[26] Neil Gunningham. The New Collaborative Environmental Governance: The Localization ofRegulation[J]. Journal of Law And Society Biological Conservation, 2009, 36:145-166.

[27] 张振波.论协同治理的生成逻辑与建构路径[J].中国行政管理,2015(1):58-61+110.

[28] 郁建兴,任泽涛.当代中国社会建设中的协同治理——一个分析框架[J].学术月刊,2012(8):23-31.

[29] Zhang, N., & Guo, X. (2014). Electronic Government Adoption in China: Multiple Research Perspectives in the Post-InformationizationAge[M]. Beijing: Tsinghua University Press, 2014.

[30] Kuk, G., & Janssen, M. The business models and information architectures of smartcities[J]. Journal of Urban Technology, 2011, 18(2):39-52.

[31] Zhang, N., Zhao, X., & He, X. Understanding the relationships between information architectures and business models: An empirical study on the success configurations of smartcommunities [J]. Government Information Quarterly, 2022, 37(2): 101439.

[32] 张定安.全面推进地方政府简政放权和行政审批制度改革的对策建议[J].中国行政管理,2014(8):16-21.

[33] 王学栋,张定安.我国区域协同治理的现实困局与实现途径[J].中国行政管理,2019(6):12-15.

[34] Perri 6. Housing Policy in the Risk Archipelago: Toward Anticipatory and Holistic Government [J]. Housing Studies. 1998, 13(3):347-375.

[35] Perri 6, Towards Holistic Government:The New Reform Agenda[M]. New York:Palgrave, 2002:37.

[36] 孙迎春.发达国家政府跨部门协同机制研究[M].国家行政学院出版社,2014.

[37] 包国宪,张蕊.基于整体政府的中国行政审批制度改革研究[J].中国行政管理,2018(5):28-32.

[38] 陶品竹.从属地主义到合作治理:京津冀大气污染治理模式的转型[J].河北法学,2014,32(10):120-129.

[39] Carey R, Caraher M, Lawrence M,et al. Opportunities and Challenges in Developing a Whole-Of-Government National Food and Nutrition Policy: Lessons From Australia's National Food Plan [J]. Public Health Nutrition. 2016, 19(1):3-14.

[40] 张世秋,万薇,何平.区域大气环境质量管理的合作机制与政策讨论[J].中国环境管理,2015,2:44-50.

[41] 赵新峰,袁宗威.京津冀区域政府间大气污染治理政策协调问题研究[J].中国行政管理,2014(11):18-23.

[42] 韩兆柱,张丹丹.整体性治理理论研究——历程、现状及发展趋势[J].燕山大学学报:哲学社会科学版,2017,18(1):39-48.

[43] 翟云.整体政府视角下政府治理模式变革研究——以浙、粤、苏、沪等省级"互联网+政务服务"为例[J].电子政务,2019(10):34-45.

[44] Perri. Joined-Up Government in the Western World in Comparative Perspective：A Preliminary Literature Review and Exploration[J]. Journal of Public Administration Research and Theory. 2004,14(1):103-138.

[45] 史云贵,周荃.整体性治理:梳理、反思与趋势[J].天津行政学院学报,2014,16(5):3-8.

[46] 韩兆柱,任亮.京津冀跨界河流污染治理府际合作模式研究——以整体性治理为视角[J].河北学刊,2020,40(4):155-161.

[47] 陈丽君,童雪明.整体性治理视阈中的"最多跑一次"改革:成效、挑战及对策[J].中国行政管理,2018(3):29-38.

[48] 郝海波.整体性治理视阈下政务服务"跨省通办"的现实困境和实践进路——以婚姻登记"跨省通办"试点为例[J].中国行政管理,2022(6):12-18.

[49] 秦浩.突发公共卫生事件的整体性治理框架与优化策略[J].中国行政管理,2021(12):148-150.

[50] 韦彬,林丽玲.网络食品安全监管:碎片化样态、多维诱因和整体性治理[J].中国行政管理,2020(12):27-32.

[51] 陈丽君,童雪明.科层制、整体性治理与地方政府治理模式变革[J].政治学研究,2021(1):90-103.

[52] 袁家军.打造"整体智治、唯实惟先"的现代政府更好统筹推进疫情防控和经济社会发展[J].今日浙江,2020(5):12-15.

[53] 余勤.袁家军:打造"整体智治、唯实惟先"的现代政府[EB/OL].(2020-3-9)[2021-11-15]. https://zj.zjol.com.cn/news.html? id=1407361.

[54] 曾凡军,梁霞,黎雅婷.整体性智治的现实困境与实现路径[J].中国行政管理,2021(12):89-95.

[55] 钱天国. 数字赋能全链集成创新:整体智治政府的建设路径[J]. 浙江学刊, 2022 (3):35-42.

[56] Khatri V, Brown C V. Designing data governance[J]. Communication of the ACM, 2010, 53(1): 148-152.

[57] DAMA International. The DAMA guide to the data management body ofknowledge[M]. New Jersey: Technics Publications: 2009.

[58] DAMA International. DAMA-DMBOK2 Framework[EB/OL] https://www.dama.org. 2014

[59] Abraham R, Schneider J, Brocke V J. Data governance: a conceptual framework, structured review and research agenda[J]. International journal of information management, 2019, 49:424-438.

[60] FloridiL. Soft ethnics and the governance of the digital[J]. Philosophy&technology, 2018, 31:1-8.

[61] Lillie T, Eybers S. Identifying the constructs and agile capabilities of Data Governance and Data Management: A Review of the Literature[J]. Communication in Computer and Information Science, 2019, 933: 313-326.

[62] Brous P, Jassen M, Heikkinen V R. Coordinating Decision-Making in Data Management Activities: A Systematic Review of Data Governance Principles[J].Electronic Government. EGOVIS 2016:115-125.

[63] Lember V, Brandsen T, Tõnurist P. The Potential Impacts of Digital Technologies on Co-production and Co-creation[J]. Public Management Review ,2019:1665-1686.

[64] Otto B. A morphology of the organisation of[C]. data governance. 19th European Conference on Information Systems,! 2011.

[65] Mu R, Wang H. A systematic literature review of open innovation in the public sector: comparing barriers and governance strategies of digital and non-digital open innovation[J]. Public Management Review ,2022, 4: 489-511.

[66] 左美云,王配配. 数据共享视角下跨部门政府数据治理框架构建[J]. 图书情报工作, 2020, 64(2): 116-123.

[67] 高翔.超越政府中心主义:公共数据治理中的市民授权机制[J].治理研究,2022(2):15-23.

[68] 黄璜.对"数据流动"的治理——论政府数据治理的理论嬗变与框架[J].南京社会科学,2018(2):53-62.

[69] 黄晓星,丁少芬.基层治理结构与政府数据治理——以Z市T区网格化管理及其专向新工党为例[J].公共行政评论,2022(3):21-39.

[70] 郭斌,蔡静雯.基于价值链的政府数据治理:模型构建与实现路径[J].电子政务,2020(2):77-85.

[71] 蒋敏娟.迈向数据驱动的政府:大数据时代的首席数据官——内涵、价值与推进策略[J].行政管理改革,2022(5):31-40.

[72] 戚学祥.迈向数据驱动的政府:大数据时代的首席数据官——内涵、价值与推进策略[J].北京理工大学学报(社会科学版),2018,20(5):105-111.

[73] 何振,彭海艳.人工智能背景下政府数据治理新挑战、新特征与新路径[J].湘潭大学学报(哲学社会科学版),2021,45(6):82-88.

[74] 许海玲,吴潇,李晓东,等.互联网推荐系统比较研究[J].软件学报,2009(2):178-190.

[75] 中国网信网.CNNIC发布第44次《中国互联网络发展状况统计报告》[EB/OL].(2019-8-30)[2021-3-15].http://www.cac.gov.cn/2019/8/30/c_1124939590.htm.

[76] 李焱冬.人工智能在电子政务建设中的实例应用初探[J].电子政务,2008(5):87-93.

[77] 周斐,李锦芝.基于人工智能的广州市政府智能服务机器人云平台设计及应用[J].数字技术与应用,36(12):130-132.

[78] MaB, Zhang N, Liu G, et al. Semantic search for public opinions on urban affairs: A probabilistic topic modeling-based approach[J]. Information Processing & Management, 2016, 52(3):430-445.

[79] 马宝君,张楠,谭棋天.基于政民互动大数据的公共服务效能影响因素分析[J].中国行政管理,2018(10):109-115.

[80] LuJ, Shambour Q, Xu Y, et al. BizSeeker: A hybrid semantic recommendation system for personalized government-to-business e-services[J]. Internet Research, 2010, 20(3):342-365.

[81] Cornelis C, Lu J, Guo X, et al. One-and-only item recommendation with fuzzy logic techniques[J]. Information Sciences, 2007, 177(22):4906-4921.

[82] GuoX, Lu J. Intelligent e-Government services with personalized recommendation techniques[J]. International Journal of Intelligent Systems, 2010, 22(5):401-417.

[83] Al-HassanM, Lu H, Lu J. A semantic enhanced hybrid recommendation approach: A case study of e-Government tourism service recommendation system[J]. Decision Support Systems, 2015, 72:97-109.

[84] Terán L, Meier A. A fuzzy recommender system for eElections[C]// International Conference on Electronic Government and the Information Systems Perspective. Springer, Berlin, Heidelberg, 2010: 62-76.

[85] Esteban B, Tejeda-Lorente Á, Porcel C, et al. TPLUFIB-WEB: A fuzzy linguistic Web system to help in the treatment of low back painproblems [J]. Knowledge-Based Systems, 2014, 67: 429-438.

[86] Adomavicius G, Tuzhilin A. Toward the next generation of recommender systems: A survey of the state-of-the-art and possibleextensions[J]. IEEE Transactions on Knowledge & Data Engineering, 2005 (6): 734-749.

[87] Sarwar B M, Karypis G, Konstan J A, et al. Item-based collaborative filtering recommendation algorithms[C]//. Proc 10th Int Conf on World Wide Web, 2001, 1: 285-295.

[88] 张楠.公共衍生大数据分析与政府决策过程重构:理论演进与研究展望[J]. 中国行政管理,2015(10):19-24.

[89] Cortés-Cediel M E, Cantador I, Gil O. Recommender systems for e-governance in smart cities: State of the art and research opportunities [C]//Proceedings of the International Workshop on Recommender Systems for Citizens. ACM, 2017: 7.

[90] Jaeger PT, Carlo B J. Designing, Implementing, and Evaluating User-centered and Citizen-centered E-government[J]. International Journal of Electronic Government Research, 2010, 6(2):1-17.

[91] Baum C, Di Maio A. Gartner's four phases of e-government model. Gartner Group Report No. COM-12-6173, 2000.

[92] Dawes S S. Interagency information sharing: Expected benefits, manageablerisks [J]. Journal of Policy Analysis and Management, 1996, 15(3): 377-394.

[93] 关键. 论我国政府信息共享机制的构建[J]. 行政论坛, 2011, 18(3):28-32.

[94] 范静,张朋柱. 政府部门间G2G电子政务信息共享实现程度及其效果实证研究[J]. 系统管理学报,2008,17(2):121-128.

[95] Otjacques B, Hitzelberger P, Feltz F. Interoperability of e-government information systems: Issues of identification and datasharing[J]. Journal of Management Information Systems, 2007, 23(4): 29-51.

[96] 施建忠. 打破共享壁垒[J]. 信息系统工程,2007(3):98-99.

[97] Klievink B, Janssen M. Realizing joined-up government—Dynamic capabilities and stage models fortransformation[J]. Government Information Quarterly, 2009, 26(2): 275-284.

[98] Gil-Garcia J R, Sayogo D S. Government inter-organizational information sharing initiatives: Understanding the main determinants ofsuccess[J]. Government Information Quarterly, 2016, 33(3): 572-582.

[99] 李宇. 电子政务信息整合与共享的制约因素及对策研究[J]. 中国行政管理,2009(4):84-85.

[100] 穆昕,王浣尘,王晓华. 电子政务信息共享问题研究[J]. 中国管理科学,2004,12(3):121-124.

[101] 文庭孝,罗贤春,刘晓英. 电子政务信息资源共享本质及其动力机制研究[J]. 图书情报知识,2008,2008(2):7-11.

[102] 陈氢. 跨部门政府信息共享协商系统研究*--基于元数据[J]. 情报杂志,2014(7):188-193.

[103] 陈文. 政务服务"信息孤岛"现象的成因与消解[J]. 中国行政管理,2016(7):10.

[104] 朱皞罡,赵精武. 区块链重塑电子政务新模型[J]. 高科技与产业化,2017(7):56-59.

[105] 马娟. 基于信息技术的政府财政部门内知识共享影响因素的实证研究[D]. 西安电子科技大学,2010.

[106] 王一晨. 公安情报信息共享的障碍与解决对策[J]. 公安研究,2010(12):77-84.

[107] Sanderson P, Banks D, Deakin S, et al. Encouraging inter-regulator data sharing: the perceptions of regulators[J]. 2015.

[108] Bigdeli A Z, Kamal M M, Cesare S D. Electronic information sharing in local government authorities: Factors influencing the decision-makingprocess[J]. International Journal of Information Management, 2013, 33(5):816-830.

[109] Gil-Garcia J R, Schneider C A, Pardo T A, et al. Interorganizational information integration in the criminal justice enterprise: Preliminary lessons from state and county initiatives[C]//System Sciences, 2005. HICSS'05. Proceedings of the 38th Annual Hawaii International Conference on. IEEE, 2005: 118c-118c.

[110] Zhang J, Dawes S S, Sarkis J. Exploring stakeholders' expectations of the benefits and barriers of e-government knowledge sharing[J]. Journal of Enterprise Information Management, 2005, 18(5): 548-567.

[111] Sanderson, Paul, et al. "Encouraging inter-regulator data sharing: the perceptions of regulators." (2015).

[112] Wheatley M. Leadership and the new science: Discovering order in a chaoticworld[M]. ReadHowYouWant. com, 2011.

[113] 斯坦利·沃斯曼, 凯瑟琳·福斯特, 等. 社会网络分析:方法与应用[M]. 中国人民大学出版社, 2012:112.

[114] 乐云, 张兵, 关贤军, 等. 基于SNA视角的政府投资项目合谋关系研究[J]. 公共管理学报, 2013(3):29-40.

[115] 刘淑华, 潘丽婷, 魏以宁. 地方政府危机治理政策传播与信息交互行为研究——基于大数据分析的视角[J]. 公共行政评论, 2017, 10(1):4-28.

[116] 高轩. 国内外政务信息共享制度的立法比较与借鉴[J]. 求索, 2010(1):135-137.

[117] 贾瑞雪, 李卫东. 基于社交网络演化的政府形象认知传播机制——以上海"12·31"外滩拥挤踩踏事件为个案[J]. 公共管理学报, 2018, 15(2):28-42.

[118] 贾君枝, 闫晓美. 农业网站的链接关系研究[J]. 情报科学, 2011(12):1882-1888.

[119] 李东泉. 地方政府规划管理组织间关系——基于政府门户网站友情链接的社会网络分析[J]. 城市发展研究, 2016, 23(3):30-37.

[120] 孙涛, 温雪梅. 府际关系视角下的区域环境治理——基于京津冀地区大气治理政策文本的量化分析[J]. 城市发展研究, 2017(12):45-53.

[121] 杜杨沁, 霍有光, 锁志海. 基于复杂网络模块化的微博社会网络结构分析——以"上海发布"政务微博为例[J]. 图书情报知识, 2013(3):81-89.

[122] 龙怡, 李国秋. GtoC电子政务中政府信息共享路径研究*——基于上海市个人网上办事项目的社会网络分析[J]. 情报杂志, 2016, 35(9):174-181.

[123] 孙涛,温雪梅.动态演化视角下区域环境治理的府际合作网络研究——以京津冀大气治理为例[J].中国行政管理,2018(5):83-89.

[124] 黄建伟,刘文可,熊佩萱.近 20 年我国 MPA 教育研究的回顾与展望——基于对文献关键词的共词网络分析[J].中国行政管理,2017(05):82-88.

[125] 张玥,朱庆华.Web 2.0 环境下学术交流的社会网络分析——以博客为例[J].情报理论与实践,2009,32(8):28-32.

[126] 雷辉,聂珊珊,黄小宝,等.基于社会网络分析的网络传播主体行为特征研究[J].情报杂志,2015(1):161-168.

[127] 龙怡,李国秋.G to C 电子政务中政府信息共享路径研究——基于上海市个人网上办事项目的社会网络分析[J].情报杂志,2016,35(9):174-181.

[128] 戴维·诺克,杨松.社会网络分析[M].格致出版社,2012:116.

[129] 刘军.整体网分析讲义：UCINET 软件实用指南[M].格致出版社上海人民出版社,2009:113.

[130] Kamarck E. Government InnovationAround the World [EB/OL].(2003-11)[2018-9-21]. http://www.innovations.harvard.edu/sites/default/files/2551.pdf.

[131] Pieterson W. Channel Choice：citizens' channel behavior and public service channel strategy [EB/OL].(2009-3-26)[2018-9-21]http://citeseerx.ist.psu.edu/viewdoc/download？doi＝10.1.1.467.4084＆rep＝rep1＆type＝pdf.

[132] Hajnal G，Kovács É. Analyzing the motives of reforming central government coordination in Hungary：A case study of one-stop-government reforms[C]//XVII IRSPM Conference，Prague，Czech Republic. 2013：10-12.

[133] Osborne D. Reinventinggovernment[J]. Public productivity ＆ management Review，1993：349-356.

[134] Brown T. Coercion versus Choice：Citizen Evaluations of Public Service Quality across Methods ofConsumption[J]. Public Administration Review，2007，67(3):559-572.

[135] Kelly J M. The Dilemma of the Unsatisfied Customer in a Market Model of PublicAdministration[J]. Public Administration Review，2005，65(1):76-84.

[136] SeungKyu Rhee, JuneYoung Rha. Public service quality and customer satisfaction: exploring the attributes of service quality in the publicsector[J]. Service Industries Journal, 2009, 29(11):1491-1512.

[137] Swindell D, Kelly J M. Linking citizen satisfaction data to performance-measures[J]. Public Performance & Management Review, 2000, 24(1):30.

[138] Bent S, Kernaghan K, Marson D B. Innovations and good practices in single-windowservice[M]. Ottawa: Canadian Centre for Management Development, 1999:121.

[139] Bhatti Y, Olsen A L, Pedersen L H. Administrative Professionals And The Diffusion Of Innovations: The Case Of Citizen ServiceCentres[J]. Public Administration, 2011, 89(2):577-594.

[140] Kernaghan K. Moving towards the virtual state: Integrating services and service channels for citizen-centereddelivery[J]. International Review of Administrative Sciences, 2005, 71(1):119-131.

[141] Mansor N, Che H C M R. Customers'Satisfaction Towards Counter Service Of Local Authority In Terengganu, Malaysia[J]. Asian Social Science, 2010, 6(8):227-239.

[142] 吴爱明,孙垂江.我国公共行政服务中心的困境与发展[J].中国行政管理,2004(9):60-65.

[143] 姜晓萍,唐冉熊.完善行政服务中心 深化审批制度改革[J].湖南社会科学,2004(2):30-34.

[144] 赵定涛,卢正刚.我国行政服务中心存在的问题及其对策研究[J].行政论坛,2004(2):21-23.

[145] 张建.建设便民高效的政务"超市"——对滁州市行政服务中心的调研与思考[J].中国行政管理,2005(4):48-50.

[146] 王东洲.推行阳光政务 服务跨越发展——四川省政务大厅建设回顾与前瞻[J].中国行政管理,2007(10):9-10.

[147] 郑恒峰.服务行政视野下的我国行政服务中心建设[J].安徽农业大学学报(社会科学版),2008,17(2):43-47.

[148] 沈荣华,何瑞文.整体政府视角下跨部门政务协同——以行政服务中心为例[J].新视野,2013(2):60-63.

[149] 许源源.新公共服务理论视角中的行政服务中心建设[J].中国行政管理,2007(10):15-18.

[150] 谭海波,赵雪娇."回应式创新":多重制度逻辑下的政府组织变迁——以广东省J市行政服务中心的创建过程为例[J].公共管理学报,2016(4):16-29.

[151] 沈荣华,王荣庆.从机制到体制:地方政府创新逻辑——以行政服务中心为例[J].行政论坛,2012,19(4):7-12.

[152] 李靖华.行政服务中心流程再造的影响因素:浙江实证[J].管理科学,2008,21(2):111-120.

[153] 王胜君,丁云龙.行政服务中心的缺陷、扩张及其演化——一个行政流程再造视角的经验研究[J].公共管理学报,2010,7(4):24-30.

[154] 陈时兴.行政服务中心对行政审批制度改革的机理分析[J].中国行政管理,2006(4):36-39.

[155] 魏诗强.基于SEM的行政服务中心用户满意度测评研究——以上海市徐汇区行政服务中心为例[J].南方论丛,2017(2):9-18.

[156] 郭宏宇.政府行政服务中心服务接受者满意度及其影响因素研究:以沈阳等四市为例[D].东北大学,2008.

[157] 刘飒.地方政府行政服务中心公众满意度影响因素研究[D].新疆农业大学,2015.

[158] 罗伯特·B.登哈特.公共组织理论[M].5版.扶松茂,丁力译.北京:中国人民大学出版社,2010:49.

[159] March J.G, Simon, H.A.Organizations.[M]. Wiley New York,1958.

[160] 李文钊,蔡长昆.整合机制的权变模型:一个大部制改革的组织分析——以广东省环境大部制改革为例[J].公共行政评论,2014,7(2):97-118.

[161] Thompson J D. Organizations in action[M]. New York:McGraw-Hill,1967:6.

[162] Woodward J. Management andtechnology[M]. HM Stationery Off.,1958.

[163] Selznick P. TVA and the grass roots: A study in the sociology of formalorganization[M]. Univ of California Press,1949.

[164] 陈淑伟.开放系统组织研究的历史与理论[J].山东社会科学,2007(3):146-149.

[165] Thompson J D. Organizations in action.[M]. New York:McGraw-Hill,1967:10-11.

[166] Hansen M T. The Search-Transfer Problem：The Role of Weak Ties in Sharing Knowledge across OrganizationSubunits[J]. Administrative Science Quarterly，1999，44(1)：82-111.

[167] O'Dell C，Grayson C J. If Only We Knew What We Know：Identification and Transfer of Internal BestPractices[J]. California Management Review，1998，40(3)：154-174.

[168] Kaufman H. The forest ranger：a study in administrative behavior.[M]. Washington，DC：Resources for the ，1960：57.

[169] 许天翔.央地二元互动下地方政府行政审批权"相对集中"的内在逻辑[J].中国行政管理，2018(8)：35-40.

[170] Kaufman H. The forest ranger：a study in administrative behavior.[M]. Washington，DC：Resources for the ，1960：57.

[171] 龙亮军，王霞，郭兵.基于改进DEA模型的城市生态福利绩效评价研究——以我国35个大中城市为例[J].自然资源学报，2017，32(4)：595-605.

[172] Tone K. A slacks-based measure of super-efficiency in data envelopmentanalysis[J]. European Journal of Operational Research，2002，143(1)：32-41.

[173] 宋马林，张琳玲，宋峰.中国入世以来的对外贸易与环境效率——基于分省面板数据的统计分析[J].中国软科学，2012(8)：130-142.

[174] Greene W H. On the Asymptotic Bias of the Ordinary Least Squares Estimator of the TobitModel[J]. Econometrica，1981，49(2)：505-513.

[175] Mihaiu D M，Opreana A，Cristescu M P. Efficiency，effectiveness and performance of the public sector[J]. Romanian Journal of Economic Forecasting，2010，4(1)：132-147.

[176] 段忠贤，黄其松.要素禀赋、制度质量与区域贫困治理——基于中国省际面板数据的实证研究[J].公共管理学报，2017(3)：144-153.

[177] Barney J. Firm resources and sustained competitiveadvantage[J]. Journal of management，1991，17(1)：99-120.

[178] 陈英，洪源.考虑环境因素的我国省域公共图书馆效率测度及优化治理——基于三阶段DEA方法[J].图书馆学研究，2015(11)：17-25.

[179] 陈国权，皇甫鑫.在线协作，数据共享与整体性政府——基于浙江省"最多跑一次改革"的分析[J].国家行政学院学报，2018(3)：10.

[180] 李晨行,史普原.科层与市场之间:政府购买服务项目中的复合治理——基于信息模糊视角的组织分析[J].公共管理学报:1-14.

[181] 朱旭峰,张友浪.创新与扩散:新型行政审批制度在中国城市的兴起[J].管理世界,2015(10):91-105.

[182] 中央编办,国务院法制办.关于印发《相对集中行政许可权试点工作方案》的通知[EB/OL].(2018-3-21)[2018-9-21]. http://xlgl.nmgbb.gov.cn/xlglm/spzdgg/201803/t20180321_94649.html.

[183] 何增科.地方治理创新与地方治理现代化——以广东省为例[J].公共管理学报,2017,14(2):1-13.

[184] 丁忠明,张琛.基于DEA方法下商业银行效率的实证研究[J].管理世界,2011(3):172-173.

[185] 刘焕,吴建南,徐萌萌.不同理论视角下的目标偏差及影响因素研究述评[J].公共行政评论,2016,9(1):151-171.

[186] Vinzant J C, Denhardt J V, Crothers L. Street-level leadership: Discretion and legitimacy in front-line publicservice[M]. Georgetown University Press,1998.

[187] 黄佳圳.基层警员执法的注意力与时间分配研究——基于广东省F市S区公安分局的工作日志[J].公共管理学报,2018(4):1-27.

[188] 朱春奎,吴辰,朱光楠.公共服务动机研究述评[J].公共行政评论,2011,4(5):147-160.

[189] 赵金旭,孟天广.科技革新与治理转型:移动政务应用与智能化社会治理[J].电子政务,2015(05):2-11.

[190] Blauner R. Alienation and freedom: The factory worker and hisindustry[M]. Chicago: University of Chicago Press,1964.

[191] Perrow C B. Complex organizations: A criticalessay[M].New York: McGraw-Hill,1979.

[192] Leavitt H J. Applied organization change in industry: structural, technological and humanisticapproaches[M]//March J G. Handbook of Organizations. Chicago: Rand McNally, 1965.

[193] Barley S R. Technology as an occasion for structuring: evidence form observations of CT scanners and socialorder of radiologydepartment[J]. Administration Science Quarterly,1986,31(1):78-108.

[194]　Bijker W E，Law J. Shaping technology/Building society：Studies in sociotechnicalchange[M]. Cambridge，Mass：MIT Press，1992.

[195]　Orlikowski W J，Gash D C. Technology frames：Making sense of information technology in organizations[J]. ACM Transactions on Information Systems，1994，12(2)：174-207.

[196]　Fountaion J E.构建虚拟政府：信息技术与制度创新[M].北京：中国人民大学出版社，2010.

[197]　郁建兴,朱心怡."互联网＋"时代政府的市场监管职能及其履行[J].中国行政管理,2017(6):11-17.

[198]　陶勇,文通,袁瑞丰."十三五"市场监管大数据专项规划研究.中国工商管理研究,2015(8):36-39.

[199]　陈奇星,汪仲启.推进政府治理现代化视域下地方政府市场监管模式创新研究——以上海为例.中国行政管理,2020(5):14-19.

[200]　陈兵.数字经济发展对市场监管的挑战与应对——以"与数据相关行为"为核心的讨论.东北大学学报(社会科学版),2019(4):388-397.

[201]　施建军.大数据时代的市场监管模式创新.中国工商管理,2014(11):16-17.

[202]　国家药品监督管理局信息中心.2021年智慧监管案例[EB/OL].(2021-8-11)[2022-4-5]. https://survey.idatacloud.com/elect/vote/8aaa824f7b1a535d017b1a70888d0002.

[203]　刘祺,彭恋."互联网＋ 政务"的缘起、内涵及应用[J].东南学术,2017,5：102-109.

[204]　张佳慧.整体性治理视角下"互联网＋政务服务"模式创新的实践探索与深化路径——以浙江省嘉兴市为例[J].电子政务,2017(10):20-27.

[205]　邓理,王中原.嵌入式协同："互联网＋政务服务"改革中的跨部门协同及其困境[J].公共管理学报,2020,17(4):62-73.

[206]　顾平安."互联网＋政务"流程再造的路径[J].中国行政管理,2017(9):31.

[207]　司文峰,胡广伟.电子政务服务价值共创实现内容、过程及资源要素分析[J].情报杂志,2018,37(1):132-139.

[208]　张会平,郭宁,等.基于社会－技术框架的"互联网＋政务服务"网络安全机制研究[J].情报杂志,2017,36(12):16-21.

[209] 马亮.国家治理、行政负担与公民幸福感——以"互联网＋政务服务"为例[J].华南理工大学学报(社会科学版),2019,21(1):77-84.

[210] 翟云.政府职能转变视角下"互联网＋政务服务"优化路径探讨[J].国家行政学院学报,2017(6):131-135.

[211] 汪玉凯."互联网＋政务":政府治理的历史性变革[J].国家治理,2015,27:11-17.

[212] 陈广胜.以"互联网＋"撬动政府治理现代化——以浙江政务服务网为例[J].中国行政管理,2017,11:21-23.

[213] Heilmann S. From Local Experiments to National Policy:The Origins of China's Distinctive Policy Process[J]. The China Journal,2008,59(1):1-30.

[214] 中国网信网.CNNIC发布第47次《中国互联网络发展状况统计报告》[EB/OL].[2021-9-2]. http://www.cac.gov.cn/2021-02/03/c_1613923423079314.htm

[215] ShambourQ, Lu J. A hybrid trust-enhanced collaborative filtering recommendation approach for personalized government-to-business e-services[J]. International Journal of Intelligent Systems,2011,26(9):814-843.

[216] Pasquale De M, Quattrone G, Terracina G, et al. A multi-agent system for the management of e-government services[M]. 2005:718-724.

[217] 孟庆国.基于三权分置的政务数据交换共享与实现机制[J].软件和集成电路,2018(8):30-31.

[218] Open knowledge Foundation. The Open Definition. [EB/OL].[2021-4-18]. https://okfn.org/opendata/.

[219] Open Data Charter. Principles of Open Data Charter. [EB/OL].(2018-4-8)[2021-4-18]. https://opendatacharter.net/.

[220] World Bank. Open Data Essential. [EB/OL]. [2021-4-18]. http://opendatatoolkit.worldbank.org/en/essentials.html.

[221] The GOV LAB. Open Data Definitions—What's in a Name?. [EB/OL]. (2018-4-8)[2021-4-18]. http://odimpact.org/resources.html.

[222] 郑磊.开放政府数据的价值创造机理:生态系统的视角[J].电子政务,2015(7):2-7.

[223] 付熙雯,郑磊.政府数据开放国内研究综述[J].电子政务,2013(6):8-15.

[224] 国务院办公厅.政务信息系统整合共享实施方案[EB/OL].(2017-5-18)[2021-4-18]. http://www.gov.cn/zhengce/content/2008-03/28/content_1734.htm.

[225] 中央网信办,发展改革委和工业和信息化部.公共信息资源开放试点工作方案[EB/OL].(2018-1-5)[2021-4-18]. http://echinagov.com/policy/201408.htm.

[226] Open Government Data Principle. The Annotated 8 Principles of Open GovernmentData[EB/OL].(2007-12-8)[2021-4-18]. https://public.resource.org/8_principles.html.

[227] The United Nations. The United Nations E-Government Survey Report 2020[EB/OL].(2020-7-10)[2022-3-28]. https://publicadministration.un.org/en/Research/UN-e-Government-Surveys.

[228] 陆健英,郑磊,Sharon S. Dawes.美国的政府数据开放:历史、进展与启示[J].电子政务,2013(6):26-32.

[229] Data. Gov. OpenGovernment[EB/OL].(2019-09-18)[2021-4-18]. https://www.data.gov/open-gov/.

[230] Open Data Charter. Principles of Open DataCharter[EB/OL].(2018-4-8)[2021-4-18]. https://opendatacharter.net/principles/.

[231] G20's Anti-corruption Working Group. G20 ANTI-CORRUPTION OPEN DATAPRINCIPLES [EB/OL].(2015-11-17)[2021-4-18]. http://www.g20.utoronto.ca/2015/G20-Anti-Corruption-Open-Data-Principles.pdf.

[232] Open Knowledge Foundation. Launching the Net ZeroChallenge[EB/OL].(2021-1-28)[2021-4-19]. https://blog.okfn.org/2021/1/28/launching-the-net-zero-challenge.

[233] Open Data Charter. Tarjetas de Datos COVID-19[EB/OL].(2021-3-10)[2021-4-19]. https://medium.com/opendatacharter/tarjetas-de-datos-covid-19-72cd2d4e9929.

[234] 郑磊,高丰.中国开放政府数据平台研究:框架、现状与建议[J].电子政务,2015(7):8-16.

[235] Open Data Barometer. Open Data Barometer 4th EditionResearch Handbook [EB/OL].(2016-6)[2021-4-19]. https://opendatabarometer.org/leadersedition/methodology/.

[236] Open Data Barometer. Open Data Barometer 4thEdition[EB/OL].（2017-5）[2021-4-19]. https：//opendatabarometer.org/4thedition/.

[237] Global Open Data Index. Global Open Data Index DatasetOverview[EB/OL].（2016-5）[2021-4-19]. https：//index.okfn.org/dataset/.

[238] Global Open Data Index. Global Open Data Index PlacesOverview[EB/OL].（2016-5）[2021-4-19].https：//index.okfn.org/place/.

[239] 黄如花,吴子晗.中国政府数据开放共享政策的计量分析[J].情报资料工作,2017(5):6-12.

[240] 国家测绘局.国家测绘局行政法规、规章和我国重要地理信息数据发布办法[EB/OL].（1994-11-28）[2021-4-19]. http://www.110.com/fagui/law_103281.html.

[241] 国务院办公厅.促进大数据发展行动纲要[EB/OL].（2015-9-5）[2021-4-19].http://www.gov.cn/zhengce/content/2015-9/5/content_10137.htm.

[242] 国务院办公厅."十三五"国家信息化规划[EB/OL].（2016-12-15）[2021-4-19].http://www.gov.cn/zhengce/content/2016-12/27/content_5153411.htm.

[243] 国务院办公厅."十三五"国家战略性新兴产业发展规划[EB/OL].（2016-12-19）[2021-4-19]. http://www.gov.cn/zhengce/content/2016-12/19/content_5150090.htm.

[244] 国务院办公厅.中华人民共和国政府信息公开条例[EB/OL].(2019-4-15)[2021-4-19]. http://www.gov.cn/zhengce/content/2019-4/15/content_5382991.htm.

[245] 国务院办公厅.政务公开要点（2020）[EB/OL].（2020-7-3）[2021-4-19].http://www.gov.cn/zhengce/content/2020-7/3/content_5523911.htm.

[246] 新华社.中华人民共和国国民经济和社会发展第十四个五年规划和2035年远景目标纲要[EB/OL].（2021-3-13）[2021-4-19]. http://www.gov.cn/xinwen/2021-3/13/content_5592681.htm.

[247] 中国信息通信研究院.大数据白皮书（2020年）[EB/OL].（2020-9-21）[2021-4-19].http://www.caict.ac.cn/kxyj/qwfb/bps/202012/P0202102-08530851510348.pdf.

[248] 复旦大学数字与移动治理实验室.中国地方政府数据开放报告（2019下半年）[R/OL].（2020-1-9）[2021-4-19]. http://ifopendata.fudan.edu.cn/static/report/中国地方政府数据开放报告（2019下半年）.pdf.

[249] 复旦大学数字与移动治理实验室.中国地方政府数据开放报告(2020下半年)[R/OL].(2021-1-20)[2021-4-19].http://ifopendata.fudan.edu.cn/static/report/中国地方政府数据开放报告(2020下半年).pdf.

[250] 复旦大学数字与移动治理实验室.中国地方政府数据开放报告—省域(2021年度)[R/OL].(2021-1-20)[2021-4-19].http://ifopendata.fudan.edu.cn/report.

[251] 复旦大学数字与移动治理实验室.中国地方政府数据开放报告—城市(2021年度)[R/OL].(2021-1-20)[2021-4-19].http://ifopendata.fudan.edu.cn/report.

[252] Transparency International. Fighting Corruption, Demanding Justice: Impact Report (2015)[EB/OL].(2015-10-16)[2021-4-19].https://www.transparency.org/en/cpi/2015/index/nzl/.

[253] The World Bank. Public Participation in the Budget Process in the Republic of Korea[EB/OL].(2013-5-30)[2021-4-19].https://blogs.worldbank.org/governance/public-participation-budget-process-republic-korea.

[254] 贵州省人民代表大会常务委员会.贵州省政府数据共享开放条例[EB/OL].(2019-9-26)[2021-4-19].http://www.gzrd.gov.cn/gzdt/lfgz/lfjj/35061.shtml.

[255] 贵州省贵阳市人民代表大会常务委员会.贵阳市政府数据共享开放条例[EB/OL].(2017-4-11)[2021-4-19].http://www.gygov.gov.cn/art/2017/4/11/art_13181_1149154.html.

[256] 付熙雯,郑磊.政府数据开放国内研究综述[J].电子政务,2013(6):8-15.

[257] 白献阳,孙梦皎,安小米.大数据环境下我国政府数据开放政策体系研究[J].图书馆学研究,2018(24):48-56+47.

[258] 刘红波,黄煜华.大数据背景下政府数据开放政策的文献量化研究[J].数字治理评论,2018(00):1-23.

[259] 赵玉攀.基于三维框架的中国省级政府数据开放政策分析[J].图书馆学研究,2020(13):40-48+83.

[260] 蔡城城,刘新萍,郑磊.开放政府数据准备度评估:法律法规与政策[J].电子政务,2017(9):41-47.

[261] 王林川,寿志勤,吴慈生.政府数据开放平台服务绩效评价指标体系研究:基于公共价值视角[J].中国行政管理,2022(1):40-47.

[262] 郑磊.开放的树林:政府数据开放的中国故事[M].上海:上海人民出版社,2018:60-61.

[263] 杨瑞仙,毛春蕾,左泽.我国政府数据开放平台建设现状与发展对策研究[J].情报理论与实践,2016,39(6):27-31.

[264] 林明燕,张廷君.地方政府数据开放平台绩效评估指标体系实证研究[J].图书馆理论与实践,2019(12):46-54.

[265] 郑磊,高丰.中国开放政府数据平台研究:框架、现状与建议[J].电子政务,2015(7):8-16.

[266] 孟显印,杨超.我国开放政府数据应用开发的现状与问题——基于开放政府数据平台的分析[J].情报杂志,2020,39(3):163-171+197.

[267] 复旦大学数字与移动治理实验室.中国地方政府数据开放报告(2020上半年)[R/OL].(2020-7-22)[2021-4-19].http://ifopendata.fudan.edu.cn/static/papers/中国地方政府数据开放报告(2020上半年).pdf.

[268] 上海市人民政府办公厅.上海市公共数据开放暂行办法[EB/OL].(2019-09-10)[2021-4-19].http://www.shanghai.gov.cn/nw45024/20200824/0001-45024_62638.html.

[269] 谭海波,张楠.政府数据开放:历史、价值与路径[J].学术论坛,2016,39(06):31-34+53.

[270] 郑磊.开放政府数据的价值创造机理:生态系统的视角[J].电子政务,2015(7):2-7.

[271] 鲍静,张勇进,董占广.我国政府数据开放管理若干基本问题研究[J].行政论坛,2017,24(1):25-32.

[272] 赵雪娇,张楠,孟庆国.基于开放政府数据的腐败防治:英国的实践与启示[J].公共行政评论,2017,10(1):74-90+207.

[273] 郑磊.开放政府数据研究:概念辨析、关键因素及其互动关系[J].中国行政管理,2015(11):13-18.

[274] 黄如花,温芳芳.我国政府数据开放共享的政策框架与内容:国家层面政策文本的内容分析[J].图书情报工作,2017,61(20):12-25.

[275] 刘新萍,肖鑫,黄奕奕.中国地方政府环境数据开放的现状、问题与对策:基于国内部分省市开放数据平台的分析[J].电子政务,2017(9):30-40.

[276] 陈涛,李明阳.数据开放平台建设策略研究——以武汉市政府数据开放平台建设为例[J].电子政务,2015(7):46-52.

[277] 张建彬,黄秉青,隽永龙等.政府数据开放网站的个人隐私保护政策比较研究[J].知识管理论坛,2017,2(5):390-397.

[278] 张晓娟,王文强,唐长乐.中美政府数据开放和个人隐私保护的政策法规研究[J].情报理论与实践,2016,39(1):38-43.

[279] 郑磊.数字治理的效度、温度与尺度[J].治理研究,2021(2):5-12.

[280] 陈之常.应用大数据推进政府治理能力现代化——以北京市东城区为例[J].中国行政管理,2015(2):38-42.

[281] 胡海波,娄策群.数据开放环境下的政府数据治理:理论逻辑与实践指向[J].情报理论与实践,2019,42(7):41-47.